A ma très affectionnée Maman.

En souvenir de notre commune vénération pour Saint François d'Assise.

Paris 18 Novbre 1911.

Son Benjamin

[illegible]

EN VENTE A LA MÊME LIBRAIRIE

LES

PETITES FLEURS

DE

SAINT FRANÇOIS D'ASSISE

TADDEO-BARTOLI

SAINT FRANÇOIS ENTRE SAINT ANTOINE DE PADOUE
ET SAINT-LOUIS, ROI DE FRANCE

Musée de Pérouse.

LES

PETITES FLEURS

DE

SAINT FRANÇOIS D'ASSISE

(FIORETTI)

SUIVIES DES

CONSIDÉRATIONS DES TRÈS SAINTS STIGMATES

TRADUCTION NOUVELLE
D'APRÈS LES TEXTES ORIGINAUX

PAR

T. DE WYZEWA

PARIS
LIBRAIRIE ACADÉMIQUE
PERRIN ET Cie, LIBRAIRES-ÉDITEURS
35, QUAI DES GRANDS-AUGUSTINS, 35
1912

TIBI, MARGARITÆ MEÆ,
FRANCISCANISSIMÆ!

T. W

AVANT-PROPOS DU TRADUCTEUR

Je dois déclarer tout d'abord que la traduction des *Fioretti* qu'on va lire a été faite d'après un texte *latin :* ce qui ne laissera pas de paraître surprenant si l'on songe qu'il s'agit là d'un livre notoirement *italien,* et considéré à bon droit comme l'un des premiers monuments historiques de la prose italienne. Mais c'est que, en fait, le texte italien des *Fioretti* n'est lui-même, — malgré toute son importance historique et sa célébrité, — que la simple traduction en langue « vulgaire » d'un ouvrage latin du XIVe siècle, *les Actes du bienheureux François et de ses compagnons,* dont une très fidèle et complète édition nouvelle nous a été offerte, il y a une dizaine d'années, par M. Paul Sabatier[1]. A quoi je m'empresse

[1] *Actus B. Francisci et Sociorum ejus,* publiés par P. Sabatier, un vol. in-8°, librairie Fischbacher, 1901. — M. Sabatier a fait paraître également à la même librairie, l'année suivante, sous le titre de : *Floretum S. Francisci,* une très précieuse édition « latine » des *Fioretti,* en réunissant tous les chapitres des *Actus,* de la *Chronica XXIV Generalium,* etc., qui avaient servi à constituer le livre du traducteur italien.

d'ajouter que la traduction italienne, incontestablement, nous ravit et nous touche par un charme tout particulier de simple et savoureuse élégance littéraire qui est bien loin de se retrouver au même degré dans l'honnête latin, un peu maladroit, des *Actus* : mais ce charme, ainsi que cela est naturel dans une traduction, nous vient tout entier de la langue des *Fioretti*, en sorte qu'on tenterait vainement de le transporter dans une prose française. Et puis surtout il m'a semblé qu'un écrivain français, se trouvant en présence d'une œuvre qu'il savait n'être rien qu'une traduction, et dont il avait sous les yeux le modèle original, était tenu en conscience de remonter à ce modèle lui-même, — sauf pour lui à ne négliger, ensuite, aucun des changements apportés au texte primitif par le traducteur étranger. Que l'on imagine, par exemple, un livre allemand très célèbre et très beau qui, avec cela, ne serait que la simple traduction d'un vieux livre anglais : ne risquerais-je pas de commettre une faute de goût, ou même de manquer à la probité littéraire, en ne m'adressant pas tout d'abord à la source anglaise ?

C'est donc aux *Actus beati Francisci et sociorum ejus* que j'ai recouru pour ma traduction de ceux des chapitres des *Fioretti* qui en étaient expressément tirés ; et de la même façon j'ai demandé à d'autres « légendes » latines le texte original de quelques autres chapitres, — d'ailleurs en très petit nombre, — que le traducteur italien avait entremêlés à ceux qu'il extrayait du recueil susdit. Seul, le délicieux chapitre XXXVII, nous racontant l'histoire d'un « noble et riche chevalier » converti et amené à « se faire frère » sous l'effet d'une prière de saint François, a été puisé par l'écrivain italien à une source latine aujourd'hui inconnue : ce qui m'a permis de la traduire, à mon tour, du livre italien, ainsi que je l'ai fait également pour la série complète des *Considérations des saints Stigmates*, qui, elles, me paraissent avoir été « compilées » dès l'abord en langue « vulgaire », d'après toute espèce de récits latins recueillis et paraphrasés avec une liberté bien différente de la rigueur employée à traduire la prose latine des *Actus*[1]. Mais pas un instant je n'ai oublié, en m'inspirant de cette prose latine primitive, que l'objet de mon travail était d'offrir aux lecteurs français une traduction non pas des *Actus*,

[1] On trouvera plus loin, au début de la série des *Considérations*, quelques renseignements sur l'origine de cet opuscule, souvent placé à la suite des *Fioretti* dans les manuscrits et anciennes éditions de ceux-ci.

ample compilation destinée sans doute à l'usage des réfectoires de couvents franciscains, mais du livre éminemment populaire et « laïc » que l'Italie du moyen âge avait lu et aimé sous le titre charmant de *Petites fleurs de saint François d'Assise*. Non seulement je n'ai conservé ici que ceux des chapitres des *Actus* qui figuraient dans la traduction italienne, et suivant le même ordre qu'ils avaient dans cette traduction : toujours, en outre, j'ai eu soin de noter jusqu'aux plus légères « variantes » du texte italien des *Fioretti*, afin que le lecteur français eût, pour ainsi dire, devant soi un équivalent aussi parfait que possible de l'œuvre de pieuse et poétique vulgarisation franciscaine entreprise autrefois par l'humble moine qui, le premier, a résolu de transmettre au peuple des villes et villages de sa patrie les belles histoires qu'il entendait lire, pendant ses repas, dans les couvents où le conduisaient les hasards de sa vie errante « d'étranger et de pèlerin ».

Au contraire de l'un des compilateurs latins des *Actus*, le frère Hugolin de Monte-Giorgio, — dont j'aurai à parler plus longuement tout à l'heure, — ce moine italien n'a pas jugé à propos de se nommer à nous, non plus que de nous révéler son lieu d'origine ni le temps où il écrivait. Du moins pouvons-nous être à peu près sûrs que sa traduction en langue « vulgaire » d'un choix de chapitres des *Actus* ne doit pas avoir été de beaucoup postérieure à la rédaction latine de ces *Actus* eux-mêmes, compilés aux environs de 1325. Et, en effet, c'est bien à cette date que se rattache expressément la langue italienne des *Fioretti*, toute proche de celle de *la Discipline de la Vie spirituelle*, du *Traité des Trente Sottises*, et des autres écrits attribués au frère Prêcheur Domenico Cavalca (mort à Pise vers 1342), comme aussi de celle des célèbres chroniques florentines de Giovanni Villani. Il y avait alors plus de trois quarts de siècle que le moine dominicain Jacques de Varage (ou de Voragine) avait, semblablement, conçu le projet de mettre à la portée du peuple les faits les plus mémorables de la vie de la Vierge et des grands saints du calendrier, — projet qui dérivait déjà d'une inspiration toute franciscaine : mais tandis que le futur évêque de Gênes, à la date de 1255, s'était cru encore obligé d'écrire sa *Légende dorée* en langue latine, c'est déjà de la langue « vulgaire » que s'est servi le moine anonyme contemporain de Dante pour offrir à ses compatriotes ce véritable « pendant » de la *Légende dorée* que sont les *Petites Fleurs de saint François d'Assise*. Désormais le parler « vulgaire » se trouvait définitivement revêtu de toute la dignité et de toute la portée vivante d'un langage littéraire; nul obstacle n'empêchait plus de recourir librement à lui, lorsqu'un auteur désirait entrer en communication intime avec la grande masse du public italien.

Et tout de même que la langue des *Fioretti* s'apparente « historiquement » à celle des deux écrivains que je viens de nommer, « géographiquement » aussi elle en est trop voisine pour qu'un doute soit possible sur la région natale du charmant traducteur anonyme. Comme Villani et comme Cavalca, ce traducteur était évidemment originaire du pays toscan, et c'est à Florence ou dans l'une des villes de son voisinage qu'il a dû acquérir, dès l'enfance, le vocabulaire à la fois simple et varié, étonnamment précis sous son apparence d'abandon poétique, le naïf et élégant vocabulaire qui, l'on ne saurait trop le redire, a fait aussitôt des *Fioretti* un événement d'une importance considérable dans la formation et le développement de la prose littéraire italienne. A chaque ligne de la traduction, des mots ou des tours de phrase attestent infailliblement l'origine toscane du traducteur; et non moins clairement celle-ci se révèle à nous dans ce que le style de ce traducteur nous permet d'entrevoir de son tour d'esprit personnel, avec le mélange d'ardeur passionnée et de fine et pénétrante sagesse pratique qui, par instants, le porte à condenser en un vigoureux « raccourci » telle argumentation trop étendue ou trop fantaisiste du texte latin des *Actus*. Ce n'est pas lui qui, malgré tout son respect pour l'autorité du savant ouvrage qu'il traduit, laissera saint Antoine de Padoue rappeler aux poissons, afin de les convertir, l'honneur qu'ils ont eu jadis de figurer sur la table de Notre-Seigneur[1]! Ou bien que l'on compare les titres latins des chapitres des *Actus* avec ceux qui les remplacent dans la version italienne : quel effort incessant à supprimer toute généralisation, à introduire jusque dans ces titres la précision positive et minutieuse qui se montre à nous, pareillement, sous les plus folles inventions des conteurs profanes florentins. *De quelle manière le frère Masseo a éprouvé l'humilité de saint François*, avait écrit le compilateur latin des *Actus*, en tête d'un petit chapitre dont il résumait là tout le contenu

[1] Voir le chapitre XL, p. 203.

essentiel[1]. Mais non : un tel résumé ne saurait satisfaire l'imagination, toute concrète, de notre moins toscan ; et nous le voyons transcrire dans son titre, cette fois comme les autres, les faits eux-mêmes que va nous raconter le chapitre traduit : *Comment le frère Masseo, par manière de raillerie, dit à saint François que le monde courait derrière lui ; et comment le saint lui répondit que cela était fait pour la confusion du monde et pour la grâce de Dieu.*

Toujours ainsi, sous quelque aspect que nous envisagions l'attirante figure du traducteur des *Fioretti*, nous sentons chez lui une poésie et une piété qui, à la différence de celles de l'Ombrie, ne consentent à s'élever vers le ciel que moyennant la condition d'avoir toujours les pieds solidement appuyés sur la terre. Et peut-être la merveilleuse fortune littéraire des *Fioretti* leur vient-elle, par-dessus tout, de cette rencontre qui s'y est produite des deux génies ombrien et toscan ? Peut-être la pensée et les sentiments de la patrie du Poverello ne se seraient-ils pas aussitôt répandus à travers l'Italie, renouvelant dans tous les cœurs l'image du saint esquissée naguère par les Celano et les Bonaventure, si

[1] Voir le chapitre x, p. 49.

le hasard ne leur avait point donné pour traducteur un compatriote de Dante, instruit de tout temps à écrire une langue dont son livre allait d'ailleurs contribuer, et plus encore sans doute que la *Divine Comédie* elle-même, à faire depuis lors le seul moyen d'expression de toute littérature italienne ?

Infiniment plus complexe et plus difficile est pour nous, aujourd'hui, le problème de l'origine, du caractère et de la portée véritables de ces *Actus* qu'a immortalisés, presque au lendemain de leur naissance, la traduction anonyme d'une quarantaine de leurs chapitres en pur dialecte toscan. Peu d'écrits, entre tous ceux qui constituent les sources originales de l'histoire franciscaine, ont donné lieu à un plus grand nombre de conjectures diverses et opposées : mais sans que tout le trésor d'érudition ou d'ingéniosité ainsi dépensé ait réussi à nous apporter la moindre lumière sur l'un quelconque des nombreux éléments du problème. Aussi vais-je me borner à reproduire, tout d'abord, le passage où M. Johannès Joergensen, dans l'excellente *Introduction* historique et critique de sa biographie de *Saint François d'Assise*, a résumé l'état présent de cette question, ainsi que son opinion personnelle sur la plus considérable des réponses qui y ont été faites en ces derniers temps :

Le fonds proprement original des *Actus* est constitué d'une série de récits qui traitent des paroles et des actes du frère Bernard, du frère Masseo, du frère Rufin, du frère Sylvestre, du frère Léon, et de sainte Claire. Cette partie de l'ouvrage a eu, incontestablement, sa source dans un trésor de pures traditions franciscaines dont on pourra concevoir la richesse quand j'aurai dit que c'est dans les *Actus* que se trouvent racontés, pour la première fois, des traits aussi importants et mémorables que les réponses faites involontairement à saint Francois par le frère Léon, ou le fameux entretien de saint François et de Léon sur la « joie parfaite ».

A ce fonds premier est venu se joindre, ensuite, une série de chapitres sur d'autres franciscains éminents, en particulier sur les frères Conrad d'Offida et Jean de l'Alverne (mort en 1322). M. Sabatier croit pouvoir attribuer cette partie de l'ouvrage à un certain frère Hugolin de Monte Giorgio, au sujet duquel nous ne savons d'ailleurs absolument rien si ce n'est que, après avoir été créé évêque de Teramo, dans les Abruzzes, par Célestin V, il a vu cette élection cassée en 1295 par Boniface VIII. Le fait est que, en plusieurs passages des *Actus*, Hugolin se nomme à la première personne, se désignant ainsi comme l'auteur du livre : mais dans d'autres endroits l'auteur nomme Hugolin comme l'une de ses sources, et le cite comme faisant partie d'une série d'autorités qui, par l'intermédiaire du frère Jacques de Massa, font remonter leurs témoignages jusqu'au frère Léon.

Au reste, cette recherche du véritable auteur des *Actus* n'a, et ne saurait avoir, qu'un intérêt secondaire. La seule chose importante est de savoir que ces *Actus*, — dont les *Fioretti* ne sont qu'une tradition italienne, — nous offrent un recueil infiniment précieux de traditions franciscaines, et dont plusieurs, à coup sûr, ne doivent pas avoir pris naissance ailleurs que dans ce jardin du couvent de Greccio où, jadis, les frères Léon, Ange, et Rufin nous sont apparus occupés à cueillir leurs *flores*[1].

M. Joergensen a infiniment raison, me semble-t-il, de ne pas reprendre à son compte l'hypothèse suivant laquelle tout l'ensemble ou la majeure partie des *Actus* serait l'œuvre du frère Hugolin de Monte Giorgio. Je ne parle pas seulement du peu de vraisemblance qu'il y a, dans cette hypothèse, à nous représenter comme l'auteur d'une compilation postérieure à 1322 un personnage qui occupait déjà un siège épiscopal plus de trente ans auparavant : mais en dehors même de cette considération, comme aussi de celle que nous expose M. Joergensen touchant les passages des *Actus* où le frère Hugolin n'est cité que d'une façon indirecte, parmi les autorités invoquées par le compilateur, c'est chose certaine que l'espèce et la qualité du latin, dans les *Actus*, diffèrent trop sensiblement d'un chapitre à l'autre pour qu'il soit possible d'attribuer ces divers chapitres à une

[1] Allusion à une phrase de la lettre-préface de la *Légende des Trois Compagnons* : « Nous avons en quelque sorte cueilli, dans une douce prairie, quelques fleurs qui nous ont paru les plus belles. »

seule main. Sans l'ombre d'un doute, comme je l'ai affirmé déjà à plus d'une reprise, ces *Actus* ne sont rien qu'une « compilation », c'est-à-dire une réunion artificielle de morceaux empruntés à plusieurs « légendes » latines antérieures ; et aussi ne saurait-on trop approuver l'indifférence de l'éminent biographe danois à l'égard de « la recherche du véritable auteur, — ou compilateur, — des *Actus* ».

Tout au plus rencontrons-nous une certaine unité d'inspiration et de langue dans cette seconde partie des *Actus* à laquelle correspondent les douze derniers chapitres des *Fioretti*. Car c'est là, en effet, — ainsi que nous le dit encore M. Joergensen, — une sorte de « suite » ou d'« appendice » ajouté à un recueil avec lequel il n'a, proprement, rien de commun. Tandis que toute la première partie des *Actus* (et des *Fioretti* après eux) nous entretient uniquement, en somme, de saint François lui-même et de ses compagnons, — ce qui en fait pour nous une espèce d'évangile populaire du véritable mouvement franciscain, — voici que, tout d'un coup, ces derniers chapitres nous transportent à un demi-siècle plus tard, et n'ont plus à nous raconter que les visions extatiques de quelques frères appartenant à une petite région, tout à fait limitée, de l'Italie! C'est comme si, dans les plus anciens manuscrits de la *Légende dorée* qui nous seraient parvenus, les chapitres consacrés à la vie des grands saints fussent suivis d'une série de chapitres relatifs à la vie et aux miracles posthumes des divers saints régionaux de telle ou telle province de France ou d'Allemagne. Comment ne pas supposer aussitôt qu'on se trouve en présence de deux œuvres absolument distinctes, l'une simplement transcrite d'après des sources plus anciennes par des moines de la province susdite, l'autre arbitrairement annexée par eux à cette première œuvre, et, celle-là, soit vraiment rédigée par eux ou bien extraite de sources purement locales ?

Oui, telle est assurément l'origine de l'ouvrage composite répandu sous le nom d'*Actus beati Francisci et sociorum ejus*, et dont le contenu s'est transmis à nous d'âge en âge grâce à la traduction italienne des *Fioretti*. Un groupe de moines d'un couvent de la Marche d'Ancône, après avoir « compilé » et transcrit une cinquantaine de belles « histoires » relatives aux vénérables origines de l'ordre, — des histoires qu'ils découvraient dans des chroniques écrites, ou peut-être simplement dans des traditions orales, — ont imaginé d'enrichir ensuite la « compilation » ainsi obtenue, pour leur usage et pour celui de leurs successeurs, en y adjoignant une seconde série « d'histoires » qui les touchaient plus expressément, ayant eu pour héros de saints frères de leur couvent ou des couvents voisins.

« Le pays des *Fioretti*, nous dit M. Sabatier, un bon marcheur pourrait presque le parcourir du nord au sud, ou de l'est à l'ouest, en une journée. C'est un morceau du cœur de l'Italie, resserré entre les Apennins et l'Adriatique. Au nord, Ancône en marque la limite ; au midi, il ne dépasse guère les collines de Monterubbiano. » C'est dans ce petit coin de terre qu'ont été rassemblés et copiés les *Actus* ; et c'est là que vivaient ces frères Jacques de Massa et de Fallerone, ces frères Bentivoglio de San Vicino, Conrad d'Offida, etc., dont les pieuses aventures, ou encore les récits concernant tels de leurs compagnons, comme le frère Jean de l'Alverne, remplissent les douze derniers chapitres des *Fioretti*.

Mais je m'étonne que M. Sabatier nous conseille ensuite de nous transporter dans ce canton perdu de la Marche d'Ancône pour « lire » et pour « apprécier tout à fait » les *Fioretti*. « On comprendra seulement ainsi, nous dit-il, — la naïveté, la joie, la lumière triomphante qui forment l'atmosphère de ce recueil. » Certes, il est bien vrai que peu de livres sont imprégnés autant que celui-là d'une délicieuse « atmosphère de naïveté, de joie, de lumière triomphante » : mais cette impression ne s'offre à nous pleinement que dans la première partie du recueil, qui, elle, ni par son sujet ni par sa provenance originelle, n'a rien à voir avec le coin de terre en question ; et à peine abordons-nous, après cela, le récit des visions mystiques des pieux frères de la Marche d'Ancône ou de leurs amis, qu'aussitôt cette « atmosphère » d'une pureté sans pareille s'assombrit, s'épaissit, ou parfois se dissipe sans laisser de traces, remplacée désormais par la brume glacée de ces relations conventuelles du moyen âge où toutes les figures nous apparaissent uniformes et vagues, dépouillées à la fois de relief et de vie. Ce sont des chapitres que la critique moderne aurait parfaitement le droit d'exclure d'une édition idéale des *Fioretti;* et pour ce qui est des chapitres précédents, constituant à eux seuls l'intérêt et la beauté impérissable du livre, ceux-là nous sont bien parvenus dans la compilation qu'en ont faite des moines de la Marche d'Ancône, mais un simple coup d'œil jeté sur leur contenu suffit à nous révéler qu'ils ont pris leur naissance dans une autre région, comme aussi à une date et sous une inspiration absolument différentes, — tout pénétrés encore et tout parfumés de l'« atmosphère de lumière et de joie » qui jaillissait naguère au long des routes poussiéreuses et des étroits sentiers rocailleux de l'Ombrie, sous les pas enchantés du Poverello.

D'où résulte, en premier lieu, cette conclusion rassurante pour le lecteur français des *Fioretti* : que nul besoin n'est pour lui de se rendre à Ancône ni à Monterubbiano, s'il veut « apprécier tout à fait » le sens et l'agrément du cher petit livre. L'atmosphère qui enveloppe la partie véritablement originale et précieuse du recueil, chacun de nous est admis à la respirer dans sa chambre, au coin de son feu, pourvu seulement qu'il consente à lui ouvrir tout au large les fenêtres de son cœur. Et quant à ce qui est du problème historique du « pays des *Fioretti* », comment ne pas reconnaître d'emblée, dans les simples et exquises histoires qu'on va lire, autant de « petites fleurs » poussées dans les jardins des ermitages ombriens, en un temps où s'y conservait encore toute fraîche et vivante l'image bien-aimée du saint lui-même et de ses compagnons ?

Considérons au hasard l'un quelconque des quarante premiers chapitres des *Fioretti*, et en particulier de ceux d'entre eux où se rencontre expressément la figure de saint François ! Voici, par exemple, le Petit Pauvre d'Assise exposant au frère Léon en quoi consiste la « joie parfaite », ou bien faisant tourner en cercle le beau frère Masseo, ou s'excusant auprès de celui-ci d'avoir été appelé pour diriger l'ordre : tous sujets qui, malgré leur caractère profondément « franciscain », pourraient bien avoir été imaginés, après coup, par des frères accoutumés à méditer les actes et paroles authentiques de saint François. Mais examinons à présent le détail de ces récits, leur mise en scène, les menus épisodes entourant le fait principal qui nous y est conté : regardons de quelle manière saint François s'interrompt, de couplet en couplet, dans son hymne à la gloire de la joie parfaite, voyons-le assister avec un sourire malicieux au tournoiement imprévu du frère Masseo, écoutons-le répondre à la triple question de ce frère : « Pourquoi toi ? pourquoi toi ? pourquoi toi ? » par un triple : « Tu veux savoir pourquoi moi ? » d'un naturel et d'une drôlerie incomparables ! Je dis que tout cela ne peut pas être inventé, que tout cela nous arrive en droite ligne des témoins de ces scènes de la vie de saint François. Nulle part, dans aucune des innombrables « légendes » de saints que j'ai eu l'occasion d'étudier, je n'ai aperçu l'équivalent de ces nuances épisodiques qui nous ravissent à chaque page de la première partie des *Actus*. Quelque force et variété d'imagination que l'on suppose chez les charmants petits frères qui, vers le milieu ou la fin du XIIIe siècle, se divertissaient de la fatigue de leurs courses en improvisant des chansons, ou en se racontant l'un à l'autre les farces ingénues du frère Junipère, jamais le mieux doué parmi eux n'aurait été capable de tirer de sa propre cervelle (ou de son propre cœur) des traits d'une réalité aussi immédiate, ni dont la réunion eût de quoi constituer une image d'ensemble aussi homogène. Que l'on compare, d'ailleurs, à ces tableaux familiers des *Actus* les diverses aventures du frère Junipère, telles que nous les expose un petit recueil italien transcrit souvent à la suite des copies ou éditions anciennes des *Fioretti* ! Ni la figure centrale ni celles des comparses, dans ces contes probablement composés et rassemblés pour les « récréations » des couvents du XIIIe siècle, ne nous offrent l'ombre même de ces touches vivantes qui, d'âge en âge, ont servi à graver dans les âmes l'adorable portrait de saint François d'Assise.

Lorsqu'un homme considérable disparaît de la scène du monde, — un grand poète ou un musicien de génie, — les « mémoires » et articles biographiques qui lui sont consacrés accompagnent leur texte de toute sorte d'effigies plus ou moins « officielles », portraits sculptés ou peints, photographies d'apparat où l'illustre défunt nous est montré dans des poses immobiles et graves, avec tout au plus, sur ses lèvres, un sourire savamment conseillé par le photographe. Et c'est seulement plus tard, parfois après l'écoulement d'une génération tout entière, que les descendants du grand homme se décident à mettre sous nos yeux d'autres images d'ordre plus intime, de modestes petits « instantanés » d'amateurs, qui représentent le maître glorieux assis dans son jardin devant un verre de bière, ou bien se promenant escorté de son chien, ou jouant à la balle avec ses enfants. Ces images, qui d'abord avaient semblé destinées à nous rester inconnues, ce sont elles qui désormais, bien plus efficacement que les autres, nous permettent de comprendre et d'aimer la vraie physionomie du modèle ; et un jour arrive où nous ne voulons plus recourir qu'à elles, pour entretenir dans nos yeux et notre mémoire cette chère figure d'un maître vénéré. Les statues solennelles, les imposants portraits suspendus à la place d'honneur dans le salon familial, toutes ces représentations mortes sont oubliées au profit d'un pauvre petit « kodak » furtivement essayé, un matin, par la fille du poète, et nous faisant voir celui-ci occupé à cueillir des cerises dans un chapeau de paille.

Les premiers chapitres des *Actus* et des *Fioretti*, ce sont exactement pour nous ces « instantanés » de l'exquise figure de saint François d'Assise. En quelque lieu et à quelque moment qu'ils aient été « écrits », leur « rédaction » équivaut simplement à la publication des photographies intimes de mon grand poète de tout à l'heure : mais en réalité ils sont nés du vivant même du saint, et longtemps se sont transmis de bouche en bouche, dans la famille franciscaine, jusqu'au jour où l'un quelconque des membres de cette famille a cru devoir les noter par écrit. Jusque-là, les honneurs de la rédaction étaient réservés à des biographies comme les deux *Vies* de Thomas de Celano et celle de saint Bonaventure, racontant les actes principaux du fondateur de l'ordre; et c'était seulement de vive voix que les frères, après avoir écouté la lecture de ces documents officiels, échangeaient entre eux, par manière d'appendice ou d'illustration, les touchantes histoires qui leur venaient en droite ligne des compagnons vénérés de leur bienheureux Père. L'un d'eux avait rencontré, dans sa jeunesse, le frère Masseo, et avait obtenu de lui le récit d'un certain voyage que saint François et lui avaient fait à Sienne. Tel autre avait eu le privilège d'approcher, durant son noviciat, un vieux frère siennois qui, jadis, faisait métier de prendre au piège des tourterelles, pour les vendre au marché, et qui lui avait raconté de quelle manière une parole de saint François l'avait « converti ». Ou encore il y en avait un qui, étant allé s'entretenir avait le célèbre frère Léon dans son « ermitage » de Greccio, avait recueilli des propres lèvres du « petit agneau de Dieu » tous les détails de la longue course d'hiver pendant laquelle saint François lui avait décrit la véritable nature de la « joie parfaite ». *Hanc historiam habuit frater Jacobus de Massa ab ore fratris Leonis, et frater Hugolinus ab ore dicti fratris Jacobi, et ego scripsi ab ore fratris Hugolini, viri per omnia fide digni.*

« Cette histoire, le frère Jacques de Massa l'a reçue de la bouche du frère Léon, et le frère Hugolin de la bouche dudit frère Jacques, et moi, qui l'ai mise par écrit, je la tiens de la bouche du frère Hugolin, homme entièrement digne de foi. » Tous les premiers chapitres des *Actus* auraient pu se terminer par des phrases comme celle-là, qui se trouve à la fin de l'un d'entre eux : sauf à devoir remplacer par d'autres noms divers, d'un chapitre à l'autre, les noms des frères Léon, Jacques de Massa, et Hugolin[1].

Aucun doute n'est possible sur cette filiation authentique des récits qu'on va lire. Qu'ils proviennent de sources différentes, cela nous est prouvé à la fois par les différences de leur style et par celles du ton, de l'accent, qui s'y

[1] Car c'est aussi une erreur évidente, — et vraiment trop coutumière dans l'école de M. Sabatier, — d'assigner un rôle prépondérant au frère Léon parmi les premiers initiateurs de la « légende » franciscaine. Dans la compilation des *Actus*, en particulier, les seuls chapitres qui proviennent à coup sûr du frère Léon sont ceux où figure expressément ledit frère ; et lorsque l'auteur du chapitre XVI, par exemple, nous dit : « Cela m'a été raconté par le frère Jacques de Massa, qui en tenait tous les détails de la bouche même du frère Masseo », on se demande quel rôle aurait pu jouer le frère Léon dans la transmission de cette histoire là. Les véritables auteurs de ces premiers chapitres des *Fioretti*, ce sont les divers compagnons de saint François qui, tour à tour, comparaissent devant nous, — le frère Bernard, et le frère Masseo, et le frère Rufin, et le frère Silvestre. Le frère Léon n'est que l'un d'entre eux.

révèlent à nous. Mais, sous cette diversité d'origine, ils s'accordent tous à évoquer devant nous la même figure, sans que l'on puisse découvrir un seul trait discordant entre les images qui nous en sont offertes. Et comment ne pas avoir l'assurance que cette figure est bien celle du vrai saint François, lorsque l'on compare, ensuite, la relation que nous font les *Actus* de tel événement mémorable de la vie du saint, — la conversion du frère Bernard, la fondation du couvent de Bologne, le sermon prêché aux oiseaux, le Chapitre des Nattes, etc., — avec ce que nous apprennent, sur ces événements, les biographies autorisées de Celano et de saint Bonaventure ?

Oui, c'est bien le même saint François qui va revivre devant nous, à chaque page de cette première partie des *Fioretti*. Mais tandis que Celano et Bonaventure se bornent à nous exposer les grands faits de sa vie, les récits oraux des *Fioretti* ont encore le précieux avantage de nous les expliquer, en leur donnant, à nos yeux, leur signification, leur couleur, leur portée véritables. Non seulement ils replacent ces faits dans « l'atmosphère » historique et vivante parmi laquelle ils se sont produits : par delà le décor de la vie de saint-François, — qu'ils ont été les premiers à nous restituer, — ils nous introduisent directement en présence de la personne elle-même du saint, nous initiant tout ensemble à la familiarité de ses gestes, de sa parole, de toute son apparence corporelle, et de tout l'ardent foyer de lumière et d'amour qui brûlait dans son cœur.

Aussi n'avons-nous pas de peine à comprendre la fortune merveilleuse qu'ils ont aussitôt rencontrée, depuis le jour où un humble moine toscan s'est avisé de traduire en langue « vulgaire » la récente compilation latine qui les avait recueillis. C'était, en vérité, le Pauvre d'Assise lui-même qui ressuscitait, un siècle tout juste après sa mort, tel que l'avaient connu autrefois les arrière-grands-parents des jeunes gens que ravissait à présent la lecture des *Fioretti.* De nouveau, le peuple italien se trouvait à même d'entendre sa chère voix, de contempler son cher visage tout rayonnant de tendresse. Et puis des histoires si simples, si touchantes, et si belles, égales pour le moins aux plus délicieuses de la *Légende dorée!* Tant de simple vérité humaine avec tant de poésie; le bégaiemen comique du pauvre frère Rufin s'entremêlant aux sublimes allocutions du frère Bernard, et, par-dessus tout cela, le ravissement de cette pure langue toscane, pure et fraîche et sonore comme un chant d'oiseau ! Quoi d'étonnant que les *Fioretti* soient aussitôt devenus, d'un bout à l'autre de l'Italie, le livre populaire et célèbre entre tous ; et que d'âge en âge la chrétienté tout entière ait perçu l'écho plus ou moins proche de l'adorable musique qui s'en exhalait ; et qu'aujourd'hui encore j'ose espérer, pour la modeste traduction française que voici, le même accueil bienveillant qu'a reçu, naguère, ma traduction de la pieuse *Légende* de Jacques de Varage !

T. W.

LES PETITES FLEURS
DE
SAINT FRANÇOIS D'ASSISE

CHAPITRE I

Au nom de Notre-Seigneur Jésus-Christ crucifié, et de sa Mère la Vierge Marie. Dans ce livre se trouve contenu un certain nombre de petites fleurs, de miracles, et de pieux exemples du glorieux petit pauvre du Christ, saint François, ainsi que de quelques-uns de ses saints compagnons. A la louange de Jésus-Christ. Amen[1].

1. Il faut donc savoir tout d'abord que notre bienheureux père François, dans tous ses actes, a été conforme au Christ :

[1] J'ai traduit ici le titre italien des *Fioretti ;* mais voici le titre latin du chapitre correspondant des *Actus : A la louange et gloire de Notre-Seigneur Jésus-Christ, ainsi que du très saint père François! On trouvera écrites ici certaines particularités notables touchant le bienheureux François et ses compagnons, comme aussi certaines de leurs actions les plus merveilleuses qui ont été omises dans les légendes du saint, et qui sont, cependant, très utiles et pieuses.*

2. car de même que le Christ béni, au début de sa prédication, s'est choisi douze apôtres qui ont tout abandonné pour le suivre, ainsi le bienheureux François a fait choix de douze compagnons qui, de leur côté, ont choisi pour soi la très haute Pauvreté ;

3. et de même que l'un des douze apôtres s'est pendu à une corde, ainsi l'un des douze compagnons susdits, nommé le frère Jean de Capella [1], s'est pendu au moyen d'une corde [2] ;

4. et de même que les apôtres furent un objet d'admiration pour le monde entier, et tout remplis de l'Esprit Saint, ainsi ces très saints compagnons de saint François furent hommes d'une telle sainteté que, depuis le temps des apôtres, le monde n'en a point possédé de pareils :

5. car l'un d'entre eux fut ravi jusqu'au troisième ciel [3], à savoir le frère Égide ;

6. un autre fut touché sur les lèvres, par un ange, d'un charbon enflammé, comme jadis Isaïe, et c'est à savoir le frère Philippe le Long ;

7. un autre s'entretenait familièrement avec

[1] *Fioretti :* « se voyant réprouvé de Dieu. »

[2] *Fioretti :* « est devenu apostat, et enfin s'est pendu par la gorge. » A quoi le traducteur italien ajoute : « Et cette fin doit être, pour tous les élus de l'ordre, un grand exemple, et une matière d'humilité et de crainte, en considérant que nul n'est certain de pouvoir persévérer jusqu'au bout dans la grâce de Dieu. »

[3] *Fioretti :* « comme saint Paul. »

Dieu, comme un ami avec son ami[1], à savoir le frère Silvestre, d'une pureté virginale;

8. Un autre volait comme un aigle[2] vers le soleil de la sagesse divine, à savoir le frère Bernard, le plus humble de tous, et qui excellait à dévoiler les passages les plus profonds des Ecritures;

9. un autre fut sanctifié par Dieu et canonisé dans le ciel pendant qu'il vivait encore en ce monde (comme s'il avait été sanctifié dès le sein de sa mère)[3] : à savoir le frère Rufin, gentilhomme d'Assise, homme merveilleusement fidèle au Christ. Et ainsi tous ont brillé par des prérogatives spéciales, comme cela sera prouvé ci-dessous.

10. (Et entre eux le premier et l'aîné, aussi bien par la priorité du temps que par le privilège de la sainteté, fut le frère Bernard d'Assise, dont la conversion s'accomplit de la manière qu'on va lire[4].)

[1] *Fioretti :* « de la même manière que le faisait Moïse. »

[2] *Fioretti :* « comme l'aigle, c'est-à-dire comme saint Jean l'Evangéliste. »

[3] Ce membre de phrase ne se retrouve pas dans la traduction italienne.

[4] Cette transition a été omise par le traducteur italien, mais le chapitre suivant des *Fioretti* débute en ces termes : « Le premier compagnon de saint François fut le frère Bernard d'Assise, dont la conversion eut lieu de la façon que je vais dire. »

CHAPITRE II

Du frère Bernard de Quintavalle, qui fut le premier compagnon de saint François[1].

1. Saint François était encore dans la vie séculière, mais déjà tout méprisé et désespéré de l'espérance du siècle, et, par pénitence, tellement vil et misérable d'aspect que bien des gens le tenaient pour fou.

2. Mais comme il était nourri du sel divin, et que l'Esprit Saint le pourvoyait de tranquillité et de réconfort, pendant longtemps il allait ainsi par les rues d'Assise, où sa propre famille et les étrangers l'accablaient d'innombrables injures en lui jetant de la boue et des pierres, tandis que lui-même, avec une patience merveilleuse et comme s'il eût été sourd et muet, traversait toutes ces épreuves le visage joyeux.

3. Or, le seigneur Bernard d'Assise, qui était entre les plus nobles, et riches, et savants de la ville entière, et dont tout le monde recevait

[1] Dans le texte latin des *Actus*, ce chapitre est intitulé : *De la conversion du frère Bernard*.

les conseils, commença à prendre sagement en considération un si profond mépris du monde, chez saint François, et une telle constance sous les injures avec tant de longanimité pour subir toutes choses,

4. au point que, ainsi détesté et méprisé des hommes depuis près de deux ans, il semblait armé d'une patience de plus en plus grande. Et le susdit seigneur Bernard songea dans son cœur : « Il n'est absolument pas possible que ce François ne possède pas une grande grâce de Dieu ! »

5. Et donc, inspiré par le Seigneur, il invita saint François à venir manger avec lui dans la soirée : à quoi ayant humblement consenti, saint François, un soir, vint souper avec lui.

6. Or, le seigneur Bernard se proposa, dans son cœur, de mettre à l'épreuve la sainteté du bienheureux François : ce pourquoi il l'invita à dormir dans sa maison, cette nuit-là.

7. Et comme saint François y consentit humblement, le seigneur Bernard lui fit préparer un lit dans sa propre chambre, où il entretenait, toute la nuit, une lampe allumée.

8. Or, saint François, dès qu'il entra dans la chambre, afin de cacher la grâce divine qu'il possédait, aussitôt s'étendit sur le lit, et fit semblant de vouloir dormir.

9. Mais le seigneur Bernard résolut, dans son cœur, d'observer secrètement son attitude pen-

dant la nuit ; et il mit à cela tant de précaution que, après avoir reposé quelque temps sur son lit, il feignit de dormir lui-même profondément et de ronfler à grand bruit.

10. Or, saint François, fidèle à tenir cachés les secrets de Dieu, lorsqu'il pensa que le seigneur Bernard dormait profondément, parmi le silence complet de la nuit sauta à bas de son lit ;

11. et, le visage levé vers le ciel, comme aussi élevant vers Dieu ses yeux et ses mains, tout absorbé dans sa pieuse prière et l'âme embrasée de ferveur, il disait : « O mon Dieu et mon tout ! »

12. Et il répétait ces mots avec tant de larmes, et les multipliait avec tant de zèle pieux que, jusqu'au matin, il ne disait rien d'autre que : « O mon Dieu et mon tout ! »

13. Et saint François disait cela par admiration pour l'excellence de cette majesté divine qu'il voyait s'abaisser avec compassion sur le monde en péril, et pourvoir au salut des pauvres hommes au moyen de son propre Fils.

14. Et ainsi, illuminé d'un esprit prophétique, et prévoyant les grands prodiges que Dieu allait faire précisément par l'ordre qu'il allait créer, et apprenant de ce même esprit à connaître son insuffisance propre, et considérant la petitesse de ses mérites,

15. il invoquait le Seigneur afin que Dieu lui-même, sans qui l'humaine fragilité ne peut

rien, accomplît ce que ses propres forces n'auraient pu accomplir; et c'est pour tous ces motifs qu'il disait : « Mon Dieu et mon tout! »

16. Or, le seigneur Bernard, voyant tout cela à la lumière de la lampe allumée, et méditant diligemment les susdites paroles, et observant avec viligance la dévotion du saint, et se sentant lui-même pénétré de l'Esprit Saint jusque dans la moelle de son cœur, voici que, dès l'aube du matin suivant, il appelle saint François, et lui dit :

17. « Mon frère François, je me suis proposé d'abandonner tout à fait le monde, et de te suivre dans tout ce qu'il te plaira de me commander! » Et le saint, en entendant ce discours, fut tout heureux en esprit, et répondit avec une grande joie :

18. « Seigneur Bernard, ce que vous me dites là est chose si grave et difficile qu'il convient que nous prenions conseil, là-dessus, de Notre-Seigneur Jésus-Christ, afin qu'il daigne lui-même nous montrer son bon plaisir ainsi que la manière dont nous devons l'exécuter.

19. « Et, donc, allons ensemble à l'Évêché, où il y a un bon prêtre, et faisons dire une messe ; et puis, après l'avoir entendue nous prierons là jusqu'à l'heure de tierce ;

20. « et, dans notre prière, nous demanderons au Seigneur Jésus-Christ qu'il daigne nous

montrer, au moyen d'une triple ouverture du missel, la voie qu'il lui plaira que nous choisissions! » A quoi le seigneur Bernard répondit : « J'accepte ce que tu dis! »

21. Ils se rendirent donc à l'Évêché, et puis, quand ils eurent entendu une messe, et prolongé leurs prières jusqu'à l'heure de tierce, le prêtre susdit prit son missel, sur la demande de saint François et du seigneur Bernard; et puis, s'étant muni du signe de la croix, il ouvrit l'Evangile au nom de Notre-Seigneur Jésus-Christ,

22. et, à la première fois qu'il ouvrit le livre, ses yeux tombèrent sur ces mots : *Si tu veux être parfait, va, et vends tout ce que tu possèdes, et le donne aux pauvres!*

23. A la seconde ouverture, il lut : *Celui qui veut venir à ma suite, qu'il renonce à soi-même et qu'il prenne sa croix!* et le reste.

24. Enfin, à la troisième ouverture, il tomba sur ceci : *Tu n'emporteras rien sur ta route!*

25. Ce qu'ayant vu, saint François dit au seigneur Bernard : « Voici que nous avons à présent le conseil du Seigneur! Allez maintenant, et accomplissez ce que vous avez entendu, et que béni soit Notre-Seigneur Jésus-Christ, qui a daigné nous montrer sa voie évangélique! »

26. Aussitôt le seigneur Bernard emporta au dehors tous ses biens, qui étaient d'une très grande valeur, et il les distribuait tous aux pauvres;

27. et, tenant une grosse somme d'argent dans le pli de son manteau, il le répandait abondamment et généreusement sur les veuves, et les orphelins, et les voyageurs, et tous les serviteurs de Dieu, pendant que saint François l'accompagnait dans cette œuvre et l'y aidait fidèlement.

28. Or, un certain messire Silvestre, en voyant disperser tant de biens, se sentit mordu par la cupidité, et dit à saint François : « Sais-tu que tu ne m'as pas entièrement payé pour certaines pierres employées par toi à réparer des églises? »

29. Sur quoi saint François, s'étonnant de sa cupidité, mais ne voulant point discuter avec lui, et accordant à tout homme qui demandait, en véritable observateur de l'Evangile, plongea sa main dans le sein du seigneur Bernard,

30. et, l'ayant remplie d'argent, il la transporta dans le sein de messire Silvestre, et lui dit : « Si tu en demandes plus encore, je te le donnerai ! » Mais l'autre, satisfait de ce qu'il avait reçu, s'éloigna.

31. Et, après cela, lorsque ce messire Silvestre fut rentré chez lui et, dans la soirée, eut réfléchi à ce qu'il avait fait durant le jour, se reprochant son avidité et revoyant en pensée la ferveur du seigneur Bernard et la sainteté de saint François,

32. voici que, la première, et la seconde, et la troisième nuits, une croix d'or lui apparut, jail-

lissant de la bouche de François, et dont le sommet touchait les cieux, tandis que les bras, étendus de chaque côté, semblaient atteindre jusqu'aux confins du monde !

33. En conséquence de quoi, étant touché de Dieu, il se dépouilla de tous ses biens et les donna aux pauvres ; et puis, devenu bientôt frère mineur, il fut homme de tant de sainteté et de grâce divine qu'il s'entretenait avec Dieu comme un ami avec son ami, ainsi que saint François a eu, plusieurs fois, l'occasion de l'éprouver, et ainsi qu'il apparaîtra ci-dessous.

34. Cependant[1], le seigneur Bernard, ayant distribué tous ses biens pour l'amour de Dieu, et étant devenu tout à fait le pauvre selon l'Évangile, se mérita tant de grâce auprès de Dieu que, souvent, il était ravi dans le Seigneur.

35. Et saint François le proclamait digne de tout respect, et aimait à dire que c'était lui qui avait fondé l'ordre des Mineurs, attendu qu'il avait été le premier à adopter la pauvreté évangélique, en distribuant tous ses biens aux pauvres,

36. sans se réserver pour soi-même absolument rien, et en s'offrant, ainsi, tout nu aux bras du Crucifié, qui est béni dans les siècles des siècles. *Amen.*

[1] *Fioretti* : « Pareillement... »

CHAPITRE III

Comment saint François, pour se punir d'une mauvaise pensée qu'il avait eue contre le frère Bernard, ordonna audit frère que, à trois reprises, il lui posât les pieds sur la gorge et sur la bouche[1].

1. Le serviteur très pieux du Christ crucifié, François, en raison de la rigueur de sa pénitence et de larmes trop fréquentes, avait fini par devenir presque aveugle, au point de ne voir que très peu.

2. Et, donc, un certain jour, il s'éloigna du couvent où il était, et se dirigea vers celui où demeurait le frère Bernard[2]. Celui-ci se trouvait dans un bois, tout absorbé dans la contemplation divine, et uni à Dieu[3];

[1] Le titre latin est : *De l'humilité et obéissance de saint François et du frère Bernard.*

[2] Le texte italien ajoute : « afin de s'entretenir avec lui des choses divines. »

[3] *Fioretti* : « Et, étant arrivé à ce couvent, il découvrit que le frère Bernard se trouvait dans un bois voisin, où il se tenait en oraison, tout élevé vers Dieu et uni à Lui... »

3. Alors saint François pénétra dans le bois, et, appelant le frère Bernard, lui dit : « Viens causer avec l'aveugle que voici ! » Mais le frère Bernard, en homme d'un esprit très contemplatif, et qui se trouvait alors ravi en pensée auprès de Dieu, ne répondit pas à saint François, ni n'alla vers lui.

4. — Car le frère Bernard avait, lui-même, en parlant de Dieu, une grâce singulière, ainsi que le bienheureux François l'avait déjà éprouvé à plusieurs reprises ; et c'est à cause de cela que le susdit saint François désirait s'entretenir avec lui.

5. — Et, donc, après un certain intervalle, de nouveau il l'appela une seconde et une troisième fois, répétant toujours les mêmes paroles, à savoir : « Viens causer avec un aveugle ! » Et toujours le frère Bernard ne s'apercevait de rien, de telle façon que ni il n'aborda saint François, ni ne lui parla.

6. Si bien que saint François s'éloigna, un peu chagriné, s'étonnant et presque se plaignant en soi-même que le frère Bernard, appelé par lui à trois reprises, eût refusé de venir le rejoindre.

7. Or, pendant que saint François méditait ainsi et se retirait, il dit à son compagnon : « Attends-moi une petite minute ! »

8. Et puis, pendant qu'il s'abandonnait à la prière en un lieu solitaire, voici qu'une réponse

divine lui fut faite, et qui disait :[1] « Et d'où vient donc que tu te troubles, pauvre petit morceau d'homme ? Est-ce que l'homme aurait maintenant le devoir de congédier le Seigneur en faveur d'une créature quelconque ?

9. « Or, sache que le frère Bernard, pendant que tu l'appelais, se tenait uni à moi, et que c'est à cause de cela qu'il n'a point pu venir vers toi, ni te répondre. Et toi, par conséquent, ne t'étonne pas s'il n'a point pu te parler, attendu qu'il était à ce point hors de soi qu'il ne s'est absolument pas aperçu de tes paroles ! »

10. Ce qu'ayant compris, saint François, aussitôt, d'un pas précipité retourne vers le frère Bernard, afin de s'accuser humblement de ses pensées de tout à l'heure. Et aussitôt le frère Bernard, qui était vraiment un saint homme, courut au-devant de saint François et se jeta à ses pieds.

11. Et l'humilité de saint François et la révérence de frère Bernard se trouvèrent ainsi opposées l'une à l'autre. Et saint François, après avoir répété les reproches divins qu'il avait reçus, enjoignit au frère Bernard de faire ce

[1] *Fioretti :* « Et il s'en alla tout auprès, dans un lieu solitaire, et, s'étant jeté en oraison, pria Dieu de lui révéler pourquoi le frère Bernard ne lui avait pas répondu ; et pendant qu'il se tenait ainsi, une voix de Dieu lui parvint, qui disait... »

qu'il allait lui ordonner au nom de l'obéissance.

12. Mais le frère Bernard, craignant que son maître ne lui imposât quelque chose d'excessif, ainsi qu'il en avait l'habitude, et voulant s'y refuser par humilité pieuse, répondit : « Mon père, je suis prêt à faire votre obéissance, pourvu que vous me promettiez, à votre tour, d'obéir à ce que je vais vous demander ! »

13. Saint François répondit : « Entendu ! » Alors le frère Bernard dit : « Et maintenant, mon père, dites-moi ce que vous voulez que je fasse ? »

14. Et saint François lui dit : « Au nom de la sainte obéissance, j'exige que, pour punir la présomption et l'audace de mon cœur, moi étant couché à terre, tu appuies ton pied sur ma gorge et mettes l'autre pied sur ma bouche, de façon que, me foulant aux pieds la gorge et la bouche, tu passes sur moi à trois reprises, d'un côté vers l'autre !

15. « Et, tout en passant ainsi, j'exige que tu me dises des injures : « Reste étendu là, me crieras-tu, méchant rustaud, fils de Pierre Bernardone ! » Et tu m'accableras encore de maintes injures bien plus fortes, en me disant : « D'où donc te vient tant de superbe, à toi qui es une créature si profondément vile ? »

16. Ce qu'entendant, le frère Bernard estima qu'il était bien dur pour lui de faire tout cela. Et

cependant, en raison de l'obéissance, il accomplit ce que lui ordonnait son maître, en y mettant le plus de ménagement qu'il put. Après quoi saint François lui dit : « A présent, frère Bernard, ordonne à ton tour, puisque je t'ai promis l'obéissance ! »

17. Et le frère Bernard répondit : « Au nom de la sainte obéissance, je t'ordonne que, chaque fois que nous serons ensemble, tu me corriges de mes défauts et me réprimandes très sévèrement ! »

18. Ce qu'entendant saint François fut grandement surpris, car le frère Bernard était homme d'une telle sainteté que son maître l'avait en extrême vénération [1].

19. Aussi, depuis lors, saint François se garda-t-il de demeurer trop longtemps avec le frère Bernard, par crainte d'avoir, selon l'obéissance susdite, à infliger jamais une correction à un homme si saint.

20. Et lorsqu'il désirait revoir le frère Bernard ou l'entendre parler de Dieu, toujours il s'entretenait avec lui brièvement et succinctement.

21. Et c'était chose admirable à voir de quelle manière ce père révéré et son fils premier-né, c'est-à-dire le frère Bernard, luttaient entre

[1] *Fioretti* : « et ne le croyait point capable de pouvoir jamais être réprimandé de rien. »

eux, et comment s'opposaient les unes aux autres l'obéissance et la charité, la patience et l'humilité de chacun d'eux. A la louange et gloire de Dieu[1]. *Amen*.

[1] *Fioretti* : « de voir avec quelle charité et révérence et humilité le père, c'est-à-dire saint François, traitait le frère Bernard, son fils premier-né, et s'entretenait avec lui. »

CHAPITRE IV

Comment l'ange du Seigneur proposa une question au frère Elie, gardien du couvent de la Vallée de Spolète, et puis, le frère Elie lui ayant répondu avec superbe, comment il s'éloigna de lui et s'en alla sur le chemin de saint Jacques, où il trouva le frère Bernard et lui raconta cette histoire[1].

1. Dans les commencements de l'ordre, quand il n'y avait encore qu'un petit nombre de frères, et que n'existait pas encore des couvents établis, saint François alla en visite au tombeau de saint Jacques en Galice, emmenant avec soi plusieurs de ses compagnons, parmi lesquels se trouvait le frère Bernard.

2. Et, comme ils allaient ensemble, ils trouvèrent, dans un certain pays, un homme malade ; et saint François, ayant pitié de lui, dit au frère Bernard : « Mon fils, je veux que tu restes ici pour servir ce malade ! »

3. Aussitôt le frère Bernard, fléchissant les

[1] Titre latin : *Du frère Bernard, comment un ange a traversé une rivière avec lui.*

genoux et inclinant la tête, entreprit avec révérence d'obéir à son saint père. Et saint François, ayant laissé le frère Bernard avec le susdit malade, s'en alla vers le tombeau de saint Jacques avec ses autres compagnons.

4. Et pendant qu'il se tenait en prière auprès du tombeau de saint Jacques[1], il lui fut révélé de Dieu qu'il eût à établir des couvents par le monde, attendu que son ordre devait se répandre en grande abondance. Si bien que, depuis lors, sur le commandement de Dieu, il commença à établir des couvents de tous côtés[2].

5. Or, saint François, revenant par le même chemin, trouva le frère Bernard, ainsi que le malade à lui confié et maintenant parfaitement guéri. De sorte que, l'année suivante, saint François autorisa le frère Bernard à aller lui-même au tombeau de saint Jacques.

6. Cependant saint François revint dans la vallée de Spolète. Et, comme il demeurait dans un certain couvent situé au milieu d'une région déserte, en compagnie du frère Masseo et du frère Elie, et de quelques autres frères, un jour saint François s'en alla dans la forêt pour prier.

7. Et ses compagnons, l'ayant en grande révérence, craignaient d'empêcher sa prière si peu

[1] *Fioretti :* « pendant la nuit. »
[2] *Fioretti :* « dans ces régions. »

que ce fût, à cause des prodiges que Dieu accomplissait par lui en toutes choses.

8. Or, il arriva qu'un certain jeune homme très beau, portant une ceinture autour de son vêtement comme un voyageur, vint à la porte du couvent, et y frappa avec tant de hâte et si longtemps que la chose parut singulière.

9. Si bien que le frère Masseo, s'approchant de la porte, dit à ce jeune homme : « Mon fils, je crois bien que tu n'es encore jamais venu à la porte des frères, puisque tu ne sais pas frapper avec modération ! »

10. Et le jeune homme répondit : « Comment convient-il de frapper ? » A quoi le frère Masseo répondit : « Tu dois frapper trois fois, et avec des intervalles, l'un des coups après l'autre. Et puis tu dois attendre jusqu'à ce que l'un des frères ait achevé son *pater noster*, et soit venu vers toi. Et puis, si dans cet intervalle il n'est point venu, tu peux frapper de nouveau. »

11. Mais le jeune homme répondit : « C'est que je suis très pressé, et voilà pourquoi je frappe ainsi, car j'ai à faire un grand voyage. Je suis venu ici pour m'entretenir avec le frère François : mais il est à présent dans le bois en contemplation, et c'est pourquoi je ne veux point le déranger.

12. « Mais va et envoie-moi le frère Elie ! car j'ai entendu dire qu'il était très savant, et à

cause de cela je veux lui poser une question! »

13. Or, quand le frère Masseo eut dit au frère Elie d'aller vers ce jeune homme, le frère Elie en fut importuné, et ne voulut pas y aller (étant rempli de superbe et de colère[1]).

14. Et le frère Masseo ne savait point que faire. Car, s'il disait que le frère Elie n'avait pas pu venir, il mentirait; et que s'il disait que le frère Elie ne voulait point se déranger, il craignait que le jeune homme n'y trouvât un mauvais exemple.

15. Et comme, pendant ce temps, il tardait à revenir, le susdit jeune homme frappa de nouveau, de la même façon qu'avant. Alors le frère vint à la porte, et dit à ce jeune homme: « Tu n'as pas observé mes prescriptions sur la manière de frapper! »

16. Or, ce jeune homme était un ange de Dieu, qui, prévoyant la réponse du frère Masseo, dit: « Le frère Elie ne veut pas venir vers moi, mais va vers le frère François, et dis-lui que je suis venu pour m'entretenir avec lui; mais comme je ne veux point l'empêcher dans sa prière, dis-lui qu'il m'envoie le frère Elie! »

17. Alors le frère Masseo se rendit auprès de saint François, qui se tenait en prière dans le bois, le visage levé au ciel, et il lui rapporta

[1] Ce dernier membre de phrase a été omis dans les *Fioretti*.

tout le message du susdit jeune homme, ainsi que la réponse du frère Elie.

18. Alors saint François, sans changer de place, et sans détourner son visage du ciel, dit au frère Masseo : « Va, et dis au frère Elie que, tout de suite, au nom de l'obéissance, il aille vers ce jeune homme ! »

19. Donc, le frère Elie alla vers la porte [1], mais si furieux que, dans sa précipitation à l'ouvrir, il fit un fracas et un bruit extrêmes, disant au jeune homme : « Que veux-tu ? »

20. Sur quoi ce jeune homme dit : « Prends garde, mon ami, car tu parais furieux, et la colère empêche l'homme de pouvoir discerner la vérité ! »

21. Alors le frère Elie dit : « Hâte-toi de me faire savoir ce que tu me veux ! » Et le jeune homme répondit : « Je viens te demander si, à ceux qui veulent observer le saint Evangile, il est permis de manger *tout ce qui est servi à table* devant eux, ainsi que nous l'a enseigné le Christ, et s'il est permis à quelqu'un d'imposer aux serviteurs du saint Evangile des actes contraires à la liberté évangélique ? »

22. A quoi le frère Elie répondit, dans sa superbe : « Je sais très bien tout cela, mais je

[1] *Fioretti* : « Le frère Elie, en entendant l'ordre d'obéissance de saint François, alla vers la porte. »

ne veux pas te le dire ! Va-t'en à tes affaires ! » Et le jeune homme répondit : « Eh bien ! moi, je saurais répondre à cette question encore mieux que toi ! »

23. Sur quoi le frère Élie[1] referma la porte précipitamment, et se retira. Et ensuite, lorsqu'il médita en soi-même sur ladite question, il hésita, sans savoir la résoudre.

24. Car lui-même, pendant qu'il était vicaire de l'ordre, avait pris sur soi de commander des choses en dehors de l'Evangile et de la Règle, et il avait décrété notamment qu'aucun frère de l'ordre ne pût manger de la viande, de telle sorte que la susdite question était expressément dirigée contre lui.

25. Et ainsi, ne sachant point résoudre la question par soi-même, et considérant l'apparence modeste du susdit jeune homme, et se rappelant que celui-ci avait dit qu'il saurait mieux que lui résoudre cette question, il revint vers la porte et l'ouvrit, afin d'interroger le jeune homme, et pour que celui-ci lui donnât la solution désirée.

26. Mais, ayant ouvert la porte, personne ne s'y montra plus, et le jeune homme, cherché de tous côtés, ne put point se retrouver. Car le susdit jeune homme était un ange de Dieu, qui

[1] *Fioretti* : « tout furieux. »

s'était éloigné sans attendre le retour d'Élie, puisque l'esprit superbe de celui-ci ne lui avait point paru digne de l'honneur d'un entretien avec un ange.

27. Tout cela ayant eu lieu, saint François, à qui ces choses furent révélées par Dieu, revint du bois, et très sévèrement il réprimanda le frère Élie, en lui disant : « Tu fais très mal, frère Élie, et te conduis bien orgueilleusement en repoussant les saints anges qui viennent pour nous faire visite et pour nous instruire !

28. « Et en vérité je te dis que je crains vivement que ta superbe ne te fasse sortir de notre ordre[1] ! » Et, en effet, c'est ainsi qu'il arriva par la suite, de la façon que saint François l'avait dit en esprit prophétique[2].

29. Or, le même jour et à la même heure où cet ange s'était éloigné du susdit frère, le même ange parut, sous la même figure, au frère Bernard, qui revenait du tombeau de saint Jacques, et se tenait sur le bord d'un certain grand fleuve, sans pouvoir le franchir. Et l'ange, ayant salué le frère Bernard dans sa propre langue, lui dit : « Que le Seigneur te donne la paix, ô mon bon frère ! »

[1] *Fioretti* : « que ta superbe ne t'amène à finir ta vie en dehors de notre ordre ! »

[2] *Fioretti* : « car ledit frère mourut en dehors de l'ordre. »

30. Et le frère Bernard émerveillé de sa beauté, et de cette connaissance de sa langue et de cette salutation pacifique et de ce visage joyeux, l'interrogea : « D'où viens-tu donc, ô bon jeune homme ? »

31. Et l'ange répondit : « Je viens de tel couvent où demeure à présent saint François ; et j'y suis allé m'entretenir avec lui, mais je n'ai pas pu le faire, attendu qu'il se trouvait dans un bois en contemplation divine.

32. « Et il y avait avec lui, dans ce couvent, le frère Masseo, et le frère Égide, et le frère Elie. Et le frère Masseo m'a appris à frapper à votre porte[1].

33. « Mais le frère Élie, pour avoir dédaigné de m'entendre sur une question que je lui ai posée, quand ensuite il s'en est repenti et a voulu m'entendre et me voir, il ne l'a point pu ! »

34. Et, après cela, l'ange dit encore au frère Bernard : « Mais pourquoi, mon très cher frère, diffères-tu de franchir ce fleuve ? » Et le frère Bernard répondit : « C'est parce que je crains le danger, à cause de la profondeur de ces eaux que voici ! »

35. Et l'ange dit : « Eh bien ! traversons ensemble, pour que tu n'aies point peur ! » Et, lui prenant la main, en un clin d'œil il déposa

[1] *Fioretti* : « à la manière des frères. »

le frère Bernard, sain et sauf, sur l'autre rive du fleuve.

36. Alors le frère Bernard, voyant que c'était là un ange du Seigneur, dit, avec une grande dévotion, et révérence, et joie : « O ange bienheureux de Dieu, dis-moi quel est ton nom? »

37. A quoi l'ange répondit : « Pourquoi demandes-tu mon nom, qui est trop merveilleux pour être connu? » Et puis, cela dit, il disparut, et laissa le frère Bernard grandement consolé, si bien qu'il fit tout le reste du chemin avec une joie extrême.

38. Et ce fut le frère Bernard lui-même qui prit en note le jour et l'heure où l'ange lui était apparu. Et puis, lorsqu'il parvint au couvent où saint François demeurait avec ses compagnons susdits, il leur raconta toute l'histoire en détail.

39. D'où les frères purent comprendre avec une certitude parfaite que ce même ange, en ces mêmes jour et heure, était apparu et à eux et à lui [1].

[1] *Fioretti* : « ce dont ils rendirent grâce à Dieu. *Amen.* »

CHAPITRE V

Comment le saint frère Bernard d'Assise fut envoyé à Bologne par saint François, et y établit un couvent[1].

1. Attendu que notre bienheureux père François lui-même ainsi que ses enfants avaient été appelés par Dieu au moyen de la Croix et pour la Croix[2], en conséquence lui-même et le reste de ses premiers compagnons semblaient et étaient vraiment des hommes crucifiés,

2. portant la croix aussi bien dans leur manière de se vêtir que dans le régime de leur vie et dans toutes leurs actions, et plus désireux des opprobres du Christ que des vaines et trompeuses caresses du monde ; et aussi se réjouissaient-ils des injures, mais s'affligeaient-ils des honneurs ;

3. et ils allaient par le monde tels que des voyageurs et des étrangers, n'emportant rien avec soi si ce n'est le Christ, pour lequel, par-

[1] Titre latin : *Du frère Bernard, comment il se rendit à Bologne.*

[2] *Fioretti :* « étaient appelés et élus par Dieu pour porter la croix du Christ dans leurs cœurs et dans leurs œuvres, et pour la prêcher dans leurs discours. »

tout où ils allaient, étant les vraies branches de la vigne vivante, ils faisaient une abondante et fructueuse cueillette d'âmes.

4. Et ainsi il arriva un jour, dans les premiers temps de l'ordre, que saint François envoya le frère Bernard à Bologne, afin d'y cueillir des fruits pour Dieu suivant la grâce qui lui venait du Seigneur. Sur quoi le frère Bernard, se munissant de la Croix du Christ, et prenant pour compagne la vertu de l'obéissance, se rendit à Bologne.

5. Or, en le voyant de mise singulière et pitoyable, les enfants commencèrent à l'accabler de maintes injures [1] ; lesquelles injures le frère Bernard, homme vraiment saint, les supportait non seulement avec patience, mais même avec une très grande joie,

6. car, étant un vrai disciple du Christ, qui *avait voulu devenir l'abjection du peuple et l'opprobre des hommes* pour l'amour de son Maître, il prit soin d'aller se poster sur la place de ladite ville, afin de pouvoir être mieux raillé par les hommes.

7. Et, donc, pendant qu'il restait assis là, un grand nombre d'enfants et d'hommes s'étaient rassemblés autour de lui ; et quelques-uns lui tiraient son capuchon en arrière, d'autres en

[1] *Fioretti* : « comme l'on fait à l'égard d'un insensé. »

avant, et quelques-uns lui lançaient de la poussière, d'autres des pierres, quelques-uns le poussaient lourdement d'un côté, d'autres d'un autre.

8. Mais devant toutes ces injures le frère Bernard restait joyeux et patient, tout à fait sans résister et sans murmurer [1] ; et même, qui plus est, pendant plusieurs jours il revint soigneusement sur ladite place, afin de subir des insultes pareilles ;

9. et, quelle que fût la masse d'outrages dont il était accablé, toujours cependant son visage souriant montrait une âme nullement troublée.

10. Et comme la patience contient en soi et démontre une vertu parfaite, il en résulta qu'un certain juge plein de sagesse, observant et examinant avec soin cette constance courageuse qui, pendant tant de jours, ne se troublait absolument pas, se dit dans son cœur :

11. « Il est impossible que cet homme-là ne soit pas un homme saint ! » Et, s'approchant du frère Bernard, il lui dit : « Qui es-tu, et pourquoi es-tu venu ici ? »

12. Alors le frère Bernard plongea sa main dans son sein, et tendit au juge la Règle évangélique de saint François, qu'il portait sur son cœur et démontrait par ses actes.

[1] *Fioretti :* « sans se fâcher et sans remuer. »

13. Et le susdit juge, ayant lu les sublimes statuts de cette Règle, en fut vivement étonné, car c'était un homme très intelligent ;

14. et, se tournant vers ses compagnons avec une admiration extrême, il dit : « Cette Règle contient les statuts les plus nobles que j'aie jamais vus. Et, en conséquence, cet homme-ci avec ses compagnons sont parmi les hommes les plus saints de ce monde ;

15. « de sorte que ceux-là commettent un grand péché qui l'accablent d'injures, attendu qu'il ne doit pas être injurié mais revêtu des plus grands honneurs, étant en vérité l'ami du Très-Haut ! »

16. Et puis il dit au frère : « Mon cher ami, voulez-vous que je vous montre un lieu qui vous conviendrait fort bien afin que vous pussiez très commodément y servir Dieu ? Et que si vous consentiez à l'accepter, c'est avec un plaisir infini que je vous en ferais don pour le salut de mon âme ! »

17. A quoi le frère Bernard répondit : « Très cher seigneur, je crois que c'est Notre-Seigneur Jésus-Christ qui vous a inspiré cette pensée[1] ! »

18. Alors ledit juge emmena le frère Bernard dans sa maison, où il l'accueillit avec une grande joie et charité ; et ensuite il lui montra

[1] *Fioretti* : « et, en conséquence, j'accepte volontiers votre offre pour l'honneur du Christ. »

le lieu promis, et il mit ce lieu en état, parfaitement et pieusement, à ses frais.

19. Et il devint, depuis lors, le défenseur et le père dévoué du frère Bernard et de ses compagnons. Et le frère Bernard, en raison de sa sainte conduite, commença bientôt à être si honoré des hommes que ceux-là s'estimaient heureux qui pouvaient le toucher, et l'entendre ou le voir.

20. Mais le frère Bernard, en homme vraiment humble et en vrai disciple du Christ[1], craignant que l'honneur qu'on lui témoignait là n'empêchât son repos et son salut, s'éloigna de Bologne, et, revenant auprès de saint François, il lui dit :

21. « Un couvent vient d'être établi dans la ville de Bologne ; et il faut donc, mon père, que tu envoies des frères pour y demeurer, car, quant à moi, je n'y fais plus aucun profit ! Bien plus, en raison du grand honneur qu'on m'y témoigne, je crains d'avoir désormais plus à perdre, là-bas, qu'à gagner ! »

22. Or le bienheureux François, en apprenant toutes les choses que Dieu avait accomplies par l'entremise du frère Bernard, se sentit tout réjoui et exulta en esprit, et se mit à louer le Très-Haut qui répandait ainsi les pauvres petits

[1] *Fioretti :* « et de l'humble saint François... »

disciples de la Croix, pour le salut du peuple.

23. Et, depuis lors, choisissant quelques-uns de ses compagnons, il les envoya en Lombardie[1]; et dans ces régions, la dévotion des fidèles grandissant, ils établirent nombre de couvents de tous côtés. A la louange de Dieu. *Amen.*

[1] *Fioretti* : « il les envoya à Bologne et en Lombardie. »

CHAPITRE VI

Comment saint François, quand il vint à passer de cette vie, bénit le saint frère Bernard, et le laissa son vicaire[1].

1. Le frère Bernard était un homme d'une vie si sainte que saint François, jusqu'au bout, le vénérait très affectueusement, l'honorait de fréquents entretiens, et, en son absence, célébrait hautement ses vertus.

2. Mais il arriva que, un jour, pendant que saint François était pieusement plongé en prière, il lui fut révélé que le frère Bernard, avec la permission de Dieu, se trouvait assailli par de nombreux démons très méchants.

3. Ce qu'apprenant avec une compassion extrême au sujet d'un fils si tendrement aimé, saint François, pendant bien des jours, avec des prières et des larmes, recommandait au Seigneur Jésus-Christ son frère Bernard, afin que le Seigneur daignât lui donner la victoire parmi tant de pièges.

[1] Titre latin : *De la mort pleine de grâce du frère Bernard.*

4. Et pendant que saint François priait ainsi dévotement, voici que lui fut faite la réponse divine : « Frère, ne crains point, car toutes ces tentations dont le frère Bernard est assailli ne lui sont données que par manière d'épreuve et de couronne ;

5. « et, à la fin, il obtiendra joyeusement la palme et la victoire sur tous ces démons qui l'assaillent. Et, en vérité, ce frère Bernard est un des commensaux du royaume de Dieu ! »

6. De cette réponse saint François se réjouit grandement, en offrant d'immenses actions de grâces à Notre-Seigneur Jésus-Christ. Et, depuis lors, il n'eut plus aucun doute au sujet du frère Bernard, et ne craignit plus rien.

7. Mais toujours il le chérissait avec plus de joie, et s'attachait à lui d'une affection plus étroite. Laquelle affection, il l'a montrée non seulement dans sa vie, mais même au moment de sa mort.

8. Car, à ce moment de sa mort, pareil au patriarche Jacob, comme ses fils l'entouraient et pleuraient pieusement le départ d'un père si aimable, saint François leur dit : « Où donc est mon fils premier-né ? Viens, mon fils, pour que mon âme te bénisse avant de mourir ! »

9. Alors le frère Bernard dit en secret au frère Elie, qui était à ce moment le vicaire de l'ordre : « Mon père, va à la droite du saint, afin qu'il te bénisse ! »

10. Mais lorsque le frère Elie eut pris place à sa droite, et que saint François, aveuglé par ses larmes, eut posé sa main droite sur la tête d'Élie, il dit : « Ceci n'est point la tête du frère Bernard, mon premier-né ! ».

11. Alors le frère Bernard s'approcha à sa gauche. Et saint François, les bras étendus en croix, changeant la position de ses mains, appuya sa main gauche sur la tête du frère Élie, mais transporta la droite sur la tête du frère Bernard, en disant à celui-ci :

12. « Que le Père de mon Seigneur Jésus-Christ te bénisse de toute bénédiction spirituelle en Jésus-Christ !

13. « Et que, de même que tu as été le premier élu dans cet ordre, pour donner l'exemple évangélique et pour imiter le Christ dans la pauvreté évangélique, attendu que non seulement tu as offert généreusement tous tes biens et les as distribués entièrement pour l'amour du Christ, mais que tu t'es encore offert toi-même en sacrifice à Dieu, tout parfumé de douceur[1],

14 « tu sois donc béni par le Seigneur Jésus-Christ et par moi, son pauvre petit serviteur, des bénédictions éternelles, entrant ou sortant, veillant ou dormant, vivant ou mourant !

15. « Et que celui qui te bénira soit rempli

[1] *Fioretti :* « mais aussi parce que tu t'es offert toi-même à Dieu dans notre ordre par un doux sacrifice. »

de bénédiction, et que malheur arrive à celui qui te maudira! Et deviens le maître de tes frères, et que tous se soumettent à ton commandement!

16. « Et que tous ceux que tu voudras recevoir dans cet ordre y soient reçus, et que tous ceux que tu voudras en chasser en soient chassés ! Et qu'aucun frère n'ait pouvoir sur toi, et que, partout où tu voudras, tu puisses librement aller ou demeurer ! »

17. Mais lorsque ce fils si béni approchait à son tour de la mort, les frères qui, après le départ de saint François, le vénéraient d'une affection filiale se rassemblèrent en grand nombre autour de lui, des diverses provinces.

18. Et parmi eux se trouva cet hiérarchique et divin frère Egide qui, en revoyant le frère Bernard, dit avec une grande joie : « Haut les cœurs, frère Bernard, haut les cœurs ! »

19. Alors le frère Bernard dit en secret à l'un des frères qu'il eût à préparer un lieu favorable à la contemplation, où le frère Egide pourrait contempler les choses célestes [1].

20. Et lorsque le frère Bernard fut parvenu à l'heure dernière de la migration, il se fit redresser, et dit aux frères qui l'entouraient : « Mes frères bien-aimés, je ne veux point vous dire

[1] *Fiorelli* : et ainsi fut fait.

beaucoup de paroles, mais vous devez considérer que, l'état où j'ai vécu, vous y vivez à présent, et que, celui où je suis à présent, vous y serez bientôt.

21. « Quant à moi, j'ai découvert dans mon âme que, pour mille mondes égaux à celui-ci, je ne voudrais pas n'avoir pas servi mon Seigneur Jésus-Christ. Et de tous les péchés que j'ai commis je m'accuse devant mon Sauveur, le Seigneur Jésus-Christ, et devant vous. Et je vous supplie, mes frères bien-aimés, de vous aimer toujours les uns les autres. »

22. Et après ces paroles et d'autres exhortations salutaires, lorsqu'il se recoucha sur son lit, voici que son visage devint merveilleusement brillant et joyeux, à la grande admiration de tous les assistants !

23. Et ce fut au milieu de cette joie infinie que cette âme bienheureuse, couronnée de gloire et avec la victoire qui lui avait été promise depuis longtemps, s'en alla prendre part aux joies des élus. A la louange de Dieu. *Amen.*

CHAPITRE VII

Comment saint François fit un carême dans une île du lac de Pérouse, où il jeûna quarante jours et quarante nuits sans rien manger d'autre que la moitié d'un pain[1]

1. Ce très véritable serviteur du Christ, François, attendu qu'en maintes choses il fut quasiment un autre Christ donné au monde, en raison de cela Dieu le Père permit qu'un homme si parfait ressemblât sous maints rapports à son fils Jésus-Christ,

2. ainsi qu'il apparut dans l'élection sacrée de ses saints compagnons, et dans le mystère admirable des stigmates de la croix, et dans le jeûne saint continué pendant tout un carême[2].

3. Car comme il se trouvait une fois auprès du lac de Pérouse, il fut accueilli hospitalièrement, le jour du carnaval, chez un certain homme qui lui était dévoué[3]. Alors il pria cet homme,

[1] Titre latin : *Des quarante jours de jeûne de saint François.*

[2] *Fioretti :* « lequel jeûne fut accompli de la manière suivante. »

[3] *Fioretti :* « et voici qu'il lui fut inspiré de Dieu d'aller faire tout le carême dans une île dudit lac. »

pour l'amour de Dieu, de le transporter dans une île dudit lac, où personne ne demeurait, et cela pendant la nuit d'avant le jour des Cendres, de façon que personne n'en fût informé.

4. Et cet homme, dans le grand attachement qu'il avait pour le saint, prit bien soin de faire comme il lui était demandé. Et, donc, la nuit, ayant préparé une barque, il transporta son hôte, pour le jour des Cendres, dans l'île choisie.

5. Et saint François n'emportait avec soi aucune autre nourriture que deux petits pains.

6. Puis, ayant été déposé dans ladite île, il demanda encore à son conducteur de ne révéler sa retraite à personne, et de venir le reprendre le jour du Jeudi Saint[1].

7. Et comme il n'y avait là aucune habitation où il pût reposer sa tête, il s'installa dans un taillis épais, où les ronces avaient fait une sorte de cabane[2];

8. Et là il se tint immobile pendant tout le carême, sans rien manger ni boire[3].

[1] *Fioretti* : « Et ainsi cet homme s'en repartit et saint François demeura seul.. »

[2] *Fioretti* : « ou encore de petit abri. »

[3] Dans les *Fioretti*, cette phrase et les suivantes sont traduites ainsi : « Et il se tint là pendant tout le carême sans rien manger ni boire, à l'exception de la moitié de l'un des susdits petits pains, ainsi que le découvrit son pieux hôte lorsque, le Jeudi Saint, il revint vers lui ; car, des deux pains, cet homme retrouva l'un tout entier et la moitié de l'autre. »

9. Enfin son hôte susdit, comme ils en étaient convenus, vint le reprendre le jour du Jeudi Saint; et il découvrit que, des deux petits pains susdits, rien n'avait été touché à l'exception de la moitié d'un.

10. Et l'on croit que saint François a touché à cette moitié de pain afin de réserver au seul Christ béni la gloire d'un jeûne de quarante jours, et afin de chasser, au moyen de ce petit morceau de pain, le poison de la vaine gloire : de telle sorte que, à l'exemple du Christ, il a jeûné pendant quarante jours et quarante nuits.

11. Or, plus tard, dans ce lieu où saint François a fait une abstinence si merveilleuse, de nombreux miracles se sont accomplis par les mérites du saint. Et en raison de tout cela, les hommes ont commencé à construire et à demeurer dans cette île; et, sous très peu de temps, une place forte très grande s'y est élevée, ainsi qu'un couvent de frères mineurs[1].

12. Et aujourd'hui encore les hommes[2] de cette place forte témoignent une grande révérence à ce lieu où saint François a célébré le carême susdit. A la louange de Dieu. *Amen.*

[1] *Fioretti :* « qui s'appelle le couvent de l'Ile. »

[2] *Fioretti :* « et les femmes. »

CHAPITRE VIII

Comment saint François, cheminant avec le frère Léon, lui exposa en quoi consiste vraiment la joie parfaite[1].

1. Un certain jour d'hiver, saint François se rendait de Pérouse à Sainte-Marie-des-Anges ; et le frère Léon allait avec lui, et le froid les affligeait très cruellement.

2. Or, saint François appela le frère Léon, qui marchait un peu en avant de lui, et lui dit : « O mon frère Léon, si même les frères donnaient un grand exemple de sainteté, et d'honnêteté, et de bonne édification, cependant inscris ceci sur tes tablettes, c'est-à-dire note-le avec grand soin : ce n'est pas en cela que consisterait la joie parfaite ! »

3. Et puis, après avoir fait quelques pas, il le rappela de nouveau, et lui dit : « O mon frère Léon, quand bien même un frère mineur rendrait

[1] Titre latin : *De la manière dont saint François a enseigné au frère Léon que la joie parfaite se trouve seulement dans la croix.*

la vue aux aveugles, remettrait sur pied les paralysés, chasserait les démons, rendrait l'ouïe aux sourds, la marche aux boiteux, et la parole aux muets, ressusciterait un homme mort depuis quatre jours, mets-toi bien par écrit que ce n'est pas en cela que consiste la joie parfaite ! »

4. Puis l'ayant appelé de nouveau, il lui dit : « O mon frère Léon, quand bien même un frère mineur connaîtrait la langue de toutes les nations, et toutes les sciences et écritures, quand bien même il saurait prophétiser et révéler non seulement les choses futures mais encore les secrets des consciences et des âmes, inscris-toi bien que ce n'est pas là que se trouve la joie parfaite ! »

5. Puis, après qu'ils eurent encore marché un peu, il le rappela, une fois de plus : « O mon frère Léon, petite bête du bon Dieu, quand bien même le frère mineur parlerait la langue des anges, et connaîtrait le cours des astres et les vertus des herbes, et posséderait la révélation des trésors enfouis en terre,

6. « et si même il comprenait les vertus et propriétés des oiseaux et poissons, des animaux, des hommes, des racines, des arbres, des pierres et des eaux, note bien et n'oublie pas que la joie parfaite n'est pas encore dans tout cela ! »

7. Puis, au bout de quelques instants, il l'appela encore : « O mon frère Léon, quand même le frère mineur saurait prêcher si éloquemment

qu'il convertirait à la foi tous les infidèles, aie soin de mettre par écrit que ce n'est pas encore en cela que réside la joie parfaite ! »

8. Et ainsi cette manière de parler se prolongea bien pendant deux milles. Or, le frère Léon, extrêmement étonné de tout cela, dit enfin : « Mais, mon père, je t'en prie pour l'amour de Dieu, dis-moi donc où se trouve la joie parfaite ? »

9. A quoi le saint répondit en disant : « Tout à l'heure, lorsque nous parviendrons à Sainte-Marie-des-Anges, tout trempés de pluie et gelés de froid, tout souillés de boue et tourmentés de faim, et que nous sonnerons à la porte du couvent, s'il arrivait que le portier vînt vers nous d'un air furieux, et nous dît :

10. « Qui êtes-vous ? » à quoi nous répondrions : « Nous sommes deux de vos frères ! » Mais lui, au contraire, nous dirait : « La vérité « est que vous êtes deux ribauds qui vous en « allez de tous côtés par le monde, ravissant les « aumônes des pauvres ! »

11. « Et puis il refuserait de nous ouvrir, mais nous ferait rester dans la neige et dans l'eau, et dans le froid et la faim jusqu'à la nuit ; et nous alors, si nous réussissions à supporter patiemment, sans trouble et sans murmure, tant d'injures et de rebuffades,

12. « et que, humblement et charitablement, nous pensions que ce portier nous connaît vrai-

ment tels que nous sommes, et que c'est Dieu lui-même qui excite sa langue contre nous, ô mon frère Léon, inscris bien ceci, c'est en cela que consisterait la joie parfaite!

13. « Et puis, que si nous persistions à frapper, et que ce portier en fût exaspéré comme contre des importuns, et se mît rudement à nous rouer de coups, en nous disant : « Voulez-vous, bien « vite, vous sauver d'ici, sale racaille, et vous « en aller à l'hôpital! car enfin, qui donc êtes- « vous? Vous n'aurez absolument rien à man- « ger ici! »

14. « et que si nous subissions encore patiemment tout cela, et recevions ces injures de tout notre cœur, avec amour, ô mon frère Léon, inscris bien que c'est là que serait la joie parfaite!

15. « Et que si, ensuite, tourmentés par une faim pressante, affligés du froid, et voyant la nuit toute proche, nous nous remettions à frapper, et à appeler, et à supplier en pleurant qu'on daignât nous ouvrir, et qu'alors cet homme, enragé, s'écriât : « Voilà, par exemple, des créa- « tures insolentes et effrontées! Mais je saurai « bien les faire tenir tranquilles ! »

16. « Et puis que, sortant avec un gourdin noueux et nous saisissant par le capuchon, il nous jetât à terre, dans la boue et la neige, et nous frappât si fort du susdit gourdin qu'il nous couvrît de plaies de la tête aux pieds;

17. « et que si nous acceptions avec joie ces injures et ces coups, en songeant que nous avons le devoir de subir avec patience les peines que nous inflige le Christ bienheureux,

18. « ô mon frère Léon, alors nous connaîtrions la joie parfaite[1]. Car entre toutes les grâces du Saint Esprit que le Christ a accordées et données à ses amis, il n'y en a point de plus précieuse que de se vaincre soi-même, et de supporter volontiers tous les opprobres pour le Christ et pour l'amour de Dieu !

19. « Et, en effet, de toutes les choses admirables que je t'ai nommées dites tout à l'heure, nous n'avons pas le droit de nous en enorgueillir, attendu que ces choses ne viennent pas de nous, mais de Dieu : *car que possèdes-tu, que tu n'aies reçu de moi? Et si tu as reçu, pourquoi t'enorgueillis-tu comme si tu n'avais point reçu?* Mais au contraire, des tribulations et des afflictions et de la grâce qu'elles constituent pour nous, de cela nous pouvons nous enorgueillir, car cela vient vraiment de nous !

20. « Et c'est pourquoi l'apôtre a dit : « *Quant à moi, je n'ai garde de m'enorgueillir de rien, si ce n'est de la croix du Seigneur !*[2] »

[1] *Fioretti :* « Et maintenant, frère Léon, écoute la conclusion de tout cela ! »

[2] *Fioretti :* « Auquel Seigneur Jésus soient toujours honneur et gloire dans les siècles des siècles ! *Amen.* »

CHAPITRE IX

Comment saint François enseignait au frère Léon ce que celui-ci devait répondre, et comment le frère Léon ne pouvait jamais s'empêcher de dire le contraire de ce que voulait saint François.

1. Comme le saint père François, dans les premiers temps de l'ordre, se trouvait en compagnie du frère Léon, dans un certain petit couvent, où il ne possédait point de livre pour célébrer les offices, une certaine nuit, tous deux s'étant levés pour les matines, saint François dit à son compagnon :

2. « Mon bien cher enfant, voici que nous n'avons pas de bréviaire pour réciter les matines ! Mais, afin que nous employions cependant notre temps à la louange de Dieu, tu vas redire ce que je vais t'apprendre, et prends bien garde à ne pas y changer un seul mot !

3. « Et voici, d'abord, ce que je me dirai à moi-même : « O frère François, tu as commis

[1] Titre latin : *D'un discours divin adressé à saint François par le frère Léon.*

« tant de péchés, dans ta vie séculière, que tu es « digne d'aller en enfer ! » et toi, frère Léon, tu « me répondras : « Il est bien vrai que tu as « mérité l'enfer ! »

4. Et le frère Léon, âme toute pure, avec la simplicité d'une colombe, répondit : « Volontiers, mon père ! Commencez donc, au nom du Seigneur ! » Et saint François se mit à dire : « O frère François, tu as commis tant de péchés, en ce monde, que tu es digne de l'enfer ! »

5. Et le frère Léon répondit : « Dieu fera par ton entremise tant de choses bonnes que tu iras en paradis ! »

6. Sur quoi saint François s'écria : « Ce n'est pas ainsi qu'il faut me parler, frère Léon ! Mais quand je dirai : « O frère François, tu as commis « tant d'iniquités contre Dieu que tu mérites « d'être maudit à jamais », tu auras soin de me « répondre : « Oui, certes, tu es digne d'être « compté parmi les maudits ! » Et le frère Léon dit : « Volontiers, mon père ! »

7. Alors saint François, avec bien des larmes et soupirs, en se frappant la poitrine, s'écria très haut : « O Seigneur, Dieu du ciel et de la terre, j'ai commis contre toi tant d'iniquités que je mérite d'être maudit pour l'éternité ! »

8. Et le frère Léon répondit : « Dieu te rendra tel que, parmi les élus, tu seras béni tout particulièrement ! » Et saint François, surpris de ce

que son compagnon lui répondît tout au contraire de ce qu'il voulait, le lui reprocha en disant : « Pourquoi donc, frère Léon, ne me réponds-tu pas comme je te l'ordonne ?

10. « Au nom de la sainte obéissance, je t'enjoins de me répondre exactement dans les termes que je vais te prescrire !.

11. « Donc, moi, d'abord, je dirai ceci : « O « frère François, misérable créature, penses-tu « donc que Dieu aura pitié de toi, alors que tu as « commis tant de péchés, contre le Père des misé« ricordes et le Dieu de toute consolation, que tu « es à jamais indigne d'obtenir miséricorde ? »

12. « Et toi, petit frère, qui es comme un mouton, tu répondras : « Assurément tu es pleine« ment indigne de trouver miséricorde ! » Et le frère Léon répondit[1] : « Dieu le Père, dont la miséricorde est infiniment plus grande que ton péché, t'accordera une compassion extrême, et, en plus, te comblera de ses grâces ! »

13. Sur quoi saint François s'irrita doucement, et se troubla sans impatience; et il dit : « Pourquoi donc, mon frère, oses-tu aller contre l'obéissance, et ne cesses-tu pas de me répondre le contraire de ce que je t'ordonne ? »

14. Et le frère Léon répondit avec révérence et très humblement, en disant : « Dieu sait, mon

[1] *Fioretti* : « Mais ensuite, quand saint François eut dit : « O méchant frère François, », etc., le frère Léon répondit. »

très cher père, que, chaque fois, j'ai eu l'intention de te parler selon ce que tu m'avais ordonné; mais c'est Dieu qui m'a fait répondre suivant son bon plaisir, et non point suivant mon intention ! »

15. De quoi saint François fut grandement surpris; et il lui dit : « Mon très cher enfant, je te supplie de me dire, cette fois, lorsque je m'accuserai comme tout à l'heure, que je ne suis pas digne de miséricorde ! ». Et toujours il imposait les mêmes réponses au frère Léon, parmi d'abondantes larmes.

16. Et le frère Léon répondit : « Dis encore, mon père, car, cette fois, je te promets de répondre comme tu l'auras voulu ! » Et saint François, s'écriant parmi ses larmes, se dit à soi-même : « O misérable François, crois-tu donc que Dieu voudra avoir pitié de toi ? »

17. A quoi le frère Léon répondit : « Mais oui, mon père, Dieu aura pitié de toi, et, de plus, tu recevras une grande grâce de Dieu, et il t'exaltera et te glorifiera dans l'éternité, *attendu que tout homme qui s'humiliera sera exalté !* Et moi, il m'est décidément impossible de te parler autrement, car c'est Dieu lui-même qui parle par ma bouche ! »

18. Et dans cette humble dispute, parmi des larmes pieuses et la consolation divine, les deux frères restèrent veillant jusqu'à l'aurore. A la louange et gloire de Notre-Seigneur Jésus-Christ. *Amen.*

CHAPITRE X

Comment le frère Masseo, par manière de raillerie, dit à saint François que le monde courait derrière lui; et comment le saint lui répondit que cela était fait pour la confusion du monde et pour la grâce de Dieu. [1]

1. Pendant que saint François demeurait dans le couvent de la Portioncule en compagnie du frère Masseo, qui possédait la grâce de l'éloquence divine et d'une grande sagesse, en raison de quoi il était très aimé du saint,

2. comme, un certain jour, saint François revenait du bois où il était allé prier, et que déjà il arrivait à la sortie du bois, le frère Masseo (qui venait au-devant lui) voulut éprouver jusqu'où allait son humilité. Et il dit à saint François[2] : « Pourquoi toi? pourquoi toi? pourquoi toi? »

3. A quoi saint François répondit : « Qu'est-ce donc que me dit là mon frère Masseo? » Et le

[1] Titre latin : *De quelle manière le frère Masseo a éprouvé l'humilité de saint François.*

[2] *Fioretti :* « Et, allant au-devant de lui, et comme par manière de raillerie, il dit... »

frère Masseo répondit : « Eh bien! c'est parce que le monde entier semble accourir vers toi, et que chacun cherche à te voir, à t'entendre, et à t'obéir! Or, tu n'es certes pas beau! Ta science ni ta sagesse ne sont grandes; de naissance, tu n'es qu'un roturier! Pourquoi donc est-ce que le monde entier vient ainsi vers toi? »

4. Ce qu'entendant le frère François se réjouit en esprit. Elevant son visage au ciel, il resta longtemps immobile, la pensée tournée vers Dieu; et puis, revenant à soi, il s'agenouilla, et louant et remerciant Dieu avec grande ferveur, il se retourna vers le frère Masseo, et lui dit :

5. « Tu veux savoir pourquoi moi? Tu veux savoir pourquoi moi? Tu veux savoir et bien savoir pourquoi moi, et comment il se fait que tout le monde s'empresse vers moi? Eh bien! cela me vient de ces yeux très saints de Dieu qui, en tout endroit, contemplent les bons et les méchants.

6. « Car ces yeux très saints et bienheureux n'ont pas pu découvrir, parmi les méchants, un pécheur pire que moi, ni plus simple et plus vil;

7. « et, précisément à cause de cela, afin de rendre plus admirable l'œuvre qu'il veut accomplir, Dieu n'a point vu sur terre une créature plus vile que moi, et c'est précisément pour cela qu'il m'a choisi : car *Dieu choisit les plus sots du monde afin de confondre les sages.*

8. « *et il a choisi les plus ignobles et méprisables et faibles du monde afin de confondre les nobles, et grands, et forts*, et afin de montrer que toute élévation vient de Dieu, non de la créature,

9. « et afin que la créature ne s'enorgueillisse pas de soi-même, mais s'enorgueillisse seulement en Dieu, et afin qu'à Dieu seul soient honneur et gloire pour l'éternité ! »

10. Alors le frère Masseo, devant cette humble réponse proférée avec tant de ferveur, se sentit tout stupéfait, et reconnut vraiment que son saint père était muni de la véritable humilité, en humble et authentique disciple du Christ[1].

[1] *Fioretti* : « A la louange du Christ. *Amen.* »

CHAPITRE XI

Comment saint François fit tourner plusieurs fois en rond le frère Masseo, après quoi tous les deux s'en allèrent à Sienne[1].

1. Un jour, saint François voyageait en Toscane avec le frère Masseo (qui était, parmi tous les frères, celui que le saint emmenait avec soi le plus volontiers dans ses voyages, à cause de l'agrément de sa parole, et de son extrême intelligence, et puis à cause de l'assistance qu'il lui prêtait en donnant satisfaction à tous ceux qui survenaient, et en lui permettant à lui-même de ne pas en être importuné[2]).

2. Et comme, donc, un certain jour, ils allaient ensemble, le frère Masseo marchait un peu en avant de saint François, sur la route.

3. Mais lorsqu'on fut parvenu à un certain carrefour d'où l'on pouvait se rendre soit à Sienne,

[1] Titre latin : *Comment saint François a compris ce que le frère Masseo avait au secret de son cœur,*

[2] Tout le passage placé entre parenthèses a été omis par le traducteur italien.

ou à Florence, ou encore à Arezzo, le frère Masseo dit : « Mon père, quel est le chemin que nous devons prendre ? »

4. A quoi le saint répondit : « Nous prendrons le chemin que Dieu voudra ! » Et le frère Masseo de demander : « Et comment pourrons-nous connaître la volonté de Dieu ? »

5. Le saint lui répondit : « Nous la connaîtrons par le signe que je montrerai en toi[1] ! Et, donc par le mérite de la sainte obéissance, j'ordonne que, dans ce carrefour, et à l'endroit même où tu te tiens en ce moment, tu te mettes à tourner ainsi jusqu'à ce que je te dirai d'arrêter ! »

6. Alors le frère, en véritable obéissant, se mit à tourner là si longtemps qu'il tomba à plusieurs reprises, en raison du vertige de tête que produit un tel mouvement. Mais comme le saint ne l'arrêtait pas, et que le frère était résolu à obéir, chaque fois il se releva et reprit le mouvement susdit.

7. Et après que le frère Masseo eut longtemps et vaillamment tourné ainsi, saint François lui dit : « Arrête aussitôt, et ne bouge plus ! » Sur quoi le frère, aussitôt, se tint immobile.

8. Et saint François lui dit : « De quel côté as-tu, en ce moment, le visage tourné ! » Il répondit : « Du côté de Sienne ! » et le saint dit :

[1] *Fioretti* : « Par le signe que je te montrerai. »

« Eh bien ! c'est par ce chemin-là que Dieu veut que nous allions ! »

9. Or, le frère Masseo s'étonnait vivement de tout cela, et de ce que le saint l'eût fait tourner comme un enfant, et encore sous les yeux de tous les séculiers qui passaient. Mais pourtant, par révérence, il n'osait rien dire au saint père.

10. Et comme ils approchaient ensuite de Sienne, et que le peuple de cette ville avait appris l'arrivée du saint père, une foule de gens vinrent au-devant de lui et le portèrent dans leurs bras, ainsi que son compagnon, de telle façon que leurs pieds ne touchaient plus terre, jusqu'à l'évêché.

11. Or, en cette même heure, certains citoyens de Sienne étaient en train de se battre, à tel point que deux d'entre eux, déjà, avaient été tués. Mais le bienheureux François se releva, et prêcha à ces hommes si doucement, et si saintement, qu'il les ramena tous à la paix et à une grande concorde.

12. Et, en raison d'une action si admirable, l'évêque invita saint François, et l'accueillit dans sa maison avec grand honneur.

13. Mais dès l'aube suivante saint François, en vrai humble qui dans ses œuvres ne cherchait rien que la gloire de Dieu, se hâta de se lever avec son compagnon, et puis, sans avoir pris congé de l'évêque, tous deux se retirèrent.

14. Ce pourquoi le frère Masseo allait en se

murmurant à soi-même sur le chemin, et disait : « Qu'est-ce donc qu'il a encore fait là, ce brave homme? Hier, il m'a fait tourner comme un enfant, et aujourd'hui, cet évêque qui lui avait accordé tant d'honneur, il ne lui a pas même dit une bonne parole, ni n'a pris la peine de le remercier ! ».

15. Et il lui paraissait que tout cela avait été bien sot. Mais enfin, sur un signal de Dieu, il rentra dans son cœur, et, s'accusant très durement, il se dit : « Frère Masséo, tu es bien orgueilleux, à déprécier ainsi les œuvres divines, et tu mérites pleinement l'enfer, pour te révolter contre Dieu avec ton intelligence pleine de superbe !

16. « Car, durant ce voyage, des œuvres si saintes ont été accomplies par le frère François que, si même un ange de Dieu les avait accomplies, elles n'auraient pu être plus merveilleuses.

17. « De sorte que, si le frère François t'avait commandé de lancer des pierres, tu aurais dû encore lui obéir ! Car tout ce qu'il a fait dans ce voyage est venu d'ordre divin, ainsi qu'il apparaît dans l'heureux résultat obtenu !

18. « Et, en effet, s'il n'avait point ramené à la paix ces hommes qui se battaient, non seulement le glaive aurait dévoré les corps de beaucoup d'entre eux, ainsi qu'il avait déjà commencé à le faire, mais, ce qui aurait été bien pire, maintes

âmes auraient été englouties dans l'abîme infernal, à l'instigation du diable.

19. « Et, par conséquent, tu es à la fois le plus sot des hommes et le plus vaniteux, en murmurant devant ces choses qui, manifestement, sont de volonté divine ! »

20. Voilà donc ce que se disait, au fond du cœur, le frère Masseo, tout en continuant de marcher un peu en avant de saint François. Mais ce saint, illuminé de l'esprit divin, pour qui toutes choses sont nues et découvertes, appela par derrière le frère Masseo.

21. Et, dévoilant tous les secrets de son cœur, il lui dit : « Ce que tu penses en ce moment, tiens-toi à ces pensées-là, car elles sont bonnes et utiles pour toi, comme t'étant inspirées par Dieu !

22. « Mais le murmure que tu faisais auparavant était aveugle, et mauvais, et orgueilleux, et semé dans ton âme par le diable ! »

23. Ce qu'entendant le frère Masseo, stupéfait, comprit clairement que saint François connaissait les secrets de son cœur ; et, en outre, il se rendit compte en toute certitude que c'était l'esprit de la grâce divine qui dirigeait saint François dans toutes ses actions. A la louange et gloire de Notre-Seigneur Jésus-Christ. *Amen.*

CHAPITRE XII

Comment saint François préposa le frère Masseo aux offices de la porte, de l'aumône, et de la cuisine, mais ensuite, sur la prière des autres frères, le déchargea de ces offices. [1]

1. Notre bienheureux père François voulut un jour humilier le frère Masseo, afin que les dons multiples qu'il tenait du Très-Haut [2] pussent croître de vertu en vertu.

2. Le saint père se trouvait alors, avec ses premiers compagnons vraiment saints, dans un certain couvent solitaire ; et comme le frère Masseo demeurait également parmi eux, saint François, les ayant tous réunis, lui dit :

3. « O mon frère Masseo, tous ces frères que voici, tes compagnons, possèdent la grâce de prier et de contempler ; mais toi, tu possèdes la grâce de l'éloquence, qui te permet de donner satisfaction aux personnes survenantes ;

[1] Titre latin : *De quelle manière le frère Masseo fut éprouvé par saint François.*

[2] *Fiorelli* : « Ne s'exaltassent pas en vanité humaine, mais... »

4. « Et, à cause de cela, afin que tes compagnons puissent mieux se livrer à la prière et contemplation, je veux que tu prennes sur toi le soin de garder la porte, l'aumône, et la cuisine.

5. « Pendant que les frères mangeront, toi, tu mangeras en dehors de la porte du couvent, de façon que, avant que les visiteurs frappent à cette porte, tu les satisfasses de quelques paroles, de telle manière que personne autre que toi ne soit obligé de sortir. Et j'entends que tu fasses cela par le mérite de la sainte obéissance ! »

6. Aussitôt le frère Masseo, baissant la tête et retirant son capuchon, obéit humblement ; et, pendant plusieurs jours, ce fut lui qui fit la porte, l'aumône, et la cuisine.

7. Or, ses compagnons, en hommes illuminés de Dieu, commencèrent à sentir une grande lutte au fond de leurs cœurs, en songeant que le frère Masseo était homme de grande perfection et éloquence tout comme eux, et même plus encore, et que, cependant, c'était à lui qu'était imposé tout le poids des travaux matériels du couvent.

8. En conséquence de quoi ils demandèrent à leur saint père qu'il daignât partager ces charges entre eux, attendu que leur conscience ne pouvait pas supporter que ledit frère continuât d'être seul soumis à un tel fardeau.

9. (Et même, en outre, ils sentaient qu'ils seraient froids dans leurs prières, et dissipés

dans leurs consciences, si le frère Masseo n'était point relevé desdites charges)[1].

10. Ce qu'entendant, le bienheureux François acquiesça à leur avis plein de charité. Et, ayant appelé le frère Masseo, il lui dit : « Mon frère Masseo, tes compagnons que voici veulent prendre sur eux une partie des charges que je t'ai imposées, et, en conséquence, je désire que lesdites charges soient partagées entre eux ! »

11. A quoi le frère Masseo, répondant humblement et patiemment, dit : « Mon père, n'importe quoi que vous m'imposiez, en partie ou en totalité, j'estime que tout cela est fait par Dieu même ! »

12. Et alors saint François, voyant leur charité et l'humilité du frère Masseo, fit une prédication merveilleuse sur la très sainte humilité, et comment, en dehors d'elle, aucune autre vertu n'est acceptable devant Dieu[2].

Et puis, après cela, il répartit les charges, et bénit tous ses frères avec la grâce du Saint-Esprit. A la louange de Dieu. *Amen.*

[1] Le passage placé entre parenthèses a été omis dans la traduction italienne.

[2] *Fioretti :* « Saint François leur fit une prédication merveilleuse, leur enseignant que, d'autant plus sont grands les dons et grâces de Dieu, d'autant plus nous avons le devoir d'être humbles, attendu que, sans l'humilité, aucune vertu n'est acceptable devant Dieu. »

CHAPITRE XIII

Comment saint François et le frère Masseo, ayant reçu un pain, le posèrent sur une pierre au bord d'une fontaine; et comment saint François loua grandement la pauvreté, après quoi il pria Dieu, et saint Pierre et saint Paul, de lui faire aimer la sainte pauvreté; et comment lui apparurent alors saint Pierre et saint Paul.

1. L'admirable serviteur de Dieu et vrai disciple du Christ, saint François, afin de se conformer en toute chose à l'exemple du Christ, de même que le Christ avait envoyé ses disciples, deux par deux, dans toute ville et tout lieu où il devait se rendre en personne,

2. de même, lorsqu'il eut des compagnons, il les dispersa par le monde, deux par deux, pour prêcher.

3. Et afin de montrer aux autres, en soi-même, l'exemple de la véritable obéissance, ce saint, tout le premier, à l'exemple du Christ bienheureux,

[1] Titre latin : *Comment saint François a levé en l'air le frère Masseo au moyen de son souffle.*

avait coutume d'agir avant d'enseigner. Si bien que, ayant envoyé ses compagnons en diverses parties du monde, lui-même, après s'être choisi pour compagnon le frère Masseo, se mit en chemin pour se rendre en France.

4. Or, comme ils étaient parvenus dans un certain village où, pour la nécessité de leurs corps, et selon le précepte de la Règle, force leur était de mendier,

5. ils firent en sorte que saint François allât par une rue, et le frère Masseo par une autre.

6. Et saint François, qui était de petite taille, et qui, en raison de son apparence mesquine, se voyait toujours méprisé des inconnus, n'obtint que quelques tranches de pain grossier, et d'autres petites choses misérables ;

7. Tandis qu'au frère Masseo, qui était bel homme et grand de sa personne, on en avait donné beaucoup plus, et de plus belles.

8. Puis, comme tous deux s'étaient rejoints dans un certain endroit hors du village, et que là ils avaient trouvé une fontaine sur le rebord de laquelle s'étendait une pierre large et belle, ce dont ils s'étaient grandement réjouis, c'est sur cette pierre qu'ils posèrent les divers morceaux de pain obtenus en mendiant.

9. Et lorsque saint François vit que les vivres donnés au frère Masseo étaient plus nombreux et plus beaux que les siens, il exulta en esprit,

sous le saint désir de la pauvreté, et dit : « O mon frère Masseo, nous ne sommes pas dignes d'un si grand trésor ! »

10. Et puis, élevant la voix peu à peu, il répéta à plusieurs reprises ces mêmes mots. Et le frère Masseo lui répondit : « Mais, très cher père, comment peux-tu parler de trésor, là où il y a telle disette que nous n'avons pas même de plat, ni de couteau, ni d'écuelle, ni de maison ou de table, ni de serviteurs ou servantes ? »

11. A quoi saint François répondit : « C'est précisément ce que tu dis là que je considère comme un grand trésor, c'est-à-dire de ne rien posséder de tout ce que prépare l'industrie humaine.

12. « Mais tout ce que nous avons d'autre nous est également fourni par la Providence divine, ainsi qu'il apparaît manifestement dans l'obtention de ce pain, et dans la rencontre d'une pierre si belle et d'une fontaine si limpide !

13. « Et aussi entends-je que nous demandions à Dieu qu'il nous fasse aimer de tout notre cœur ce trésor de la sainte pauvreté, trésor si noble, et qui nous est offert par Dieu lui-même ! »

14. Et puis, après avoir profité avec joie de ces tranches de pain et de l'autre nourriture, et de l'eau de la fontaine, ils se levèrent, en chantant des hymnes pieuses, pour continuer leur chemin vers la France. Et lorsqu'ils furent parvenus auprès d'une certaine église, y étant entrés,

saint François alla se cacher derrière l'autel, pour prier.

15. Et là, une vision divine enflamma tellement son âme à désirer la pauvreté qu'il semblait quasiment émettre des flammes d'amour par tout son visage et l'ouverture de sa bouche.

16. Et puis sortant de sa cachette et se montrant ainsi, tout embrasé, à son compagnon, il lui disait avec véhémence : « Ah! ah! ah! mon frère Masseo, donne-toi à moi! », et il répéta ces mots à trois reprises.

17. Et le frère Masseo, étonné d'une ferveur si vive, lorsque pour la troisième fois saint François lui eut dit de se donner à lui se jeta tout entier dans les bras du saint père.

18. Alors saint François, la bouche grande ouverte, et tout animé du feu de l'Esprit Saint, et continuant de crier très haut : « Ah! ah! ah! » souleva le frère Masseo, par son seul souffle, dans les airs, et le projeta devant lui à une longueur d'environ une grande longueur de lance.

19. Ce que voyant, le frère Masseo fut grandement stupéfait d'une si admirable ferveur de l'Esprit Saint. Et il a rapporté, par la suite, à ses compagnons que, sous cette impulsion de saint François, il avait éprouvé une telle douceur et consolation spirituelle que jamais dans sa vie il ne se souvenait d'avoir été si merveilleusement consolé.

20. Après quoi saint François dit au frère Masseo : « Mon très cher enfant, allons à Rome, vers saint Pierre et saint Paul, et demandons-leur qu'ils nous instruisent et nous aident à posséder le trésor ineffable de la très sainte pauvreté! »

21. Et saint François ajouta encore : « Mon très cher et bien-aimé frère, ce trésor de la bienheureuse pauvreté est à ce point beau et divin que nous ne sommes pas dignes de le posséder dans nos vases trop vils,

22. « attendu que la pauvreté est cette vertu céleste au moyen de laquelle les choses terrestres et transitoires sont foulées aux pieds, au moyen de laquelle tous les obstacles sont détruits qui empêchent l'âme humaine de rejoindre librement le Seigneur Dieu éternel.

23. « Et c'est aussi la pauvreté qui permet aux âmes encore placées sur la terre de s'entretenir au ciel avec les anges.

24. « C'est elle qui nous permet de nous unir au Christ sur la croix, au Christ couché dans le tombeau, et au Christ ressuscitant et montant au ciel, attendu que cette pauvreté sainte donne aux âmes qui l'aiment, le pouvoir de s'envoler également au ciel même durant cette vie, à la condition que ces âmes gardent en même temps les armes de l'humilité et de la charité.

25. « Aussi, allons prier les très saints apôtres du Christ pour qu'eux-mêmes, qui ont été des

amoureux parfaits de cette perle évangélique, nous obtiennent de Notre-Seigneur Jésus-Christ cette grâce précieuse,

26. « à savoir que Lui, qui a été l'observateur et le docteur de la sainte pauvreté, daigne, par sa très sainte miséricorde, nous accorder d'être dignes de devenir les vrais observateurs et humbles disciples de la très chère et très aimable, et évangélique pauvreté ! »

27. [1] Et, donc, lorsqu'ils furent arrivés à Rome, ils pénétrèrent dans l'église de Saint-Pierre. Et saint François se dirigea vers l'un des coins de cette église, et le frère Masseo vers un autre, afin de prier Dieu et ses saints apôtres, pour qu'ils daignassent les instruire et les aider à posséder le trésor de la sainte pauvreté.

28. Et pendant qu'ils demandaient cela avec grande dévotion et parmi des larmes, voici que le bienheureux Pierre et le bienheureux Paul apparurent à saint François, entourés d'une grande clarté, l'embrassèrent tendrement, et lui dirent :

29. « Frère François, puisque tu demandes et désires ce que le Christ lui-même et ses saints apôtres ont possédé, nous te notifions de la part du Seigneur Jésus-Christ que ton vœu se trouve comblé !

[1] Le traducteur italien écrit ici ingénûment : « Et, tout en parlant de la sorte, ils arrivèrent à Rome. »

30. « Et c'est le Seigneur Jésus-Christ lui-même qui nous a envoyés vers toi pour t'annoncer que ta prière a été exaucée, et que le trésor de la très sainte pauvreté t'a été accordé, ainsi qu'à ceux qui te suivront.

31. « Et de la part du Christ nous te disons que quiconque, à ton exemple, partagera parfaitement ce désir que tu as, est assuré de la béatitude du royaume céleste. Et toi-même, et tous ceux qui te suivront, serez bénis de Dieu ! »

32. Puis, ayant ainsi parlé, les deux saints s'éloignèrent, laissant François rempli d'une intime consolation. Et saint François, se relevant de sa prière, rejoignit son compagnon et lui demanda s'il avait eu quelque message de Dieu; à quoi le frère Masseo répondit qu'il n'avait rien eu.

33. Alors saint François lui dit de quelle manière les saints apôtres lui étaient apparus, et lui avaient révélé ce qu'on a lu ci-dessus.

34. De quoi tous les deux se sentirent si joyeux et ravis que, renonçant à aller en France, comme ils se l'étaient d'abord proposé, ils revinrent en hâte dans la Vallée de Spolète (où devait prendre naissance cette voie céleste et angélique de la pauvreté) [1].

[1] Ces derniers mots ont été omis par le traducteur italien.

CHAPITRE XIV

Comment, pendant que saint François s'entretenait de Dieu avec ses compagnons, le Christ est apparu au milieu d'eux.

1. Notre très saint père François (qui avait plongé toute sa pensée dans le Christ bienheureux, et ordonnait toute son attitude, et tout son désir de prier et de parler, en vue du bon plaisir de son divin maître[1]),

2. pendant que, un jour, dans les premiers temps de sa conversion il se tenait assis, en père pieux, avec ses fils très bénis, dans la ferveur de l'Esprit Saint il enjoignit à l'un d'entre eux que, au nom de Dieu, il ouvrît la bouche, et se mît à parler de Dieu d'après ce que l'Esprit Saint lui suggérerait.

3. Et comme le disciple, obéissant aussitôt, avait commencé de parler, et, sous l'inspiration de l'Esprit Saint, émettait des paroles d'une beauté merveilleuse, le saint père lui imposa

[1] Le passage entre parenthèses a été omis dans la traduction italienne.

silence, et ordonna à un autre de parler de Dieu à son tour, de la même façon, suivant la grâce qui lui avait été concédée du Saint-Esprit.

4. Et comme le disciple, obéissant, exaltait les prodiges de Dieu, inspiré de la grâce divine, saint François lui imposa silence, comme il avait fait au premier; et à un troisième il ordonna qu'il dît quelque chose à la louange de Jésus-Christ, toujours sans aucune préparation.

5. Et ce troisième disciple, suivant l'exemple des autres et accomplissant humblement l'obéissance, proférait des choses si admirables et secrètes, touchant les mystères divins, que personne ne pouvait douter que, par lui comme par les autres, ce fût l'Esprit Saint qui parlât.

6. (Or, pendant que, tour à tour, ces vases saints répandaient ainsi, dans leur simplicité, le baume de la grâce divine, en parlant comme avec une coulée de miel des choses célestes, sur l'ordre du saint père[1]),

7. voici qu'au milieu d'eux le Seigneur Jésus-Christ apparut sous l'aspect d'un très beau jeune homme, les bénissant tous avec une telle douceur de grâce que le saint père lui-même, aussi bien que tous les autres, en furent ravis en esprit;

[1] Tout ce passage a été remplacé, dans la traduction italienne, par le suivant : « Et c'est ce qui fut également démontré par un signe exprès : car pendant que les frères continuaient à parler ainsi... »

et ils gisaient à terre comme morts, ne sentant plus rien de ce bas monde.

8. Et puis, lorsqu'ils furent revenus à soi, le saint père dit : « Mes frères bien-aimés, remerciez le Seigneur Jésus-Christ, à qui il a plu de divulguer par la bouche des simples les trésors de la science divine, et qui, de même qu'il ouvre la bouche des enfants et des muets, sait, quand il le veut, rendre très sages et disertes les langues des simples ! A la louange de Dieu. *Amen.* »

CHAPITRE XV

Comment, à Sainte-Marie-des-Anges, sainte Claire mangea avec saint François et les frères ses compagnons[1].

1. François, serviteur du Très-Haut, consolait souvent la bienheureuse Claire par ses saintes exhortations. Et souvent cette bienheureuse priait le bienheureux père François de lui accorder cette grande consolation qu'il consentît, au moins une fois, à prendre un repas avec elle.

2. Mais le bienheureux François se refusait toujours à lui accorder cette faveur. D'où il arriva que les compagnons du saint père, considérant ce désir de sainte Claire, dirent au bienheureux François :

3. « Mon père, il nous semble que cette rigueur que vous montrez là n'est pas conforme à la charité divine, car vous avez refusé d'exaucer

[1] Titre latin : *Saint François et ses compagnons, ainsi que sainte Claire, sont ravis en esprit.*

le désir de notre sœur Claire, vierge si sainte et aimée de Dieu[1] !

4. « Sans compter qu'elle-même, jadis, a abandonné les pompes du siècle sous l'effet de votre prédication ! Et, donc, non seulement vous devriez consentir à prendre un repas avec elle, mais si même elle réclamait de vous aussi instamment une faveur plus grande encore, vous devriez l'accorder à cette petite plante germée de vous ! »

5. A quoi saint François répondit : « Ainsi, il vous paraît que je devrais exaucer ce désir ? » Et il dirent : « Oui, père, car notre sœur est bien digne que vous lui fassiez cette consolation ! »

6. Et saint François répondit : « Puisque cela vous paraît ainsi, je le veux bien ! Mais, afin que notre sœur soit consolée plus pleinement encore, je veux que le repas ait lieu à Sainte-Marie-des-Anges.

7. « Car il y a déjà longtemps que notre sœur Claire est restée recluse à Saint-Damien ; et, ainsi, il la réjouira quelque peu de revoir ce couvent de Sainte-Marie où elle eut les cheveux coupés et fut faite fiancée de Notre-Seigneur Jésus-Christ. Et, donc, c'est là que nous mangerons ensemble, au nom du Seigneur ! »

8. En conséquence, il décida le jour où la bienheureuse Claire devrait venir avec une de-

[1] *Fioretti* : « dans une chose aussi petite que de manger avec vous. »

ses compagnes, tandis que lui-même serait accompagné de ses frères.

9. Et sainte Claire vint, et d'abord elle adora pieusement et humblement la bienheureuse Vierge Marie, mère de Dieu[1], et puis visita avec dévotion tout le couvent dans tous ses recoins; après quoi l'heure vint du repas, et l'humble et divin François fit préparer la table, suivant son habitude, à plat sur le sol.

10. Et il s'assit lui-même ainsi que sainte Claire, et l'un des compagnons du saint père s'assit auprès de la compagne de la sainte, et tous ses autres compagnons prirent également place à cette humble table.

11. Et, dès les premières bouchées, saint François se mit à parler si doucement, saintement, et d'une façon si sublime et divine que ce saint lui-même, et sainte Claire, et sa compagne, et tous les autres qui étaient assis autour de cette pauvre table, furent ravis d'une grâce extrême du Très-Haut, qui les avait envahis.

12. Et pendant qu'eux-mêmes se tenaient assis de cette façon, l'âme ravie, et les yeux et les mains levés au ciel, il sembla aux hommes d'Assise et de Bettona, et de toutes les autres régions d'alentour, que l'église Sainte-Marie-des-Anges, ainsi que tout le couvent et la forêt

[1] *Fioretti* : « Devant cet autel consacré à la Vierge où elle-même, jadis, avait reçu la tonsure et le voile. »

qui alors entourait ce couvent, étaient en train de brûler, et qu'un grand incendie s'était répandu sur tous ces lieux.

13. En conséquence, pour secourir le couvent, les hommes d'Assise arrivèrent en grande hâte, croyant fermement que tout allait être dévoré par la flamme. Mais quand ils arrivèrent sur les lieux, ils virent que toutes choses étaient intactes et sans le moindre dommage.

14. Pénétrant ensuite dans le couvent, ils trouvèrent le bienheureux François avec sainte Claire et tous ses compagnons ravis en Dieu, et tous étaient assis autour de cette table très humble, et tous étaient revêtus de la vertu d'en haut.

15. Et alors ces hommes comprirent avec certitude que c'était un feu divin qui enflammait les susdits saints et saintes, les remplissant des abondantes consolations de l'amour divin. Sur quoi ils s'éloignèrent, grandement édifiés et réconfortés.

16. Quant au bienheureux François et à sainte Claire, et aux autres, ceux-là se trouvèrent restaurés à tel point par la riche consolation divine de leurs âmes que de la nourriture corporelle, ils ne touchèrent que très peu ou rien.

17. Après quoi sainte Claire revint à Saint-Damien; et ses sœurs, en la voyant, se réjouirent infiniment, car elles avaient craint que

saint François ne voulût l'envoyer gouverner un autre couvent,

18. tout de même qu'il avait déjà envoyé à Florence, comme abbesse, sa sœur Agnès, et qu'à sainte Claire elle-même il avait dit, un jour : « Prépare-toi, pour le cas où il faudra que je t'envoie dans un autre lieu ! »

19. Et elle, en véritable fille de l'obéissance, avait répondu : « Mon père, je suis toujours prête à aller partout où il te plaira ! » Et, depuis ce jour, sainte Claire resta grandement consolée dans le Seigneur.

CHAPITRE XVI

Comment saint François reçut de sainte Claire et au saint frère Silvestre le conseil d'avoir à convertir, en prêchant, une multitude d'hommes ; et comment il créa le tiers-ordre, et prêcha aux oiseaux, et fit tenir en repos les hirondelles[1].

1. Dans les premiers temps de sa conversion, mais lorsque déjà il avait rassemblé plusieurs compagnons, saint François se trouva plongé dans le conflit d'un grand doute, ne sachant pas s'il devait se livrer constamment à l'oraison, ou bien si, parfois, il devait s'occuper de prêcher aux autres hommes.

2. Et il désirait grandement connaître sur ce point la volonté et le bon plaisir de Notre-Seigneur Jésus-Christ ; et comme sa sainte humilité ne lui permettait pas de se fier à soi-même pour trancher ce conflit, il chercha humblement refuge auprès d'autres personnes dont il espérait

[1] Titre latin : *De quelle façon Dieu a révélé à sainte Claire et au frère Silvestre que saint François devait se livrer à la prédication.*

que les prières les mettraient à même de reconnaître le bon plaisir de Dieu sur la question susdite.

3. Si bien que, appelant le frère Masseo, il lui dit : « Mon très cher enfant, va vers la sœur Claire, et dis-lui de ma part qu'elle-même, avec l'aide de quelques-unes des plus pures et pieuses de ses compagnes, demandent instamment à Dieu qu'Il daigne me faire savoir ce qui lui plaira le plus : ou bien de me voir prêcher quelquefois, ou de me voir seulement me livrer à l'oraison !

4. « Et puis tu iras aussi trouver le frère Silvestre, qui demeure sur le mont Subasio, et tu lui parleras de la même façon ! » Car ce frère Silvestre était homme de tant de grâce et de sainteté que, tout ce qu'il demandait dans sa prière, aussitôt il l'obtenait de Dieu[1].

5. Le Saint-Esprit, en effet, l'avait rendu exceptionnellement digne de s'entretenir avec Dieu ; et c'est pourquoi saint François lui accordait une révérence et une confiance très grandes. Et ce saint père Silvestre demeurait seul dans le lieu susdit.

[1] Le traducteur des *Fioretti* ajoute : « Ce frère Silvestre avait été autrefois, dans la vie du siècle, ce même messire Silvestre qui avait vu sortir de la bouche de saint François une croix d'or s'élevant jusqu'au ciel en hauteur, et s'étendant jusqu'à l'extrémité du monde. » (Allusion à l'épisode raconté plus haut, p. 9.)

6. Donc le frère Masseo, ainsi que le saint le lui avait ordonné, alla délivrer le message susdit d'abord à sainte Claire, et puis au frère Silvestre.

7. Et le frère Silvestre, aussitôt, s'en alla se mettre en oraison ; et tout de suite, pendant sa prière, il obtint la réponse divine.

8. Sur quoi il sortit vers le frère Masseo, et lui dit : « Le Seigneur veut que tu dises ceci au frère François : à savoir que ce n'est point pour lui seul qu'il l'a appelé, mais afin qu'il cueillît une abondante moisson d'âmes, et que Dieu gagnât un grand nombre d'âmes par son entremise ! »

9. Après quoi le frère Masseo revint trouver sainte Claire, pour savoir quelle réponse elle avait reçue du Seigneur. Et la sainte répondit qu'elle-même aussi bien qu'une de ses compagnes avaient eu de Dieu une réponse absolument pareille à celle du frère Silvestre.

10. Le frère Masseo revint alors auprès de saint François, qui le reçut tendrement en lui lavant les pieds et en lui préparant un repas ; et puis, quand il eut servi le repas du frère Masseo, il l'appela dans le bois voisin.

11. Et là, tête nue, les mains en croix et les genoux à terre, il l'interrogea en disant : « Qu'est-ce que m'ordonne de faire mon Seigneur Jésus-Christ ? » A quoi le frère Masseo répondit qu'aussi bien le frère Silvestre que la sœur Claire

et une de ses compagnes avaient obtenu une même réponse du bienheureux Christ :

12. « Et c'est, à savoir, que Notre-Seigneur veut que tu ailles prêcher, attendu que Dieu ne t'a pas appelé pour toi seul, mais aussi pour le salut des autres âmes ! »

13. Et alors la main de Dieu s'étendit sur saint François. Se relevant, dans la ferveur de l'Esprit, tout embrasé du souffle du Très-Haut, le saint dit au frère Masseo : « Eh bien ! donc, allons au nom de Dieu ! »

14. Et il se choisit pour compagnons ce même frère Masseo et le frère Ange, qui tous deux étaient de saints hommes. Et comme il allait, pareil à l'éclair, dans l'élan de l'Esprit, ne faisant attention à chemin ni à sentier, il parvint à la place forte qu'on appelle Cannara[1].

15. Et il prêcha là avec tant de ferveur que, en raison de cette prédication comme aussi du miracle des hirondelles babillardes, qui s'étaient tues sur son commandement, tous les habitants de cet endroit, hommes et femmes, voulaient s'en aller à sa suite, abandonnant leurs maisons[2].

[1] Dans les *Fioretti*, l'endroit est appelé Savurniano.

[2] *Fioretti* : « Et saint François, avant de se mettre à prêcher, ordonna d'abord aux hirondelles qui chantaient d'avoir à se tenir en silence jusqu'à ce qu'il eût fini de prêcher ; et les hirondelles lui obéirent. Et puis, il prêcha en cet endroit avec tant de ferveur que tous les hommes et

16. Mais saint François leur dit: « Ne vous pressez pas, car je vous prescrirai bientôt ce que vous devrez faire pour votre salut! » Et c'est depuis lors qu'il eut l'idée de créer ce troisième ordre qui s'appelle « l'ordre des Continents », pour le salut de tous les hommes dans toutes les conditions de la vie.

17. Et puis, ayant renvoyé ces personnes grandement consolées et disposées à la pénitence, il s'éloigna de cet endroit, et parvint à mi-chemin entre Cannara et Bevagna.

18. Et il aperçut là quelques arbres, tout près de la route, où perchaient une telle multitude d'oiseaux divers que jamais dans ces régions l'on n'en avait vu un aussi grand nombre. Et une foule énorme d'oiseaux se tenaient également dans le champ, à côté des arbres susdits.

19. Et saint François, ayant vu cette multitude et s'en étant émerveillé, fut rempli de l'Esprit de Dieu, et il dit à ses compagnons: « Attendez-moi ici, sur le chemin, pendant que je vais aller prêcher à nos frères les petits oiseaux! » Et il entra dans le champ, s'avançant vers les oiseaux qui se tenaient à terre.

20. Et à peine eut-il commencé de prêcher, que tous les oiseaux perchés sur les arbres en

toutes les femmes du lieu, par dévotion, voulaient abandonner leurs maisons pour le suivre. »

descendirent vers lui, et, tout de même que ceux du champ, restèrent immobiles, cependant que le saint allait parmi eux, en touchant plusieurs de sa tunique.

21. Et aucun d'eux ne bougeait si peu que ce fût, ainsi que l'a raconté le frère Jacques de Massa, homme très saint, qui tenait tous les détails susdits de la bouche même du frère Masseo, c'est-à-dire de l'un de ceux qui se trouvaient alors accompagner le saint père.

22. Et saint François dit à ces oiseaux : « Bien des liens nous attachent à Dieu, mes petits frères les oiseaux ; et toujours et partout vous avez le devoir de le louer à cause de cette liberté de voler en tous lieux qui vous appartient, et à cause de votre robe double et triple, et à cause de votre plumage merveilleusement peint et orné,

23. « et à cause de votre nourriture qui vous est fournie sans travail, et à cause du chant qui vous a été enseigné par le Créateur, et à cause de votre nombre multiplié par la bénédiction divine, et à cause de votre semence que Dieu a jadis conservée dans l'arche, et à cause de la manière dont vous a été livré l'élément de l'air.

24. « Car vous ne semez ni ne moissonnez, et Dieu vous nourrit ; et il vous a donné des rivières et des sources pour y boire, et des montagnes et des collines et des rochers pour y trouver refuge,

MAITRE SIENNOIS DU XIVe SIÈCLE

SAINT FRANÇOIS PRÊCHANT AUX OISEAUX

Musée de Sienne.

et des arbres élevés pour y construire vos nids ; et bien que vous ne sachiez ni filer ni coudre, c'est Dieu qui vous fournit, aussi bien qu'à vos enfants, le vêtement nécessaire.

25. « D'où vous pouvez voir que votre Créateur vous aime beaucoup, qui vous a accordé tant de bienfaits. Et c'est pourquoi prenez garde, mes frères les petits oiseaux, de ne pas vous montrer ingrats, mais appliquez-vous toujours à louer Dieu ! »

26. Et, en entendant ces paroles du très saint père, tous ces oiseaux commencèrent à ouvrir leurs becs, à étendre leurs ailes ainsi que leurs cols, et à baisser dévotement leurs têtes jusqu'à terre, et à prouver, par leurs chants et leurs mouvements, que les paroles que leur avait dites saint François leur plaisaient infiniment.

27. Et saint François, de son côté, en voyant ce prodige, exultait merveilleusement en esprit, et admirait une telle multitude d'oiseaux, avec la variété charmante de leurs aspects, comme aussi leur affection, et leur familiarité pleine de concorde ;

28. et, en conséquence de cela, il louait en eux l'admirable Créateur, et doucement les invitait eux-mêmes à le louer avec lui.

29. Puis, lorsqu'il eut achevé sa prédication et cette exhortation à la louange de Dieu, il fit sur tous ces oiseaux le signe de la croix, et leur

donna licence de s'éloigner, en les exhortant encore instamment à la louange de Dieu.

30. Et alors tous ces oiseaux, d'un seul mouvement, s'élevèrent dans les airs, et là, tous ensemble, ils firent entendre un grand chant merveilleux ; et puis, ayant fini ce chant, suivant la croix que leur avait faite le saint père, ils se répartirent uniformément, et se rangèrent en quatre groupes.

31. Et chaque groupe, s'élevant au plus haut des airs avec un chant merveilleux, se dirigea vers l'une des quatre parties de l'horizon, l'un vers l'orient, l'autre vers l'occident, un troisième vers le midi, et un quatrième vers l'aquilon ;

32. montrant par là que, de même qu'ils avaient entendu la prédication de saint François, — qui plus tard devait porter sur soi les signes de la sainte Croix, — de même ils se divisaient en manière de croix, et, suivant cette manière cruciforme, volaient en chantant aux quatre coins du monde ;

33. en donnant à entendre que la prédication de la Croix, renouvelée par le très saint père, allait être portée à travers le monde entier par ses frères, qui, pareils aux oiseaux, ne possèdent sur terre rien qui leur soit propre, et s'en remettent de tout à la seule providence de Dieu.

CHAPITRE XVII

Comment un petit frérot tout enfant, une nuit qu'il priait saint François, vit le Christ et la Vierge Marie et maints autres saints s'entretenant avec lui [1].

1. Un certain enfant orné d'une pureté de colombe et d'une innocence angélique, et qui avait été admis dans l'ordre du vivant de saint François, demeurait dans un certain petit couvent où les frères, n'ayant point de cellules, dormaient sur des lits de camp en plein air.

2. Et comme saint François était venu dans ce couvent, et comme, le soir, après la récitation des complies, il était allé se coucher avant tous les autres, afin de pouvoir ensuite se relever, la nuit, pendant que les autres dormiraient,

3. ce jeune garçon résolut dans son cœur d'observer avec soin où le saint allait ainsi

[1] Titre latin : *De quelle façon le Christ, et la Sainte Vierge, et les saints Jean-Baptiste et Jean l'Evangéliste, ainsi que la multitude des anges, s'entretenaient avec saint François.*

chaque nuit, et ce qu'il faisait après s'être levé [1].

4. Et, par crainte que le sommeil ne l'empêchât d'accomplir sa résolution, il installa sa couche tout contre celle de saint François, et noua la corde de sa ceinture à celle du saint, afin de pouvoir sentir le mouvement de celui-ci quand il se relèverait, et de telle manière que saint François ne s'aperçût de rien.

5. Or, lorsque tous furent profondément endormis [2], saint François se releva; et, sentant que sa corde était retenue, il la détacha de celle de l'enfant, mais avec tant de précaution que le petit frère ne s'en rendit aucun compte; et puis il se dirigea vers une certaine colline proche du couvent, où il y avait un très beau bois, et où il voulait aller prier dans la solitude [3].

6. Mais l'enfant, s'étant réveillé et ayant trouvé la corde du saint détachée de la sienne, se releva aussitôt afin d'épier le saint père, comme il se l'était proposé.

7. Et lorsqu'il eut trouvé ouverte la porte par où l'on pénétrait dans le bois, ce jeune garçon, comprenant que le saint devait avoir passé par là, se hâta de pénétrer à son tour dans le bois, et parvint jusqu'au sommet de ladite colline, où

[1] *Fioretti :* « Afin de pouvoir connaître sa sainteté. »

[2] *Fioretti :* « La nuit, au premier sommeil. »

[3] *Fioretti :* « Et il entra dans une petite cellule qui se trouvait là, et se plongea en oraison. »

saint François s'était installé pour prier. Et voici que l'enfant, se tenant un peu à distance, commença à entendre un grand bruit de voix ;

8. et, s'étant rapproché pour pouvoir entendre plus nettement ce que l'on disait, voici qu'il vit une lumière merveilleuse qui entourait saint François de tous côtés ; et dans cette lumière il découvrit le Christ, et la bienheureuse Vierge Marie, et les bienheureux Jean-Baptiste et Jean l'Evangéliste, avec une très grande multitude d'anges, occupés à s'entretenir avec saint François !

9. Et en découvrant tout cela, et en entendant cet entretien, le jeune garçon tout tremblant fut saisi d'extase, et s'abattit, comme mort, sur le chemin par où le saint devait repasser.

10. Or saint François, après avoir achevé un entretien aussi merveilleux, s'en retournait vers le couvent. Et, en passant, comme la nuit était encore profonde, il toucha du pied le susdit enfant, étendu sur le sentier comme un cadavre.

11. Et le saint pasteur eut pitié de l'enfant, et, le soulevant dans ses bras avec tendresse, comme un bon pasteur soulève le petit agneau qui lui appartient, il le reporta sur sa couche. Et puis, ayant appris de lui, plus tard, la susdite vision qu'il avait contemplée, il lui enjoignit de n'en faire mention à personne aussi longtemps que lui-même, saint François, serait en vie.

12. Et cet enfant tint la chose secrète; et il grandit en grâce de Dieu et en dévotion pour saint François, et il finit saintement sa vie, comme l'un des meilleurs parmi les membres de l'ordre. Et c'est lui-même qui, après la mort de saint François, a révélé toutes les choses susdites. A la louange de Notre-Seigneur Jésus-Christ. *Amen.*

CHAPITRE XVIII

Du Chapitre merveilleux que tint saint François à Sainte-Marie-des-Anges, et où il y eut plus de cinq mille frères[1].

1. Dans un certain Chapitre véritablement général que le très fidèle serviteur du Christ, François, a célébré à Sainte-Marie-des-Anges et où les frères se sont trouvés réunis au nombre de cinq mille, saint Dominique est venu également assister, en compagnie de sept frères de son ordre[2].

2. Y assistait également le seigneur cardinal Hugolin, qui était grandement dévoué au bienheureux François et à ses frères[3]. Et comme la

[1] Titre latin : *Comment il fut pourvu aux besoins des frères pendant le Chapitre général de Sainte-Marie-des-Anges, et de la présence à ce Chapitre de saint Dominique.*

[2] *Fior.* : « Et y vint aussi saint Dominique, chef et fondateur de l'ordre des frères prêcheurs, qui se rendait alors de Bourgogne à Rome, et qui, en apprenant l'assemblée du Chapitre que faisait saint François dans la plaine de Sainte-Marie-des-Anges, y alla, pour voir, avec sept frères de son ordre. »

[3] *Fior.* : « Un cardinal très dévoué à saint François, et à qui

Cour de notre seigneur le pape se trouvait alors à Pérouse, ledit cardinal mit beaucoup de zèle à venir à Assise; et tous les jours il venait voir saint François; et parfois il chantait la messe, et parfois aussi il faisait le sermon aux frères.

3. Or, comme il venait visiter ce saint collège, et voyait les frères assis en groupe dans les champs, par soixante, et par cent, et par trois cents à la fois, plongés dans un entretien sur les choses divines, ou dans l'oraison et les larmes, ou dans les exercices de la charité, et tout cela parmi un tel silence qu'il n'y avait là nul bruit ni murmure,

4. le cardinal, émerveillé de voir une telle multitude disciplinée et ordonnée comme une armée dans un camp, s'écriait, parmi des larmes et très pieusement : « En vérité, c'est ici le camp et l'armée du Seigneur ! [1] »

5. Car jamais on n'entendait personne des frères raconter des fables ou des plaisanteries : mais, en tout lieu où ils se réunissaient, c'était toujours ou pour prier, ou pour pleurer [2], ou pour travailler d'une façon quelconque au salut de l'âme. Et ils avaient là en plein champ des

celui-ci avait prophétisé qu'il deviendrait pape, ce qui se réalisa en effet. »

[1] *Fior.* : « Le camp et l'armée des chevaliers du Christ. »

[2] *Fior.* : « Ou pour pleurer sur leurs propres péchés et ceux de leurs bienfaiteurs. »

logements distincts, consistant en des tentes entourées et recouvertes de nattes [1].

6. Et c'est à cause de cela que ce Chapitre a été appelé, depuis lors, le Chapitre des Nattes ou des Claies. Les lits étaient la terre nue ou un petit peu de paille, avec des pierres ou du bois en guise d'oreillers.

7. Mais aussi telle était la dévotion de tous, pour quiconque les entendait ou voyait, et telle la renommée de leur sainteté, que de la cour pontificale voisine accouraient en foule des comtes et barons, des chefs et des soldats, voire même des cardinaux en personne avec des évêques et clercs, ainsi que des nobles avec des gens du peuple, tous désireux de voir une assemblée si sainte et si humble que jamais le monde n'en a possédé de pareille.

8. Mais surtout l'on venait pour apercevoir le chef vénérable de tous ces hommes, ce très saint François qui avait ravi au monde une si belle proie, et dirigeait vers les bienheureux pâturages du Christ un troupeau si rempli de pieuses vertus.

9. Or, lorsque tout le monde se trouva réuni, le saint père et vénérable chef François se leva, et, animé de la ferveur de l'Esprit Saint, exposa à ce bienheureux troupeau la parole de vie, d'une

[1] *Fior.* : « Et réparties en groupes, d'après les diverses provinces. »

voix très haute et sonore, et telle que la versait en lui l'onction divine.

10. Et voici quel était le thème qu'il développait : « Nous avons promis de grandes choses, mais de plus grandes encore nous ont été promises. Tenons nos propres promesses, et aspirons à celles que nous avons reçues ! Le plaisir est bref, le châtiment éternel. La souffrance est petite, la gloire infinie ! »

11. Et, prêchant très dévotement sur ce thème, il exhortait tous ses auditeurs à l'obéissance envers la sainte mère l'Église, ainsi qu'à la suavité de l'amour fraternel,

12. les engageant à prier pour tout le peuple saint de Dieu, à conserver la patience dans l'adversité, et la pureté et chasteté angéliques, et la paix et la concorde avec Dieu et les hommes, et l'humilité et mansuétude à l'égard de tous, et le mépris du monde et le zèle fervent de la pauvreté évangélique,

13. et la sollicitude et la vigilance dans la sainte prière et les louanges divines, et le devoir de s'en remettre, de toute inquiétude et de tout souci de l'âme et du corps, au bon pasteur et nourricier de nos âmes et de nos corps, Notre-Seigneur Jésus-Christ trois fois béni.

14. « Et afin que vous puissiez mieux observer tout cela, je vous recommande, à vous tous, mes frères rassemblés ici, par le mérite de la

sainte obéissance, que personne de vous n'ait aucun souci ni aucune préoccupation des choses comestibles, ni de tout ce qui est nécessaire pour le corps,

15. « mais que seulement vous vous appliquiez à la prière et louange de Dieu, vous en remettant de tous les soins de votre vie sur le Christ, attendu que c'est lui qui se charge expressément d'y pourvoir ! » Et ainsi on les vit tous, d'une âme joyeuse, se précipitant uniquement vers l'oraison[1].

16. Or, saint Dominique, qui assistait à cette scène, étonné du commandement qu'avait donné saint François, et estimant que celui-ci agissait là d'une manière peu sage en prescrivant à une si grande foule que personne ne se souciât des choses nécessaires au corps, s'attendait à voir arriver des inconvénients très graves, parmi tant d'hommes affamés.

17. Mais le Seigneur Jésus-Christ, voulant montrer que c'était bien lui qui s'occupait expressément de brebis si chères et de la foule de ses pauvres, fit en sorte qu'aussitôt la main de Dieu s'étendît sur les habitants de Pérouse et de Spolète, et ceux de Foligno, de Spello, d'Assise, et de toutes les régions d'alentour.

[1] *Fior.* : « Et tous les assistants reçurent ces instructions avec un cœur joyeux et un visage gai ; et puis, le discours de saint François étant achevé, tous se jetèrent en prière. »

18. Et tous ces gens venaient avec des ânes, et des mulets, et des chevaux chargés de pain et de vin, de fèves et de fromages, et de toutes les bonnes choses dont ils pensaient que ces bienheureux pauvres auraient besoin et pourraient user.

19. Et, en outre, ils apportaient des assiettes et des vases petits et grands, et tout le reste des ustensiles qui pouvaient être d'usage ; et bienheureux s'estimait celui qui pouvait servir ces saints hommes avec le plus d'attention et de révérence, et offrir à toute cette multitude bénie les choses les plus nécessaires avec le plus d'empressement.

20. (Vous auriez vu là des soldats et des nobles occupés à servir, avec un plaisir et un dévouement infinis, cette troupe de saints. Vous y auriez vu des clercs zélés et fidèles courir de tous côtés, comme de véritables domestiques.

21. Vous y auriez vu la jeunesse fleurie de nombreux adolescents se consacrer à tous les soins matériels avec tant de respect que l'on aurait dit qu'elle servait non point de pauvres petits frères, mais la personne même des apôtres de Notre-Seigneur Jésus-Christ[1]).

22. Et lorsque saint Dominique eut vu tout cela, et reconnu vraiment là une providence divine,

[1] Tout ce passage a été simplifié et abrégé par le traducteur italien.

humblement il se reprocha ce jugement susdit qu'il avait porté sur l'irréflexion de saint François ; et, agenouillé devant lui, humblement il proclama sa faute, et dit :

23. « En vérité, c'est Dieu qui prend soin de ces saints petits pauvres ; et moi, dans ma folie, je ne m'en rendais pas compte ! Mais aussi, depuis ce jour, je promets d'observer également la sainte pauvreté évangélique, et je maudis, au nom de Dieu, tous les frères de mon ordre qui auront la présomption, dans cet ordre, de posséder quelque chose en propre ! »

24. Et saint Dominique fut grandement édifié de la foi de saint François, ainsi que de l'obéissance et de la pauvreté d'un ensemble si nombreux et si ordonné, comme aussi de la providence divine et de la merveilleuse abondance de tous biens.

25. (Car, en homme vraiment saint et sage, il reconnut Dieu dans ce prodige, et le proclama dans toutes ses paroles. Et en effet c'est Dieu qui, de même qu'il fait croître les moissons des champs et les lys, et de même qu'il nourrit les oiseaux du ciel, de même fournit à ses pieux pauvres toutes les choses dont ils ont besoin [1].)

26. Or, dans ce même Chapitre, il fut dit à saint François qu'un grand nombre de frères

[1] Tout le passage entre parenthèses a été omis dans la traduction italienne.

portaient sur leur chair des bandes de cuir ou des cercles de fer, en conséquence de quoi quelques-uns étaient malades, et un grand nombre se trouvaient empêchés dans leurs oraisons, et quelques-uns même mouraient.

27. De telle sorte que, aussitôt, saint François, en père dévoué et plein de douceur, ordonna à tous, au nom de l'obéissance, que quiconque aurait sur soi de ces courroies ou cercles de fer eût à les déposer en sa présence.

28. Et on trouva ainsi au moins cinq cents courroies et cercles de fer serrant les bras et le ventre, en telle abondance que leur masse constituait un tas énorme ; et saint François leur fit laisser tout cela.

29. Après quoi le saint père, les instruisant et consolant tous, et leur apprenant de quelle manière ils pouvaient échapper sans péché à ce monde présent avec la bénédiction de Dieu et la sienne propre, les renvoya tous dans les diverses provinces du monde, pleinement consolés et remplis de joie spirituelle. A la louange et gloire de Dieu. *Amen.*

CHAPITRE XIX

Comment furent arrachées et cueillies, par la foule nombreuse qui accourait vers saint François, les grappes de la vigne d'un prêtre de Rieti dans la maison duquel le saint était venu prier ; et puis comment, par miracle, cette vigne produisit plus de vin que jamais, ainsi que saint François l'avait promis au prêtre. Et comment Dieu révéla à saint François qu'il obtiendrait le paradis après sa mort[1].

1. Comme saint François souffrait cruellement des yeux, le seigneur Hugolin, cardinal et protecteur de l'ordre, qui l'aimait très intimement, lui fit dire qu'il se rendît à Rieti, où se trouvaient alors d'excellents médecins oculistes.

2. Or, le bienheureux, ayant reçu la lettre du seigneur cardinal, se rendit d'abord à Saint-Damien, où demeurait sainte Claire : car il avait résolu, avant de s'éloigner, de faire visite à sa chère sœur, pour la consoler, après quoi il devait se rendre à Rieti.

[1] Titre latin : *De quelle manière Dieu a parlé à saint François, et comment saint François a fait venir du vin sur une vigne où il n'y avait plus une seule grappe.*

3. Lors donc qu'il fut venu à Saint-Damien, la première nuit après son arrivée il souffrit si cruellement des yeux qu'il ne pouvait voir aucune lumière.

4. Si bien que la bienheureuse Claire fit faire une petite cellule avec des nattes et des claies de roseaux, afin que saint François pût y demeurer plus à l'abri de la lumière. Et le saint y resta cinquante jours, au milieu de telles souffrances de ses yeux, et d'une telle vexation d'un grand nombre de souris, qui lui étaient envoyées par le diable, que ni le jour ni la nuit il ne parvenait à trouver du repos.

5. Alors, le bienheureux François, reconnaissant que c'était là un fléau de Dieu, commença à rendre grâce à Dieu, et à le louer de tout son cœur et de toute sa bouche, et à proclamer du fond de son âme qu'il méritait ces infirmités et angoisses, et d'autres plus grandes encore.

6. Et, avec cela, il invoquait le Seigneur en disant : « Mon Seigneur Jésus-Christ, bon pasteur, qui, malgré notre indignité, as mis ta miséricorde très douce dans nos dures angoisses, concède-moi, à ton pauvre petit mouton misérable que je suis, la grâce et la force qui me permettront de ne m'éloigner de toi dans aucune tribulation, ni angoisse, ni douleur ! »

7. Et, lorsqu'il eut dit cela, voici qu'une voix du ciel vint vers lui, qui disait : « François,

réponds-moi ! Si la terre tout entière était de l'or, et que la mer et les fleuves et les fontaines fussent des baumes, et que toutes les montagnes, et collines, et pierres, devinssent des bijoux précieux,

8. « et que tu trouvasses un autre trésor plus noble encore que tous ceux-là autant que l'or dépasse en noblesse la terre, et le baume l'eau, et les bijoux précieux les monts et les rochers, et si, en récompense de cette maladie que tu as, on t'offrait ce trésor si précieux, est-ce qu'il ne conviendrait pas que tu te réjouisses grandement ? »

9. A quoi saint François répondit : « Seigneur, je ne suis pas digne d'un trésor si précieux ! » Et le Seigneur lui dit : « Eh bien ! frère François, réjouis-toi donc, car tel est ce trésor de la vie éternelle que je t'ai réservé, et que je t'accorde dès maintenant ; et toute cette maladie et affliction qui t'accable n'est rien que les arrhes de ce trésor bienheureux ! »

10. Alors le bienheureux François, devenu tout à coup grandement joyeux, appela son compagnon, et lui dit : « Allons vite à Rieti, vers le seigneur cardinal ! » Et puis, après avoir consolé la bienheureuse Claire par des paroles d'une douceur de miel et tout à fait divines, et après lui avoir dit adieu, comme il avait l'habitude de le faire, il se mit en route vers Rieti.

11. Or, au moment où il approchait de Rieti, une telle multitude de peuple accourut au-devant de lui que, à cause de cela, il ne voulut point pénétrer dans la ville, mais fit un détour vers certaine église qui se trouvait à une distance de deux milles de Rieti.

12. Mais les habitants de Rieti, en apprenant qu'il demeurait auprès de ladite église, y accoururent en telle abondance que la vigne du prêtre de cette église, — car on était alors au temps des vendanges, — se trouvait toute dévastée et entièrement privée de ses grappes, que la foule avait mangées.

13. Et le prêtre susdit, considérant ce dommage, s'affligeait grandement, et regrettait même d'avoir permis à saint François d'entrer dans son église.

14. Ce qu'ayant appris par révélation de l'Esprit Saint, saint François fit appeler ce prêtre, et lui dit : « Mon très cher père, combien de charges de vin retires-tu de cette vigne, dans les années où elle te rapporte le plus de fruit ? » Et le prêtre répondit : « Douze ! »

15. Et saint François lui dit : « Eh bien ! mon père, je te prie de vouloir bien souffrir patiemment que je continue à demeurer ici quelques jours encore, en raison du repos que j'y trouve en toute manière ; et veuille aussi permettre que tout le monde prenne de tes grappes, pour

l'amour de Dieu et de moi très indigne! Et moi, je te promets, au nom de mon Seigneur Jésus-Christ, que tu recueilleras vingt charges, cette année! »

16. Et saint François faisait cela à cause du grand salut d'âmes que le Seigneur opérait là : car il voyait un grand nombre de ces arrivants qui s'enivraient de l'amour divin, et, oubliant le monde, se changeaient intérieurement pour ne plus désirer que les biens célestes.

17. (Et, en conséquence, saint François estimait comme plus utile que la vigne matérielle fût dévastée, plutôt que de voir la vigne du Dieu des armées devenir stérile de vin céleste[1].)

18. Sur quoi le prêtre, ayant confiance dans la promesse du saint, abandonna librement sa vigne en pâture aux survenants. Et il est absolument sûr que cette vigne finit par être entièrement dévastée et mangée, au point que c'est à peine s'il y resta quelques petits grappillons misérables.

19. Mais lorsqu'arriva le temps de la vendange, le prêtre, toujours confiant dans la promesse du saint, recueillit les pauvres grains de ces grappes, et les jeta dans son pressoir, suivant l'habitude : et, en effet, comme le saint père l'avait promis, il

[1] Tout le passage entre parenthèses a été omis dans la traduction italienne.

obtint, cette année-là, vingt charges d'ânes d'un vin excellent.

20. Par lequel miracle il nous est montré clairement que, de même que, grâce aux mérites de saint François, cette vigne dépouillée de ses grappes n'en est devenue que plus fertile en vin, de même le peuple chrétien, par l'enseignement du saint, devait passer de la stérilité du péché aux fruits féconds de la pénitence. A la louange de Notre-Seigneur Jésus-Christ. *Amen.*

CHAPITRE XX

D'une très belle vision que vit un jeune prêtre, qui avait pris en telle abomination l'habit religieux qu'il était disposé à l'abandonner et à sortir de l'ordre [1].

1. Un certain jeune homme très noble et raffiné entra dans l'ordre de saint François. Mais après avoir revêtu depuis quelques jours l'habit des frères, voici qu'à l'instigation du diable il commença d'avoir en telle abomination son nouvel habit religieux qu'il avait l'impression de porter un sac grossier et répugnant !

2. Et, en conséquence, il avait horreur des larges manches, et le capuchon lui était odieux, et la longueur même de sa robe et son drap rugueux lui faisaient l'effet d'une charge intolérable.

3. D'où il arriva que, sentant croître en soi cette horreur de l'état religieux, il résolut enfin de rejeter l'habit et de retourner dans le siècle.

4. Mais son maître lui avait enseigné naguère

[1] Titre latin : *Comment saint François est apparu transfiguré, avec un grand nombre de saints frères, à un certain frère plongé en extase.*

que, chaque fois qu'il passerait devant l'autel du couvent, où se conservait le corps très saint du Christ, il eût à s'incliner pieusement et avec grande révérence, les genoux ployés, la tête découverte, et les mains en croix; et ledit jeune homme continuait d'observer toujours soigneusement cette prescription.

5. Or, voici que, dans cette même nuit où il avait résolu de dépouiller sa robe pour rentrer dans le siècle, étant obligé de passer devant l'autel, il s'y agenouilla, suivant son habitude ;

6. Et voici qu'aussitôt il fut ravi en esprit, et que lui fut révélée une vision merveilleuse, car il vit comme une multitude infinie qui passait devant lui en procession.

7. Et tous ceux qui faisaient partie de cette procession bienheureuse s'avançaient deux par deux, et étaient vêtus d'étoffes très précieuses et ornées ; et leur visage, et leurs mains, et tout ce qui apparaissait de leur corps rayonnait d'un éclat plus splendide que celui du soleil.

8. Et ils allaient chantant d'une voix solennelle et très douce, parmi le chant et l'allégresse des anges. Mais il y en avait deux qui s'avançaient plus en vue que les autres, enveloppés de tant de clarté qu'ils inspiraient au spectateur un mélange de surprise et d'admiration.

9. Et, presque vers la fin de la susdite procession, le jeune homme vit également quelqu'un qui

était décoré d'une gloire si singulière qu'il semblait être honoré tout particulièrement par tous les autres, comme un soldat nouvellement engagé.

10. Or, ledit jeune homme, à cette vue, s'étonnait grandement, et ignorait ce que cela pouvait être, et il n'osait pas interroger ces passants, ni ne l'aurait pu, se trouvant comme accablé à force de douceur.

11. Mais lorsque la procession fut passée, et qu'il n'en vit plus que les derniers membres, ressaisissant son courage il s'élança vers eux et les interrogea, en disant : « O mes très chers, daignez me dire, je vous en supplie, qui sont ces hommes si admirables qui composent cette vénérable procession ? »

22. Alors eux, tournant vers lui des visages qui rayonnaient de lumière, lui répondirent : « Nous tous, nous sommes des frères mineurs qui arrivons du paradis ! » Et lui, les questionnant de nouveau, leur dit : « Mais qui sont ces deux hommes qui brillent avec un éclat tellement supérieur, parmi tous les autres ? » Et ils répondirent : « Ces deux-là, plus splendides que les autres, ce sont saint François et saint Antoine !

13. « Et quant à celui qui vient en dernier, et que nous honorons si respectueusement, c'est un certain frère mineur mort tout récemment, et que nous conduisons vers les joies du royaume éternel

avec gloire et triomphe, non seulement dans la compagnie des saints, mais aussi parmi l'allégresse des anges, parce qu'il a vaillamment lutté contre les tentations, et persévéré jusqu'à la fin dans sa sainte entreprise.

14. « Et ces vêtements diaprés que nous portons et qui sont si beaux, ils nous ont été donnés en récompense des tuniques rugueuses que nous avons patiemment portées dans notre vie de frères ; et cette clarté de gloire que tu vois nous est donnée par Dieu pour prix de l'humble pénitence que nous avons faite et de la sainte pauvreté, et de l'obéissance, et de la très pure chasteté que nous avons conservées joyeusement jusqu'à la fin.

15. « Et donc, cher fils, fais en sorte que tu ne trouves plus trop dur de porter ce sac si fructueux qu'est ton habit de frère, car si toi-même, dans ce sac du bienheureux François, par amour pour Notre-Seigneur Jésus-Christ, tu te conduis courageusement en méprisant le monde, en mortifiant ta chair, et en luttant contre le diable, tu brilleras bientôt dans une robe merveilleuse semblable à la nôtre ! »

16. Et, quand ils eurent ainsi parlé, le jeune homme revint à soi et, réconforté par cette vision, il rejeta désormais toute tentation, proclama sa faute en présence du gardien ainsi que des autres frères, et se mit depuis lors à désirer les rigueurs

de la pénitence et celles de l'habit comme des richesses d'un prix merveilleux.

17. Et, ainsi changé et amélioré, il finit saintement sa vie. A la louange de Notre-Seigneur Jésus-Christ. *Amen.*

CHAPITRE XXI

Du très saint miracle que fit saint François en convertissant le loup très féroce de Gubbio[1].

1. Un événement merveilleux, et digne d'être à jamais commémoré, arriva un jour aux environs de la ville de Gubbio. Car pendant que vivait encore le très saint père François, il y avait sur le territoire de cette ville un certain loup, terrible par la grandeur de son corps et très féroce dans sa rage affamée.

2. Cette bête effrayante dévorait non seulement les animaux, mais aussi les hommes et les femmes ; au point que tous les habitants étaient tenus par lui en telle épouvante et misère que tous ne sortaient qu'armés, lorsqu'ils dépassaient les remparts de la ville, tout à fait comme s'ils avaient dû aller à un combat meurtrier.

3. Et encore, ainsi armés, ne réussissaient-ils pas à échapper aux dents mordantes ni à la rage

[1] Titre latin : *D'un loup très féroce que saint François a réduit à une grande douceur.*

implacable du loup, lorsque, pour leur malheur, ils venaient à le rencontrer. En conséquence de quoi une telle terreur les avait tous envahis que c'était à peine si quelqu'un, désormais, osait s'aventurer au delà des portes de la ville.

4. Or, Dieu, voulant notifier aux habitants susdits la sainteté de saint François, qui se trouvait alors dans leur pays, et aussi prenant leur sort en pitié, disposa le saint à sortir pour aller à la rencontre dudit loup.

5. Et les habitants lui disaient : « Frère François, garde-toi bien de franchir la porte : car ce loup, qui a déjà dévoré beaucoup d'entre nous, te tuera infailliblement ! » Mais saint François, espérant dans le Seigneur Jésus-Christ qui commande à tous les esprits de la chair, et non point protégé par un bouclier ou un casque,

6. mais se munissant seulement du signe de la sainte croix, franchit la porte avec un de ses compagnons, mettant toute sa confiance dans le Seigneur, qui permet à ceux qui croient en lui de marcher sans dommage aucun sur le serpent et le basilic, et de fouler aux pieds non seulement le loup, mais le lion et le dragon [1].

7. Et ainsi le très fidèle François, sans l'ombre de peur, sortit à la rencontre du loup. Et voici

[1] Tout ce début du chapitre a été sensiblement abrégé par le traducteur italien.

que, à la vue d'un grand nombre de personnes qui avaient grimpé sur des lieux élevés afin d'assister au spectacle, voici que ce loup terrible s'élança contre saint François et son compagnon, la gueule ouverte !

8. Mais le bienheureux père lui opposa le signe de la croix, et ainsi, par la vertu divine, il écarta ce loup aussi bien de soi-même que de son compagnon, et arrêta son élan, et lui ferma la gueule férocement ouverte.

9. Et enfin, lui adressant la parole, il lui dit : « Viens à moi, mon frère loup ; et, au nom du Christ, je te défends désormais de nuire à moi ni à personne autre ! »

10. Et alors, chose admirable à dire, aussitôt qu'il eut fait le signe de la croix, il ferma cette gueule terrible. Et le loup, après le commandement du saint, se prosterna aux pieds de celui-ci, la tête baissée, tout de suite devenu comme un agneau, du loup effrayant qu'il était.

11. Et à cette bête, ainsi prosternée devant lui, saint François dit encore : « Frère loup, tu fais bien des dommages dans ces régions, et tu y as perpétré des méfaits horribles, en détruisant impitoyablement des créatures de Dieu !

12. « Car non seulement tu détruis des animaux dépourvus de raison, mais, ce qui est d'une audace plus détestable encore, il t'arrive de tuer et de dévorer des hommes faits à l'image de

Dieu! Aussi mériterais-tu d'être mutilé dans une mort affreuse, comme un brigand et le pire des assassins ; et à cause de cela tout le monde crie et murmure justement contre toi, et toute cette ville de Gubbio t'a en détestation.

13. « Mais moi, frère loup, je veux faire la paix entre toi et eux, de telle sorte qu'eux-mêmes n'aient plus à souffrir de toi, et que toi, quand ils t'auront pardonné toutes tes offenses passées, ni homme ni chien ne puisse plus te poursuivre à compter de ce jour. »

14. Et le loup, par les mouvements de son corps, de sa queue, et de ses oreilles, et par l'inclinaison de sa tête, faisait entendre qu'il acceptait pleinement tout ce que le saint lui disait.

15. Sur quoi François lui dit : « Frère loup, puisqu'il te plaît de faire cette paix, je te promets que, aussi longtemps que tu vivras, je ferai en sorte que les hommes de cette ville pourvoient, chaque jour, à ton entretien.

16. « de façon que jamais plus tu ne souffres de la faim, car je sais que, tout ce que tu fais de mal, tu le fais seulement à cause de la rage où te plonge la faim.

17. « Mais, mon frère loup, avant d'obtenir pour toi une telle faveur, j'exige de toi la promesse que jamais plus tu ne feras de mal à personne, homme ni bête! Me promets-tu cela? »

18. Et le loup, en baissant la tête, fit signe

très manifestement qu'il promettait de faire ce que le saint exigeait de lui. Et saint François lui dit : « Frère loup, je veux que tu me donnes un gage, afin que je puisse, en toute confiance, croire à ta promesse ! »

19. Et comme saint François étendait la main, pour recevoir le gage de foi, le loup éleva pareillement son pied droit de devant, et doucement, avec caresse, il le posa sur la main de saint François, offrant son gage par l'unique signe dont il pût se servir.

20. Et alors saint François lui dit : « Frère loup, au nom du Seigneur Jésus-Christ je t'ordonne de venir tout de suite avec moi à Gubbio, sans hésiter, afin de conclure cette paix au nom du Seigneur ! »

21. Et le loup, obéissant, se mit aussitôt en marche avec saint François, comme l'agneau le plus rempli de douceur.

22. Ce que voyant, ceux de la ville commencèrent à s'émerveiller grandement ; et aussitôt cette nouvelle se propagea à travers la ville entière, de façon que tout le monde, hommes et femmes, jeunes et vieux, se rassemblèrent sur la place, car c'était là que saint François s'était rendu avec le loup.

23. Et donc, devant cette multitude énorme de peuple, saint François, s'étant levé, leur fit une prédication admirable, où il leur dit, entre autres

choses, que de tels fléaux sont permis par Dieu à cause de nos péchés ;

24. et puis aussi il leur dit combien était plus dangereuse encore la flamme dévorante de la géhenne, qui est vouée à dévorer les damnés pendant l'éternité, tandis que la rage du loup ne peut rien tuer que le corps ;

25. et il leur dit combien c'était chose terrifiante, d'être plongé dans l'abîme infernal, puisqu'une seule bête, et aussi petite, suffisait à mettre en telle frayeur et en tel danger une aussi grande foule.

26. « Revenez donc à Dieu, mes très chers amis, et faites dûment pénitence ; et le Seigneur vous délivrera du loup dans le présent, et, dans l'avenir, de l'abîme du feu dévorant ! »

27. Puis, après cela, il leur dit : « Écoutez-moi, mes chers amis ! Mon frère le loup, qui se tient là devant vous, m'a bien promis de faire la paix avec vous, et m'a donné un gage de sa promesse ;

28. « et il se fait fort de ne jamais plus vous causer le moindre dommage, si seulement vous promettez de pourvoir chaque jour à son entretien. Et moi, au nom de mon frère le loup, je déclare sous ma foi qu'il observera fidèlement ce pacte de paix ! »

29. Alors toute l'assemblée, avec une grande clameur, promit de continuer scrupuleusement à nourrir le loup. Et saint François, en présence

de tous, dit au loup : « Et toi, mon frère loup, promets-tu à ces hommes d'observer le pacte, c'est-à-dire de ne jamais faire le moindre mal à qui que ce soit, homme ou bête? ».

30. Et le loup, s'agenouillant et baissant la tête, par les mouvements de son corps et de sa queue, ainsi que par un hochement caressant de ses oreilles, signifia à tous, d'une façon évidente, qu'il entendait observer le pacte promis.

31. Et saint François lui dit : « Frère loup, je veux maintenant que, de même que tu m'as donné ta foi tout à l'heure, quand nous étions en dehors des portes, de même maintenant ici, en présence de tout ce peuple, tu me donnes foi que tu observeras ta promesse, et que tu ne me trahiras pas dans cet engagement solennel que j'ai pris pour toi ! »

32. Alors le loup, levant sa patte droite, la posa dans la main de saint François, sous les yeux de toute l'assistance.

33. Et il se produisit alors une admiration et une joie si unanimes, aussi bien par vénération pour le saint qu'en raison de l'étrangeté du miracle, et puis en raison de cette paix conclue entre le loup et le peuple, que tous élevèrent au ciel de grands cris,

34. louant et bénissant Notre-Seigneur Jésus-Christ qui avait daigné leur envoyer saint François, et, par ses mérites, les avait délivrés de la

gueule d'une bête si cruelle, et, au sortir d'un fléau si horrible, leur rendait maintenant la tranquillité et la paix.

35. Et, depuis ce jour, le loup garda au peuple et le peuple au loup la promesse conclue par l'entremise de saint François. Et, durant deux années encore que ce loup eut à vivre, il alla librement par la ville sans causer le moindre dommage à personne, ni sans que personne lui fît aucun mal; et toujours il fut nourri avec grand soin, aux frais de la ville.

36. Et, chose très étonnante, jamais aucun chien n'aboyait contre lui. Et enfin le frère loup est mort de vieillesse,

37. et sa mort a bien affligé les habitants de Gubbio parce que la patience très paisible et bienveillante dudit loup, et même simplement le fait de le voir aller par la ville, rappelaient à tous le souvenir de la vertu et sainteté merveilleuses de saint François. A la louange et gloire de Notre-Seigneur Jésus-Christ. *Amen.*

CHAPITRE XXII

Comment saint François apprivoisa des tourterelles sauvages[1].

1. Un certain enfant de la ville de Sienne avait pris au piège une grande multitude de tourterelles, et les portait toutes vivantes dans une cage, afin de les vendre.

2. Or saint François, qui toujours était rempli de pitié, et qui, en outre, éprouvait une compassion tout spécialement merveilleuse pour les animaux de caractère doux, ainsi que pour les oiseaux, lorsqu'il aperçut ces tourterelles se sentit ému d'une tendre charité, et dit à celui qui transportait ces oiseaux :

3. « O brave enfant, je t'en prie, cède-moi ces tourterelles, afin que des oiseaux aussi innocents, et à qui dans l'Ecriture Sainte sont comparées les âmes chastes, humbles, et fidèles, ne viennent pas à tomber entre les mains de cruels meurtriers ! »

[1] Titre latin : *Comment saint François a délivré des tourterelles et leur a fait des nids.*

4. Et aussitôt l'enfant, inspiré de Dieu, donna toutes ses tourterelles au bienheureux François. Et ce pieux père, quand il les eut prises dans son sein, se mit à leur parler très doucement, en disant : « O mes sœurs tourterelles, créatures simples, innocentes, et chastes, pourquoi vous êtes-vous laissé prendre ?

5. « Mais moi, je veux vous arracher à la mort, et puis vous faire des nids, afin que vous y fassiez fructifier votre espèce et y accomplissiez l'ordre du Créateur, qui vous commande de croître et de vous multiplier ! » Sur quoi saint François s'écarta du chemin, et leur fit des nids, pour chacune d'elles.

6. Et elles, ayant pris possession de ces nids construits par saint François, voici qu'elles pondaient et couvaient en présence des frères, et montraient tant de familiarité envers saint François et les autres frères qu'on aurait dit des poules qui, de tout temps, auraient été nourries de la main desdits frères ! Et jamais elles ne s'éloignaient d'auprès des frères avant que saint François les y eût autorisées avec sa bénédiction.

7. Et à l'enfant qui lui avait cédé les tourterelles, saint François dit : « Mon fils tu entreras un jour, toi aussi, dans notre ordre des frères mineurs, et, avec la grâce divine, tu y serviras le Seigneur Jésus-Christ ! »

8. Et comme l'avait prédit le saint, ainsi il

arriva : car cet enfant, plus tard, entra dans l'ordre, et mena une vie très louable et grandement exemplaire, par les mérites de saint François, jusqu'à sa mort. A la louange de Notre-Seigneur Jésus-Christ. *Amen.*

CHAPITRE XXIII

Comment saint François délivra un frère qui, de par son péché, était dans la main du démon [1].

1. Un jour que saint François, dans le couvent de la Portioncule, se livrait pieusement à l'oraison suivant sa coutume, voici qu'il vit le couvent entier comme entouré et assiégé par une nombreuse armée de démons ;

2. mais aucun d'entre eux ne parvenait à pénétrer dans le couvent, et cela parce que les frères qui y demeuraient vivaient si saintement que les démons n'en trouvaient aucun dont ils pussent approcher.

3. Peu à peu, cependant, l'un des frères se trouva qui, poussé à la colère et à l'impatience, prépara des accusations et des vengeances contre un certain de ses compagnons ; ce que faisant, il écarta la porte de la vertu, et ouvrit

[1] Titre latin : *D'une vision de saint François, montrant de quelle façon les démons ne pouvaient pas pénétrer dans le couvent de Sainte-Marie-des-Anges.*

celle du péché, offrant ainsi une voie d'entrée au diable.

4. Et aussitôt, toujours sous les yeux de saint François, l'un de ces démons entra dans le couvent, et assaillit le frère susdit, comme un vainqueur prend possession de son ennemi enchaîné.

5. Mais le pieux père et pasteur, qui veillait très fidèlement sur le troupeau confié à sa garde, ayant observé que le loup venait d'approcher d'une de ses brebis pour la dévorer, et sachant en esprit de quel danger cette brebis était menacée, se hâta précipitamment de faire appeler vers soi le susdit frère.

6. Et lorsque ce frère, par obéissance, fut accouru vers ce pasteur si plein de sollicitude, le bienheureux François lui enjoignit de découvrir aussitôt le poison fabriqué par lui, et qu'il conservait dans son cœur contre son prochain, ajoutant que déjà le couvent se trouvait livré aux mains de l'ennemi.

7. Sur quoi le frère, épouvanté, mit à nu sa blessure, reconnut sa faute, et demanda humblement son pardon avec un grand repentir. Cela fait, et le frère ayant été absous de sa faute, et ayant accepté la pénitence qui lui était imposée, aussitôt, à la vue de saint François, le diable s'enfuit.

8. Et la brebis ainsi arrachée de la gorge de cette bête cruelle rendit grâce à Dieu et à saint

François, et, jusqu'à la fin, par les mérites de son pasteur, persévéra dans une vie entièrement sainte. A la louange de Notre-Seigneur Jésus-Christ et du saint père François. *Amen.*

CHAPITRE XXIV

De quelle manière saint François a converti à la vraie foi le Sultan de Babylone, ainsi que la courtisane qui sollicitait le saint à pécher[1].

1. Notre saint père François, stimulé par le zèle de Dieu et l'ambition du martyre, franchit la mer avec douze de ses frères les plus saints, se proposant de se rendre tout droit auprès du Sultan[2].

2. Or, quand il fut parvenu dans un certain pays infidèle où les chemins étaient gardés par des hommes si cruels que nul chrétien passant par là n'avait pu encore éviter d'être tué, voici que, avec l'aide de Dieu, François et ses compagnons échappèrent à la mort;

3. mais cependant ils furent pris, et torturés en maintes façons, et liés étroitement, et c'est dans cet état qu'ils furent amenés devant le Sultan. Et saint François, arrivé en présence de

[1] Le traducteur des *Fioretti*, ici, s'est contenté d'ajouter ce dernier membre de phrase.

[2] *Fioretti* : « Du sultan de Babylone. »

celui-ci, sous l'inspiration de l'Esprit Saint prêcha si divinement de la sainte foi catholique qu'il s'offrit à prouver la vérité de cette foi par l'épreuve du feu.

4. En conséquence de quoi le Sultan conçut un grand attachement pour lui, aussi bien à cause de la constance de sa foi que de son mépris du monde, — car le saint ne voulut absolument rien recevoir de lui, malgré son extrême pauvreté, — et puis aussi à cause de son fervent désir du martyre.

5. Et, depuis lors, il l'écoutait avec un très vif plaisir, et il le pria de venir souvent s'entretenir avec lui.

6. Et, en outre, généreusement, il accorda au saint lui-même et à ses compagnons la permission d'aller en liberté partout où il leur plairait, et de prêcher librement dans toute l'étendue de son empire.

7. Et il leur remit un certain emblème dont la vue leur garantirait que personne ne pourrait leur faire aucun mal.

8. Donc, ayant obtenu cette généreuse permission, saint François envoya ses compagnons susdits, deux par deux, dans les diverses régions des païens.

9. Et lui-même, se rendant avec l'un des frères dans un certain pays, arriva dans une auberge où force lui était de demeurer pour se

reposer. Et il trouva là une certaine femme merveilleusement belle, en vérité, quant à la figure, mais d'une âme très honteuse, et qui le sollicita de commettre avec elle des actes défendus.

10. Mais saint François lui répondit : « Si tu veux que je consente à ce que tu désires, il faut aussi que tu consentes, toi-même, à ce que je vais te demander ! » Et elle lui dit : « J'accepte ce que tu me dis. Donc, allons, faisons-nous préparer un lit ! »

11. Mais saint François lui dit : « Viens avec moi, et je te montrerai un lit plus beau que tous les autres ! » Et il l'emmena vers un grand feu qui se trouvait allumé dans cette maison.

12. Et, dans la ferveur de l'Esprit Saint, se dépouillant de ses vêtements, il s'étendit sur ce foyer embrasé, tout nu, comme sur un lit. Et puis, appelant cette femme, il lui disait : « Déshabille-toi, et hâte-toi de venir jouir de ce lit splendide, tout fleuri et admirable, car c'est ici qu'il faut que tu viennes, si tu veux m'obéir ! »

13. Or, ce feu ne fit aucun mal à saint François ; mais au contraire ce saint y restait étendu, au-dessus de la flamme la plus ardente, tout joyeusement comme sur des fleurs.

14. Et alors cette femme, voyant un tel prodige, et remplie de surprise, se convertit non seulement de la boue du péché, mais encore des ténèbres de l'infidélité, et accepta la voie de

Notre-Seigneur Jésus-Christ, et devint même d'une telle sainteté et grâce que, avec l'aide des mérites du saint père, elle gagna au Seigneur un grand nombre d'âmes dans ces régions[1].

15. Cependant saint François, comprenant, par révélation divine, qu'il ne réussirait pas à recueillir dans ces pays les fruits qu'il avait désirés, rassembla ses frères et résolut de revenir dans les régions chrétiennes. Et, revenant d'abord vers le Sultan, il lui fit part de son projet de retour.

16. Sur quoi le Sultan lui dit : « Frère François, quant à moi, c'est bien volontiers que je me convertirais à la foi du Christ : mais je crains de le faire en ce moment, parce que ces Sarrasins, s'ils l'apprenaient, me tueraient aussitôt, ainsi que toi et tes compagnons.

17. « Et comme tu peux encore produire beaucoup de bien, et que j'ai moi-même à exécuter de grandes choses pour le salut de mon âme, à cause de cela il ne me plairait point de provoquer ainsi, inopinément, ta mort et la mienne. Mais indique-moi de quelle manière je puis être sauvé, et je suis prêt à t'obéir en toutes choses ! »

18. Et saint François lui dit : « Seigneur, je vais m'en aller tout à l'heure ; mais après que je serai revenu dans mon pays, et que, sous

[1] Tout ce passage a été un peu abrégé dans la traduction italienne.

l'appel de Dieu, j'aurai passé au ciel, c'est-à-dire après ma mort, avec l'aide de Dieu je t'enverrai deux de mes frères de qui tu recevras le baptême, et seras sauvé, ainsi que me l'a révélé mon Seigneur Jésus-Christ.

19. « Mais toi, dans l'intervalle, délivre-toi de toute occupation, afin que, quand la grâce de Dieu te viendra, elle te trouve prêt en foi et dévotion ! » A quoi le Sultan consentit avec joie, et se conforma toujours très fidèlement. Mais saint François, lui ayant dit adieu, s'en revint vers les régions des fidèles.

20. Or, après quelques années, le susdit Sultan devint malade. Et, attendant toujours l'exécution de la promesse du saint, qui déjà avait émigré vers la vie bienheureuse, il posta des guetteurs à toutes les portes d'entrée de son royaume, afin que, s'ils apercevaient deux frères vêtus de l'habit de saint François, ils eussent à les lui amener le plus vite possible

21. Or, dans ce même temps, saint François apparut à deux de ses frères, et leur enjoignit de se rendre au plus vite vers le Sultan et de lui procurer le salut de son âme, comme lui-même le lui avait promis.

22. Ces frères accomplirent pieusement l'ordre du saint ; et, ayant franchi la mer, furent amenés en hâte au Sultan par les gardes susdits.

23. Et le Sultan, quand il les vit, se sentit

pénétré d'une très grande joie, et s'écria : « A présent, je sais en toute vérité que ce sont bien ses serviteurs que Dieu m'a envoyés ! car ainsi que saint François me l'avait promis par révélation divine, ainsi il a tenu sa promesse, veillant avec sollicitude sur mon salut ! »

24. Et, recevant de ces mêmes frères l'enseignement de la foi et le saint baptême, ce par quoi il se trouva régénéré au milieu de sa maladie, il passa aux joies éternelles, s'endormant dans le Seigneur, et son âme fut sauvée par les mérites du très saint père François. A la louange de Jésus-Christ. *Amen*.

CHAPITRE XXV

Comment saint François, de son vivant, guérit un certain lépreux de la lèpre de son âme et de celle de son corps. Et de ce que l'âme lui dit en allant au ciel [1].

1. Pendant que vivait encore, dans ce misérable et lamentable siècle, le bienheureux François, illuminé de l'Esprit Saint, toujours il s'attachait de toutes ses forces à suivre les traces de Notre-Seigneur Jésus-Christ en imitant son exemple.

2. (Et ainsi, tout comme le Christ avait daigné se faire pèlerin, ainsi le bienheureux François fit voir au monde soi-même et tout son ordre comme des pèlerins, et inscrivit dans sa Règle que tous ses frères eussent, durant cette vie, à servir Dieu « comme des pèlerins et des étrangers [2] »).

3. Et de même que, aussi, le Christ non seulement est venu servir les lépreux en les guéris-

[1] Le titre latin ne contenait pas cette dernière phrase.
[2] Tout ce passage a été omis par le traducteur italien.

sant et purifiant quant au corps, mais a voulu également mourir pour eux, de façon à les sanctifier et purifier quant à l'âme, de même le bienheureux François, désirant se conformer tout à fait à l'image du Christ, servait les lépreux très affectueusement,

4. leur présentant leur nourriture, lavant leurs membres pourris, nettoyant leurs vêtements, et, qui plus est, se précipitant souvent et avec ferveur dans leurs bras, pour baiser les plaies de leurs visages.

5. Et il ordonna semblablement que les frères de son ordre, par amour pour le Christ qui, afin de nous sauver, avait bien voulu être traité comme un lépreux, se consacrassent avec sollicitude au service de ces infortunés, en tout lieu où ils auraient l'occasion de les rencontrer. Et les frères, en vrais fils de l'obéissance, faisaient cela avec empressement.

6. Or il arriva que, dans un certain lieu où les frères servaient ainsi les lépreux, se trouvait un lépreux à ce point empesté, et impatient et acariâtre, qu'il n'y avait aucun doute qu'il fût agité par le mauvais Esprit :

7. car, les frères qui le servaient, non seulement il les accablait d'horribles outrages et les transperçait de ses injures comme d'autant de flèches, mais, bien pis encore, il les blessait de toute sorte de coups.

8. Et, de plus, chose vraiment horrible et la pire de toutes, il blasphémait le Christ bienheureux, et sa très sainte Mère, et tous les autres saints.

9. Aussi, bien que ces frères s'appliquassent à supporter patiemment les injures et les coups, afin d'accumuler le mérite de leur patience, cependant leur conscience ne pouvait absolument pas tolérer les blasphèmes du lépreux à l'égard du Christ et de sa très sainte Mère, sous peine pour eux de paraître prendre leur part d'un tel crime.

10. Et, en conséquence, ils résolurent d'abandonner le susdit lépreux, ne pouvant se résigner à être les nourriciers d'un blasphémateur de Dieu et d'un vase du diable.

11. Mais ils ne voulurent pas exécuter leur résolution avant d'avoir, d'abord, tout rapporté en détail à saint François, qui demeurait alors dans un autre couvent [1].

12. Et saint François, les ayant entendus, se rendit auprès du lépreux et, s'étant approché de lui, il lui dit : « Que Dieu te donne la paix, mon très cher frère ! » Et lui : « Hé ! quelle paix y a-t-il pour moi ? Au contraire, Dieu m'a enlevé la paix, en me condamnant à souffrir sur tout mon corps ! »

13. Et saint François lui dit : « Très cher ami, prends patience, car ces maux qui sont

[1] Le traducteur ajoute : « tout voisin ».

infligés à nos corps profitent au salut de nos âmes, si nous les supportons sans nous plaindre! »

14. Et le lépreux répondit : « Comment pourrais-je supporter mon mal avec patience, alors que ce mal me torture sans arrêt, le jour et la nuit? Car non seulement je suis brûlé et crucifié par mes souffrances, mais je me trouve encore violemment tourmenté par ces frères que tu m'as donnés pour me servir, attendu qu'il n'y en a pas un seul qui me serve comme il faut! »

15. Mais saint François, sachant par révélation divine que ce malheureux était tourmenté d'un mauvais esprit, s'en alla à l'écart, et pria Dieu dévotement pour lui. Et puis, sa prière achevée, il revint vers lui et lui dit : « Mon très cher ami, c'est moi qui veux te servir désormais, puisque tu n'es pas content des autres! »

16. Et le lépreux lui répondit : « Soit, je le veux bien! mais que pourras-tu faire de plus que les autres? » Et saint François lui dit : « Tout ce que tu désireras, je te le ferai! » Et lui : « Eh bien! dit-il, je veux que tu me laves : car tout mon corps exhale une puanteur si affreuse que je ne puis pas me supporter moi-même! »

17. Alors saint François fit chauffer de l'eau avec maintes herbes parfumées. Et, ayant dévêtu le lépreux, il commença à le laver de ses saintes mains, pendant qu'un autre frère versait l'eau sur lui.

18. Et de même que cette eau lavait son corps extérieurement, de même elle le purifiait tout entier de sa lèpre, et l'âme de cet homme aussi, au dedans, se guérissait et se purifiait. Si bien que, lorsqu'il se vit guéri au dehors, sur-le-champ, dans l'excès de sa componction, il se mit à pleurer des larmes amères.

19. Et de même que son cœur était lavé par cette eau et purifié de sa lèpre, de même sa conscience, sous l'effet de ses larmes, était baptisée et nettoyée de toute iniquité.

20. Et lorsqu'il fut tout entier lavé et guéri extérieurement, du même coup il se trouva oint et guéri parfaitement au dedans; et, en conséquence, il se sentit si ému, et fondit en larmes si abondantes qu'à voix très haute il gémissait et s'écriait,

21. Déclarant qu'il méritait l'enfer à cause des injures infligées aux frères, et des coups et des plaies qu'ils avaient reçus de lui, et de son impatience et de ses blasphèmes contre Dieu.

22. Et ainsi, pendant bien quinze jours, se prolongea ce gémissement singulier, qui jaillissait du plus intime secret de son cœur; et toujours il ne faisait rien autre qu'invoquer la miséricorde de Dieu. Et c'est avec cette componction et parmi ces larmes qu'il confessa ses péchés à un prêtre.

23. Or, le bienheureux François, en voyant un si glorieux miracle, rendit grâces à Dieu; après

quoi il se retira de cet endroit et se rendit dans une région très éloignée, craignant que, si le dit miracle devenait connu, tout le monde n'accourût vers lui, ce qu'il évitait soigneusement, en raison de son humilité.

24. Car toujours, en fidèle et prudent serviteur, il s'attachait à rendre gloire et honneur à Dieu, mais à n'obtenir pour soi-même, de la part des hommes, que le déshonneur et l'ignominie.

25. Or, le dit lépreux, peu de temps après cette guérison et ce repentir merveilleux, tomba malade, et s'en alla de cette vie, bien armé des sacrements de l'Église.

26. Et comme saint François se tenait en prière au milieu d'un bois, dans un endroit éloigné, voici que lui apparut le susdit lépreux défunt, mais plus éclatant que le soleil, et soulevé dans les airs ; et il lui dit : « Me reconnais-tu ? »

27. Et saint François : « Qui donc es-tu ? » lui demanda-t-il. Et lui : « Je suis le lépreux que Notre-Seigneur Jésus-Christ a daigné guérir, en considération de tes mérites ! Et aujourd'hui je m'en vais au paradis et au royaume bienheureux, ce dont je rends grâces à Dieu tout-puissant, comme aussi à toi !

28. « Et que bénis soient ton âme et ton corps, et bénies tes paroles et tes œuvres, car par toi maintes âmes sont sauvées et le seront encore !

29. « Et sache bien qu'il ne se passe pas un

jour sans que les saints anges, et tous les autres saints et saintes, adressent à Dieu de grandes actions de grâces pour les fruits sacrés qui, par toi et par ton ordre, sont recueillis de tous côtés, à travers le monde !

30. « Et, en conséquence, prends courage, et rends grâces à Dieu, et continue à rester avec sa bénédiction ! » Et puis, ayant ainsi parlé, il disparut ; et saint François resta, depuis lors, grandement consolé.

CHAPITRE XXVI

Comment saint François a converti trois brigands homicides, et comment ceux-ci se sont faits frères, et de la très éclatante vision qu'a vue l'un d'eux, qui fut un frère très saint [1].

1. Le bienheureux père François, désirant amener tous les hommes à leur salut, parcourait le monde de région en région; et, en tout lieu où il allait, grâce à l'assistance de l'Esprit divin qui le conduisait, il acquérait à Dieu une nouvelle famille.

2. Et comme, pareil à un vase élu de Dieu, il avait mission de répandre le baume de la grâce, il se rendit ainsi au pays des Esclavons, et dans les Marches de Trévise et d'Ancône, et en Pouille, et dans le pays des Sarrasins, et en maints autres pays, partout engendrant ou multipliant les serviteurs de Notre-Seigneur Jésus-Christ [2].

[1] Titre latin : *De trois brigands qui ont été convertis par saint François, et à l'un desquels ont été révélées les peines de l'enfer et la gloire du Paradis.*

[2] Tout ce début est omis dans les *Fioretti*.

3. Et ainsi, un jour qu'il passait par Mont-Casal, ville forte qui se trouve dans le district de Borgo San Sepolcro, il y reçut la visite d'un jeune gentilhomme de la susdite ville de Borgo.

4. Et ce jeune homme, en arrivant vers saint François, lui dit : « Mon père, je voudrais infiniment devenir l'un de vos frères ! » Mais saint François lui répondit : « Mon fils, tu es un jeune homme délicat et de noble naissance. Je crains que tu ne puisses pas supporter notre pauvreté et la rudesse de notre vie ! ».

5. A quoi le jeune homme répondit : « Mon père, n'êtes-vous donc pas des hommes, tout comme moi ? Et puisque, étant semblables à moi, vous supportez cette vie, je saurai bien la supporter aussi, avec l'aide de Dieu ! ».

6. Cette réponse plut beaucoup à saint François ; et aussitôt il reçut le jeune homme dans l'ordre, le bénit, et l'appela le frère Ange. Et celui-ci se conduisit dès lors si saintement que, peu de temps après, saint François l'institua gardien au susdit Mont-Casal.

7. Or, dans ce temps-là, trois brigands fameux habitaient cette région, qui, de toutes parts, accomplissaient de nombreux méfaits. Et ces brigands, un jour, vinrent audit couvent de Mont-Casal, priant le frère Ange, en sa qualité de gardien, de leur fournir de quoi manger.

8. Mais le gardien, les accablant de reproches

et de rebuffades, leur dit : « Comment, vous qui êtes des voleurs et de cruels assassins, non seulement vous ne rougissez pas de dépouiller les autres du fruit de leurs peines, mais vous poussez l'effronterie et la présomption jusqu'à vouloir profiter des aumônes faites aux serviteurs de Dieu !

9. « Et cela alors que vous n'êtes pas même dignes que la terre vous porte sur soi ! car vous ne respectez aucun homme, et méprisez jusqu'à Dieu qui vous a créés ! Donc, allez-vous-en à vos affaires, et n'approchez jamais plus de notre porte ! »

10. Sur quoi ces hommes, furieux et grandement indignés, se retirèrent. Et voici que, ce même jour, saint François revint audit couvent, apportant, comme produit de la quête qu'il venait de faire avec un compagnon, une sacoche de pain et une bouteille de vin !

11. Or, lorsque le gardien lui eut rapporté de quelle façon il avait renvoyé ces brigands, saint François le réprimanda durement, en lui disant qu'il avait agi en impie, attendu que les pécheurs se laissaient beaucoup mieux ramener au bien par la douceur de la compassion que par des reproches et des injures.

12. « En effet, le Christ lui-même, notre maître, dont nous avons promis d'observer l'Evangile, nous a dit : *ce ne sont pas les personnes bien por-*

tantes qui ont besoin du médecin, mais les malades ; et puis aussi : *je ne suis pas venu appeler les justes, mais les pécheurs !* En conséquence de quoi, il mangeait volontiers en compagnie des pécheurs.

13. « Et, donc, poursuivit saint François, puisque tu as agi contre la charité et contre l'exemple de Jésus-Christ, au nom de la sainte obéissance j'exige que tu prennes aussitôt cette sacoche pleine de pain et cette bouteille de vin que l'on m'a données ;

14. « et que tu ailles soigneusement par les monts et les vallées à la recherche desdits brigands, jusqu'à ce que tu les retrouves ! Et alors tu leur offriras ces pains et ce vin de ma part ; après quoi, t'étant agenouillé devant eux, tu proclameras humblement ton repentir de ton impolitesse et dureté !

15. « Et puis tu leur demanderas, de ma part, qu'ils s'abstiennent désormais de faire le mal, mais qu'ils craignent Dieu et laissent en paix leur prochain. Et, que s'ils font cela, je leur promets de pourvoir désormais toujours aux besoins de leurs corps. Quant à toi, après leur avoir dit cela humblement, tu reviendras ici ! »

16. Et, dans l'intervalle, saint François se mit en prière, demandant à Dieu de vouloir bien amollir le cœur de ces hommes et les préparer au repentir.

17. Et ainsi il arriva que, lorsque ces brigands eurent mangé les aumônes que leur envoyait saint François, ils se mirent à causer entre eux, et se dirent :

18. « Hélas ! misérables infortunés que nous sommes, quels durs tourments nous sont réservés dans l'enfer ! car nous allons çà et là non seulement dépouillant les hommes et les blessant, mais même les tuant ; et, parmi tant de crimes affreux, nous ne sommes touchés d'aucune crainte de Dieu ni componction de conscience !

19. « Et voilà que ce saint frère qui est venu tout à l'heure nous rejoindre, le voilà qui s'est accusé si humblement devant nous, pour quelques paroles bien trop justes qu'il nous a infligées au sujet de notre vie criminelle ! Et, en outre, il nous a rapporté cette promesse généreuse de ce saint père, et nous a offert le bienfait du pain et du vin de la charité !

20. « En vérité, ceux-là sont bien des saints du bon Dieu, et qui se rendent bien dignes de la patrie céleste ! Tandis que nous, enfants de la perdition éternelle, nous accumulons chaque jour une provision de flammes vengeresses, en récompense de nos crimes hideux !

21. « Et qui sait si nous pourrons, un jour, obtenir miséricorde de Dieu, avec tant de crimes et d'abominations que nous avons accomplis ? » Et comme l'un d'entre eux parlait ainsi, les deux

autres lui dirent : « Qu'est-ce donc qu'il convient que nous fassions ? [1] »

22. Et lui : « Allons vers saint François, dit-il, et si lui-même nous affirme en conscience que nous pourrons trouver miséricorde auprès de Dieu pour nos grands péchés, nous ferons ensuite tout ce qu'il nous prescrira, afin de pouvoir délivrer nos âmes de l'abîme éternel ! »

23. Et tous les trois consentirent unanimement à ce projet. Si bien qu'ils vinrent en hâte vers saint François, et lui dirent : « Père, à cause de nos péchés, qui sont nombreux et horribles, nous n'espérons point pouvoir obtenir miséricorde de Dieu ;

24. « mais si toi, notre saint père, tu as confiance que Dieu daignera nous recevoir dans sa miséricorde, en ce cas nous sommes prêts à faire pénitence avec toi, et à t'obéir dans tout ce que tu nous prescriras ! »

25. Et saint François, les ayant accueillis avec bonté et tendresse, les réconforta par de si nombreux exemples qu'il les rendit certains de pouvoir trouver grâce devant Dieu. Et, en outre, il leur promit que lui-même travaillerait à leur acquérir cette miséricorde et grâce auprès du Seigneur.

26. En même temps, il les instruisit de la

1. *Fioretti* : « Certes, tu dis vrai : mais qu'est-ce donc » etc.

manière dont les grandeurs incommensurables de la miséricorde divine dépasseraient de beaucoup celle de tous nos péchés, si même ceux-ci étaient infinis; et de quelle manière, ainsi que l'attestent l'Evangile et l'apôtre Paul, le Christ est venu en ce monde pour le rachat des pécheurs.

27. Et les trois brigands susdits, touchés de ces exhortations salutaires, renoncèrent au monde [1], et, ayant été reçus dans l'ordre par le saint père, ils s'attachèrent à lui aussi bien par l'âme que par l'habit. Et deux d'entre eux, ne vivant plus que très peu de temps après cette louable mutation qui les avait tirés de la vie du siècle, émigrèrent au ciel, sur l'appel de Dieu.

28. Quant au troisième, qui leur survécut, celui-là, considérant les nombreux et grands péchés qu'il avait faits, se soumit à une telle pénitence que, pendant quinze ans, sans compter les jeûnes communs qu'il observait comme les autres, jusqu'au bout, trois fois par semaine, il ne prenait que du pain et de l'eau.

29. Et, se contentant d'une seule robe, il allait toujours pieds nus, et jamais ne dormait après les matines. Et, au bout de ces quinze ans, saint François passa de ce monde à la patrie céleste.

30. Or, lorsque ledit frère eut observé pendant nombre d'années cette rigoureuse pénitence,

[1] *Fioretti :* « Renoncèrent au démon et à ses œuvres. »

certaine nuit, après les matines, une telle somnolence l'envahit que par nul moyen il ne put résister au sommeil, ni se tenir éveillé, suivant son habitude.

31. Et ainsi, ne pouvant plus lutter contre le sommeil, et se sentant hors d'état de prier, il succomba à la tentation, et s'en alla vers son lit, pour se rendormir. Mais à peine eut-il posé la tête sur le lit, qu'il fut conduit en esprit sur une très haute montagne où il y avait un abîme très profond, avec des pierres faisant saillie, çà et là, et divers écueils de forme inégale ;

32. et celui qui le conduisait le lança du plus haut de la montagne dans ledit abîme. Et le frère, précipité parmi les rochers la tête la première, et se heurtant de rocher en rocher, lorsqu'il parvint enfin au fond de l'abîme il lui sembla que tous ses membres étaient rompus, et tous ses os brisés.

33. Et comme il gisait là, cruellement blessé, voici que son conducteur l'appela pour qu'il se relevât, car il avait encore un grand chemin à faire ! A quoi le frère répondit : « En vérité, tu me parais un homme dur et déraisonnable, toi qui, me voyant abîmé jusqu'à la mort, exiges cependant que je me relève ! »

34. Alors ledit guide, s'approchant et le touchant, le guérit aussitôt parfaitement de toute contusion de ses membres. Et alors il lui montra

une grande plaine toute remplie de pierres aiguës et d'épines et de ronces, et de marécages boueux, où il voulait que le pauvre frère s'avançât nu-pieds, afin de parvenir à l'extrémité de cette plaine, où se voyait de loin une fournaise enflammée dans laquelle il devait entrer.

35. Et quand le frère eut traversé bien péniblement cette plaine, et fut parvenu à cette fournaise, l'ange lui dit : « Entre dans la fournaise, car cela est indispensable ! »

36. A quoi le frère répondit : « Hélas ! quel dur guide tu es, toi qui, me voyant si misérablement épuisé d'avoir traversé cette plaine infranchissable que j'éprouve un besoin infini de repos, viens encore me dire : « Entre dans une fournaise ! »

37. Mais quand, ensuite, il regarda autour de la fournaise, il vit de tous côtés des démons qui s'approchaient avec des fourches de feu et qui, tout d'un coup, au moment où il hésitait à entrer, le poussèrent avec lesdites fourches.

38. Puis, quand il eut pénétré dans les flammes, et y fut resté quelque temps [1], l'ange le chassa de la fournaise, en lui disant : « Apprête-

[1] Le traducteur des *Fioretti* introduit ici un long épisode nouveau : « Donc, lorsqu'il fut entré dans la fournaise, il regarda autour de soi et aperçut un certain damné qui jadis avait été son compère, et qui maintenant brûlait à grand feu ; et à ce malheureux il demanda : « O mon infortuné compère, comment en es-tu arrivé là ? » A quoi l'autre répondit : « Va un peu plus au fond, tu y trouveras ma femme, ta commère,

toi à marcher, car tu as encore un grand péril à franchir ! »

39. A quoi le frère répondit : « O guide infiniment dur, que ne saurait émouvoir nulle compassion ! Tu vois que je suis quasiment tout brûlé, et tu veux encore m'emmener dans un voyage périlleux ! »

40. Mais l'ange, le touchant de nouveau, le guérit parfaitement. Et puis il le conduisit vers un certain pont qui ne pouvait être franchi sans un immense danger, car il était excessivement étroit et glissant [1].

41. Et sous ce pont coulait un fleuve terrible, tout rempli de serpents, de dragons, de scorpions et de crapauds, et empesté d'une affreuse puanteur. Et l'ange dit au frère : « Avance-toi sur ce pont, car il faut que tu le franchisses jusqu'au bout ! »

qui te dira la cause de ma damnation ! » Et donc, le frère étant allé plus outre, voici que lui apparut la dite commère toute en feu, et enfermée dans une mesure à grain également toute en flammes ! A qui il demanda : « O commère infortunée et misérable, pour quelle cause en es-tu venue à souffrir d'aussi cruels tourments ? » Et elle répondit : « C'est parce que, au moment de la grande famine qui avait été prédite par saint François, mon mari et moi nous avons falsifié le grain et le blé que nous vendions avec cette mesure ; et voilà pourquoi je brûle maintenant enfermée dans la même mesure ! » Puis, ces paroles dites, l'ange qui conduisait le frère le fit sortir », etc.

[1] *Fioretti :* « Et n'avait point de parapets. »

42. A quoi le frère répondit : « Et comment pourrais-je traverser ce pont sans tomber dans un fleuve aussi périlleux ? » Mais l'ange lui dit : « Viens derrière moi, et pose ton pied là où tu me verras poser le mien, et tu traverseras sans encombre ! »

43. Et, en effet, le frère, marchant derrière l'ange, et posant son pied là où son guide avait posé le sien, parvint ainsi sain et sauf jusqu'au milieu du pont.

44. Mais comme il était arrivé au milieu du pont, voici que l'ange s'envola et s'éleva très haut jusqu'à un certain palais tout à fait merveilleux, situé au plus haut des airs ; et le frère vit parfaitement de quelle façon l'ange s'était envolé.

45. Mais ensuite, se voyant resté seul sur ce pont sans aucun guide, et comme déjà les bêtes affreuses du fleuve levaient leurs têtes pour le dévorer s'il tombait, le pauvre frère fut plongé dans une telle terreur qu'il ne savait aucunement que faire, ne pouvant faire un pas en avant ni en arrière.

46. Et ainsi, dans un tel excès de tribulations et de périls, il se baissa, et étreignit le pont de ses mains, et, voyant bien qu'il n'y avait d'autre refuge que la grâce de Dieu, se mit à invoquer, du plus profond de son cœur, le Seigneur Jésus-Christ, afin que, par sa très sainte et pieuse miséricorde, Il daignât le secourir.

47. Et, ayant ainsi prié, il lui sembla que des ailes lui poussaient aux épaules; ce dont il se réjouit grandement, et attendit que ces ailes eussent poussé davantage, avec l'espoir de pouvoir s'envoler bien loin de ce fleuve, vers le lieu où s'était envolé l'ange, son guide.

48. Mais comme il était trop pressé de s'envoler, avant que ses ailes eussent fini de pousser, voilà que, défaillant dans son vol, il retomba sur le pont, et que toutes ses plumes se précipitèrent dans le fleuve! Et lui, profondément effrayé, de nouveau il étreignit le pont, et, en pleurant, invoqua la miséricorde de Dieu.

49. Et, de nouveau, il lui sembla que des ailes sortaient de ses épaules. Mais, cette fois encore, s'étant hâté de s'envoler avant que ses ailes fussent poussées parfaitement, il retomba sur le pont, et fut dépouillé de ses ailes!

50. Et, alors, comprenant qu'il n'avait point pu s'envoler à cause de son excès de hâte, il se dit dans son cœur : « S'il me vient encore des ailes, cette troisième fois, j'attendrai jusqu'à ce que je sois bien sûr de ne plus défaillir dans mon vol! »

51. Et il lui parut comme si, entre la pre- et la troisième émissions de ses ailes, il eût attendu là plus de cent cinquante ans.

52. Mais quand enfin il pensa que ses ailes avaient fini de pousser, cette fois-là il s'éleva

si vaillamment dans les airs qu'il parvint lui-même jusqu'audit palais où l'ange s'était envolé.

53. Et quand il arriva à la porte de cette demeure merveilleuse, le portier lui dit : « Qui donc es-tu, qui viens ici ? » A quoi il répondit : « Je suis un frère mineur ! » Et le portier : « Eh bien ! dit-il, attends un moment, que je fasse venir saint François, pour voir un peu s'il te reconnaîtra ! »

54. Et pendant que ce portier allait chercher saint François, le frère se mit à examiner les murs de cette cité merveilleuse ; et ces murs transparaissaient d'une telle clarté que le frère voyait non seulement tout ce qui se passait au dedans, mais distinguait nettement les chœurs admirables des saints qui se trouvaient là.

55. Et, tandis qu'il regardait, voici qu'il reconnaissait saint François, et les saints frères Bernard et Egide, et puis, à leur suite, une telle multitude de saints et de saintes ayant imité leur exemple que leur foule lui paraissait quasi innombrable.

56. Et lorsque saint François fut venu vers lui, ce saint dit au portier : « Oui, tu peux le laisser entrer, car c'est bien un de mes frères ! » Après quoi saint François l'emmena à l'intérieur, lui montrant maintes choses merveilleuses.

57. Et le frère, dès qu'il fut entré, ressentit tant de consolation et de douceur qu'il en

oublia toutes les tribulations qui avaient précédé, absolument comme s'il n'avait jamais vécu dans le monde[1].

58. Et puis saint François lui dit : « Maintenant, mon fils, il faut que tu retournes dans le monde, et que tu y restes encore pendant sept jours, pendant lesquels tu te prépareras de toutes les manières que tu pourras ; car, au bout de ces sept jours, j'irai te chercher, et alors tu viendras avec moi dans ce séjour admirable des bienheureux ! »

59. Et saint François était revêtu d'une chlamyde tout ornée de magnifiques étoiles, et ses cinq stigmates étaient comme cinq étoiles d'une splendeur merveilleuse, qui étincelaient d'un tel éclat que leurs rayons semblaient illuminer toute cette cité.

60. Le frère Bernard, lui, avait sur la tête une très belle couronne d'étoiles, tandis que le frère Egide était également tout enveloppé d'une lumière admirable. Et le frère aperçut encore là bien d'autres frères qu'il n'avait jamais vus, et qui étaient admis à la gloire avec saint François.

61. Ayant été ainsi congédié, ledit frère, bien qu'à regret, retourna dans le monde, et, au moment où il y revenait, voici que les frères se mirent à sonner pour prime. Et il ne s'était pas

[1] *Fioretti :* « Comme si toutes ces épreuves n'avaient jamais existé. »

écoulé plus de temps, durant tout cela, que depuis les matines jusqu'à l'aurore du même jour, encore que le frère eût l'impression que son voyage s'était prolongé pendant bien des années.

62. Et ledit frère rapporta en détail à son gardien la vision susdite, ainsi que le terme de sept jours qui lui avait été fixé; et, tout de suite après, il commença à être pris de fièvre.

63. Et puis, le septième jour[1], saint François, arrivant avec une glorieuse escorte de saints, emmena l'âme de ce frère aux joies des bienheureux, purgée de tout péché au moyen de la vision susdite, sous la conduite de l'ange.

A la louange de Notre-Seigneur Jésus-Christ. *Amen.*

[1] Le traducteur des *Fioretti* a fait ici un petit changement. D'après lui, « au bout de sept jours, le frère commença à avoir la fièvre, et, le huitième jour, saint François vint le chercher », etc.

CHAPITRE XXVII

Comment saint François convertit à Bologne deux écoliers, et qui se firent frères ; et, plus tard, l'un deux fut allégé par saint François d'une grande tentation[1].

1. Une fois, comme saint François allait par le monde et était arrivé à Bologne, le peuple de cette ville, ayant appris son arrivée, accourut au-devant de lui en telle abondance que c'est à peine si le saint pouvait poser le pied à terre ;

2. car tous désiraient le voir, comme une fleur du monde et un ange de Dieu ; de telle sorte qu'il ne parvint qu'à grand'peine jusqu'à la place de la ville.

3. Là, devant une très nombreuse assemblée d'hommes et de femmes, et notamment de beaucoup d'étudiants, saint François, s'étant levé au milieu de la place, prêcha en paroles si merveilleuses et surprenantes, sous la dictée de

[1] Titre latin : *Comment saint François, pendant qu'il prêchait à Bologne, a converti deux nobles de la Marche d'Ancône, à savoir le frère Pèlerin et le frère Ricerio.*

l'Esprit Saint, qu'il ne semblait pas être un homme, mais un ange.

4. Et, en effet, ses mots célestes paraissaient jaillir, comme des flèches aiguës, de l'arc de la sagesse divine, pénétrant si profondément au fond de tous les cœurs que le saint ramena une très grande multitude d'hommes et de femmes de l'état du péché aux gémissements de la pénitence.

5. Et parmi cette foule se trouvaient deux étudiants issus de familles très nobles de la Marche d'Ancône, à savoir Pèlerin, qui était de la famille de Fallerone, et Ricerio de Muccia.

6. Et ces deux jeunes gens, touchés très profondément par les saintes paroles du bienheureux François, vinrent à lui, et lui dirent qu'ils voulaient abandonner complètement le monde pour revêtir l'habit de ses frères.

7. Or saint François, considérant leur ferveur, reconnut, par révélation de l'Esprit Saint, qu'ils étaient envoyés de Dieu. Et, en outre, il comprit à quelle manière de vivre chacun d'eux se soumettrait le plus volontiers.

8. Et ainsi, les ayant reçus avec joie dans l'ordre, il leur dit : « Toi, Pèlerin, tu demeureras dans les voies de l'humilité ; et toi, Ricerio, tu serviras les frères ! » Et, vraiment, c'est ainsi que les choses se passèrent.

9. Car le frère Pèlerin ne voulut jamais

devenir clerc, mais resta toujours frère lai, encore qu'il fût très lettré et très érudit dans les Décrétales ;

10. et en raison de cette humilité il parvint à une très grande perfection de vertu, et notamment à la grâce parfaite de la componction et de l'amour de Notre-Seigneur Jésus-Christ.

11. (En effet, embrasé de cet amour du Christ, et brûlé du désir du martyre, il se rendit à Jérusalem, pour visiter les lieux très saints du Sauveur, en emportant avec soi le livre des Evangiles ;

12. et comme il lisait la mention des lieux saints où le Dieu devenu homme avait posé ses pieds, et que lui-même touchait ces lieux de ses pieds et les regardait de ses yeux, il se baissait humblement pour prier le Seigneur dans ces endroits, et les étreignait de ses bras fervents, et les baisait de ses lèvres pleines d'amour, et les arrosait de ses larmes pieuses, de telle sorte qu'il provoquait à une dévotion très grande quiconque le voyait.

13. Et puis, suivant l'ordre de la volonté divine, il retourna en Italie ; et là, comme un véritable pèlerin du monde et citoyen du royaume céleste, en de très rares occasions il venait faire visite à ses nobles parents ;

14. et alors il les exhortait au mépris du monde ; et, en de brèves paroles pleines d'effet,

il les incitait à l'amour divin ; après quoi, précipitamment, il se hâtait de s'éloigner d'eux, disant que Jésus-Christ, qui ennoblit l'âme, ne se trouve point parmi les parents et alliés [1].)

15. De ce frère Pèlerin le frère Bernard, ce fils premier-né de notre très saint père François, avait coutume de dire (une parole vraiment admirable : à savoir) que ce frère Pèlerin était l'un des hommes les plus parfaits de ce monde.

16. (Et vraiment ce fut là un pèlerin : car l'amour du Christ qu'il avait toujours dans son cœur ne lui permettait pas de se reposer dans aucune créature, ni de fixer son affection sur aucune chose temporelle, mais toujours le portait à soupirer vers la patrie céleste, et à la considérer, et à s'élever de vertu en vertu, jusqu'au jour où il allait transformer cet amant en aimé [2]).

17. Et enfin, tout rempli de vertus et toujours aimant le Christ de tout son cœur, il s'endormit en paix et remonta vers ce maître divin, avec de nombreux miracles accomplis de son vivant [3].

18. Quant au frère Ricerio, autrefois condisciple dudit frère Pèlerin sur la terre, et mainte-

[1] Toute cette histoire du frère Pèlerin a été omise dans la traduction italienne.

[2] Les passages entre parenthèses ne se trouvent pas dans la traduction italienne.

[3] *Fioretti* : « Et après sa mort. »

nant son concitoyen dans le ciel, celui-là, pendant qu'il menait une vie très active, toujours en route et servant très fidèlement Dieu et son prochain, était devenu très familier et très cher à saint François ;

19. de telle sorte qu'il apprit bien des choses de ce saint, et, sous son enseignement, comprit clairement la vérité sur bien des questions douteuses, et reconnut la volonté de Dieu, en même temps que, suivant la prédiction du saint père, il ne cessait point de servir ses frères.

20. Il fut fait ministre de la Marche d'Ancône ; et, à cause du zèle divin qui toujours brûlait dans son cœur, il gouverna cette province avec infiniment de paix et de sagesse, suivant l'exemple du Christ qui, toujours, avait mieux aimé agir qu'enseigner[1].

21. Mais, au bout de quelque temps, la volonté divine permit que, pour le profit de son âme, il fût exposé à la tentation. Si bien que, infiniment anxieux et tourmenté, il s'affligeait dans l'abstinence, et les disciplines, et les prières et les larmes, mais sans pouvoir se délivrer de sa tentation.

22. Et maintes fois il se trouvait même amené à un désespoir très profond : car, en raison de l'infamie de sa tentation, il se croyait abandonné de Dieu.

[1] Ici encore, le traducteur italien a sensiblement abrégé.

23. Mais étant ainsi plongé au plus profond de la désolation et du désespoir, il réfléchit dans son cœur et se dit : « Je vais me lever, et aller vers mon père François ; et si mon cher père me montre de l'amitié, je croirai que Dieu me sera favorable ; sinon, ce sera le signe que je suis vraiment abandonné de Dieu ! »

24. Et, se mettant en route, il se rendit auprès de saint François, qui était alors couché dans le palais de l'évêque d'Assise, très gravement malade. Et comme le saint méditait sur les choses divines, Dieu lui révéla tout le détail des tentations dudit frère, ainsi que son arrivée et l'alternative qu'il s'était proposée.

25. Et aussitôt il appela ses compagnons, à savoir le frère Masseo et le frère Léon, et leur dit : « Allez bien vite au-devant de mon fils Riccerio, et, l'ayant salué et embrassé de ma part, dites-lui qu'entre tous les frères qui sont au monde c'est lui que j'aime le plus particulièrement ! »

26. Et eux, en vrais fils de l'Obéissance, aussitôt sortirent du palais pour aller au-devant du frère Ricerio. Et, l'ayant rencontré, suivant que le leur avait ordonné saint François, ils l'embrassèrent et lui répétèrent les tendres paroles du saint ; et ces paroles remplirent à ce point son âme de consolation qu'il en fut tout entier comme fondu de joie.

27. (Et quelle allégresse il fit voir alors, de

quel bonheur il fut animé, et quelles louanges et actions de grâces il rendit à Dieu, qui avait ainsi fait prospérer son voyage, c'est ce qui pourrait à peine être expliqué en paroles.

28. O mon bon Jésus, qui jamais n'abandonnes ceux qui espèrent en toi, mais qui toujours, pendant la tentation, nous accordes une provision de forces pour nous permettre de la soutenir !

29. Et que dirai-je encore[1] ?) Le frère parvint à l'endroit où gisait cet homme angélique et divin, François ; et celui-ci, bien qu'il fût très gravement malade, se leva et alla au-devant de lui. Et, en l'embrassant, il lui dit : « Mon très doux enfant, frère Ricerio, il est bien vrai que, parmi tous les frères qui sont au monde, c'est toi que j'aime le mieux ! »

30. Et puis, lui imprimant sur le front le signe de la croix, et le baisant très tendrement au même endroit, il lui dit : « Mon fils et très cher ami, cette tentation t'a été donnée pour ton plus grand profit : mais tu n'as plus besoin désormais de ce profit ! »

31. Chose admirable à dire ! Aussitôt toute la tentation diabolique se dissipa, comme si jamais le frère ne l'avait éprouvée dans sa vie ; et depuis lors il resta pleinement consolé en Dieu. A la louange de Notre-Seigneur Jésus-Christ. *Amen.*

[1] Le passage entre parenthèses a été omis dans la traduction italienne.

CHAPITRE XXVIII

D'un ravissement qui arriva au frère Bernard, si bien que celui-ci resta privé de ses sens depuis les matines jusqu'à l'heure de nones[1].

1. Quelle grâce notre Père céleste daignait montrer souvent aux pauvres évangéliques qui, volontairement, avaient tout abandonné pour le Christ, c'est ce que l'on peut voir par l'exemple du susdit frère Bernard[2], qui, après avoir revêtu l'habit du saint père François, se trouvait très souvent ravi en esprit vers Dieu.

2. D'où il arriva un jour que, assistant à la messe dans une église, et comme tout son esprit était suspendu aux choses divines, il fut tellement absorbé en Dieu qu'il ne s'aperçut pas du moment où le prêtre élevait le corps du Christ,

3. et ne s'agenouilla point avec les autres, ni ne tira son capuchon ; mais il restait sans battre des yeux, le regard fixe, et ainsi il demeura, dans

[1] Titre latin : *De la grâce de contemplation du frère Bernard.*

[2] Le traducteur italien ajoute : « de Quintavalle ».

cet état d'insensibilité, depuis le matin jusqu'à nones.

4. Mais après nones, revenant à soi, il se mit à s'écrier d'une voix enthousiaste[1] : « O mes frères, mes frères ! il n'y a point sur toute la terre[2] un homme si grand et si noble qui, si on lui promettait un palais rempli d'or, ne consentît à porter aisément un sac plein de boue afin de se gagner un trésor aussi précieux ! »

5. Or, à ce palais céleste, réservé aux hommes aimant Dieu, le frère Bernard fût élevé en esprit à tel point que, pendant quinze ans, toujours il allait en levant au ciel aussi bien son esprit que son visage.

6. Et, en raison de cette élévation de son âme aux lumières célestes, et de l'absorption complète de tous ses sentiments dans les abîmes divins, jamais pendant ces quinze années il ne rassasia, à table, sa faim corporelle :

7. car, de tout ce que l'on servait devant lui, il ne mangeait qu'une petite bouchée, en disant que l'homme ne peut pas être dit s'abstenir de choses où il ne goûte pas, puisque la véritable abstinence est de lutter contre les choses dont la saveur nous plaît.

8. Et il était parvenu à une telle limpidité

[1] *Fioretti* : « Il se mit à aller par tout le couvent en criant d'une voix enthousiaste. »

[2] *Fioretti* : « Dans toute cette contrée. »

d'intelligence que même les plus grands clercs recouraient à lui, et qu'il dissipait les ténèbres de toutes les questions, sur quelque passage de la Bible qu'on l'interrogeât.

9. Et comme son esprit était entièrement détaché des choses terrestres, lui-même, pareil à l'hirondelle, s'envolait toujours vers le plus haut des airs; et parfois pendant vingt jours, parfois pendant trente, seul il allait par les sommets des montagnes, uniquement occupé à la contemplation des choses célestes.

10. Aussi le frère Egide disait-il que ce n'était pas à tout le monde qu'était accordée la faveur divine qui avait été donnée au frère Bernard de Quintavalle, à savoir de pouvoir se nourrir en volant, comme l'hirondelle.

11. Et, à cause de cette grâce éminente que lui avait accordée le Seigneur, saint François s'entretenait avec lui volontiers et souvent, pendant des jours et des nuits, de telle sorte que, plus d'une fois, on a pu voir que tous les deux, durant des nuits entières, se trouvaient ensemble ravis vers Dieu, dans des bois où ils s'étaient réunis pour s'entretenir de Notre-Seigneur Jésus-Christ.

CHAPITRE XXIX

Comment le démon est apparu plusieurs fois au frère Rufin sons la forme du Crucifié, en lui disant qu'il perdait sans profit tout le bien qu'il faisait, attendu qu'il ne faisait point partie des élus de la vie éternelle : et comment saint François fut instruit de cela par révélation divine, et fit reconnaître au frère Rufin la fausseté de ce qu'il avait cru [1].

1. Le frère Rufin, issu de l'une des plus nobles familles d'Assise, et devenu l'un des compagnons du bienheureux François, se trouva un jour, du vivant de ce saint, très gravement tourmenté dans son âme par le démon, au sujet de la prédestination : car le vieil ennemi lui suggérait au cœur que lui-même n'était point parmi les prédestinés à la vie éternelle, et qu'il perdait inutilement tous les efforts qu'il dépensait au service de l'ordre.

2. Et, à cause de cette vexation, qui durait depuis plusieurs jours, le pauvre frère était devenu tout triste et mélancolique, et avait honte

[1] Titre latin : *De la tentation du frère Rufin, et comment le Christ lui est apparu.*

de révéler à saint François le combat intérieur qu'il soutenait en soi-même. Néanmoins, il ne se relâchait nullement de ses oraisons accoutumées.

3. Mais le vieil ennemi, voulant accroître encore en lui cette tristesse et souffrance qui toujours blesse gravement les serviteurs de Dieu, non content de cette lutte intérieure qu'il avait provoquée en lui résolut encore de l'attaquer au dehors.

4. Si bien que, lui apparaissant sous la figure du Crucifié, il lui dit : « O frère Rufin, pourquoi t'épuises-tu dans les oraisons et la pénitence, puisque tu n'es point parmi les prédestinés à la vie éternelle? Et sur ce point-là tu peux me croire : car je sais bien quels sont ceux que j'ai choisis!

5. « Et ne crois pas là-dessus le fils de Pierre Bernardone, s'il te dit le contraire, et garde-toi même de l'interroger sur ce sujet, attendu que lui ni personne n'en savent rien, tandis que moi, qui suis le Fils de Dieu, je le sais bien! Et, donc, crois-moi en toute certitude, quand je t'affirme que tu es au nombre des damnés!

6. « D'ailleurs, le frère François lui-même ainsi que toi et son père sont aussi damnés; et quiconque le suit est grossièrement dupé! »

7. Or, le frère Rufin était déjà à ce point enténébré par le prince des ténèbres qu'il avait perdu sa foi et son amour pour saint François; et,

d'avance, il ne se souciait point de parler de soi au saint. Mais ce que le frère Rufin ne voulait pas dire à saint François, l'Esprit du Seigneur le lui révéla.

8. Si bien que ce pieux père, voyant en esprit ce grand danger dudit frère Rufin, lui envoya le frère Masseo pour que, tout de suite, il le fît venir en sa présence.

9. (Car le frère Rufin et saint François demeuraient alors dans un couvent du Mont Subasio, proche d'Assise[1].) Mais le frère Rufin répondit au frère Masseo : « Qu'ai-je à faire avec le frère François? »

10. Et alors le frère Masseo, homme tout rempli de l'Esprit Saint, reconnaissant clairement la fausseté du malin ennemi, dit : « O frère Rufin, ne sais-tu donc pas que saint François est comme un ange de Dieu, et combien d'âmes il a éclairées dans ce monde, et que c'est de lui que, notamment, nous avons reçu la grâce divine?

11. « De telle sorte que je veux absolument que tu viennes vers lui, car je vois de façon bien claire que tu es en train de te laisser tromper par le diable ! » Et aussitôt le frère Rufin se rendit auprès de saint François.

12. Et lorsque François le vit venir, de loin il

[1] Cette phrase a été omise dans la traduction italienne.

se mit à lui crier : « O méchant frère Rufin, à qui as-tu prêté foi ? » Après quoi saint François lui redit lui-même, en détail, les tentations qu'il avait éprouvées du dedans et du dehors ;

13. et il lui enseigna que celui qui avait pu lui suggérer les choses susdites était le diable, et non pas le Christ, de telle façon qu'il devait se garder d'attacher la moindre croyance à ses suggestions. « Mais, aussitôt qu'il te dira que tu es damné, réponds-lui avec assurance : *Apri la bocca e mote cecato*[1] *!* c'est-à-dire : ouvre ta gueule, et mets-y du bran !

14. « Et que si, en entendant ce mot, il s'enfuit aussitôt, ce sera pour toi un signe qu'il est le diable. Mais, d'ailleurs, tu aurais dû déjà reconnaître en lui le diable simplement à ce signe qu'il avait endurci ton cœur pour tout ce qui est bon, ce qui est l'office propre du diable,

15. « tandis que le Christ bienheureux jamais n'endurcit le cœur de l'homme, mais, au contraire, l'adoucit, ainsi qu'il le dit par les lèvres du prophète : « Je t'enlèverai ton cœur de pierre et t'en donnerai un de chair ! » Sur quoi le frère Rufin, en voyant que saint François lui redisait tout au long le détail des tentations qui l'avaient

[1] Détail curieux : le traducteur italien a changé ces paroles italiennes, introduites par l'auteur des *Actus* dans son texte latin. On lit en effet dans les *Fioretti : Apri la bocca, che mo vi ti caco !* (Ouvre la bouche, pour que j'y fasse du bran !)

vexé du dehors et du dedans, commença à pleurer abondamment.

16. Et, adorant le saint et s'accusant humblement d'avoir voulu lui cacher la vérité, il se trouva tout changé pour le mieux, et réconforté dans le Seigneur par les admonitions de saint François.

17. Et celui-ci lui dit : « Va, mon fils, et aie confiance, et prends bien soin de ne pas abandonner ton zèle accoutumé pour la prière, et sache bien en toute certitude que cette tentation te sera d'une grande utilité et consolation, comme tu l'éprouveras avant peu ! »

18. Puis le frère Rufin revint dans sa cellule, au milieu du bois, pour prier. Et pendant qu'il se tenait en prière, avec d'abondantes larmes, voici que revint à lui le vieil ennemi, toujours sous la figure du Christ, et il lui dit : « Frère Rufin, ne t'avais-je point prévenu de ne pas croire le fils de Pierre Bernardone ? Et puis ne t'avais-je pas dit de ne pas t'épuiser dans les prières et les larmes, puisque, de toute façon, tu es damné ?

19 « Et, en effet, à quoi cela te servira-t-il de te faire souffrir pendant cette vie, et puis, après ta mort, d'aller encore souffrir en enfer ? » Mais aussitôt le frère Rufin lui dit : *Apri la bocca, e mote cecato !*

20. Alors le diable, indigné, s'éloigna, avec

une telle tempête et commotion des pierres du Mont Subasio que, sur un grand espace, une foule de pierres furent arrachées et précipitées à l'entour, de telle sorte que, aujourd'hui encore, on peut voir là un affreux effondrement de rochers.

21. Et ces rochers de ladite montagne, se heurtant les uns aux autres, émettaient même une grande flamme, si bien que saint François et ses compagnons, étonnés d'un si terrible fracas de pierres, sortirent du couvent susdit, afin de contempler cette nouveauté[1].

22. Et alors le frère Rufin put reconnaître clairement que c'était là le mauvais ennemi qui l'avait trompé. Sur quoi, pour la seconde fois, il revint vers saint François, et, se prosternant devant lui, de nouveau lui confessa son péché. Mais bientôt, ayant été réconforté par saint François, il se trouva tout pacifié.

23. Et comme, après cela, il se tenait en prière avec bien des larmes, voici que le Christ bienheureux lui apparut lui-même, et fondit[2] toute son âme de l'amour divin, en lui disant : « Tu as bien fait, mon fils, de prêter foi au frère François : car celui qui t'avait contristé était le diable !

[1] *Fioretti :* « Et aujourd'hui encore l'on peut voir ce très grand amoncellement de pierres éboulées. »

[2] *Fioretti :* « Réchauffa. »

24. « Mais moi, je suis le Christ, ton maître; et, afin que tu en sois tout à fait assuré, voici un signe que je vais te donner ! C'est, à savoir, que, si longtemps que tu resteras dans ce monde, jamais plus absolument tu ne connaîtras la tristesse ! »

25. Et le Christ bénit le frère Rufin, et le laissa en telle joie et douceur d'esprit, et en telle élévation d'âme, que, nuit et jour, il se tenait absorbé en Dieu.

26. Et il fut confirmé depuis lors dans une telle grâce, et bénédiction, et sécurité de son salut éternel qu'il en fut comme tout renouvelé et changé en un autre homme.

27. Et il fut tellement confirmé dans l'élévation de son âme et la persévérance de sa prière que sans cesse il serait resté, jour et nuit, immobile au même endroit, occupé à la contemplation des choses divines, si on l'avait laissé faire.

28. De sorte que saint François disait de lui que le frère Rufin se trouvait canonisé dans le ciel pendant qu'il vivait encore ici-bas; et qu'il n'hésitait même pas, en l'absence du frère Rufin, à appeler celui-ci « saint Rufin, » avant même qu'il eût quitté ce monde. A la louange de Notre-Seigneur Jésus-Christ. *Amen.*

CHAPITRE XXX

De la belle prédication que firent, à Assise, saint François et le frère Rufin, quand ils prêchèrent tout nus [1].

1. Le frère Rufin [2] était si absorbé en Dieu, avec son goût de contemplation assidue, qu'il en était devenu comme insensible. Très rarement il ouvrait la bouche pour parler, sans compter qu'il n'était pas doué de la grâce de répandre la parole divine, n'ayant point l'audace nécessaire pour parler.

2. Or, saint François, un jour, ordonna au frère Rufin de se rendre à Assise, et, là, de prêcher au peuple tout ce que le Très-Haut lui inspirerait.

3. A quoi le frère Rufin répondit : « Mon révérend père, épargne-moi, et ne me confie pas une telle tâche ! Car, comme tu le sais, je n'ai point la grâce de l'éloquence, et je ne suis qu'un sot, simple et ignorant ! »

4. Mais saint François lui dit : « Puisque tu

[1] Titre latin : *De la merveilleuse obéissance du frère Rufin, compagnon du bienheureux François.*

[2] *Fioretti :* « Le susdit frère Rufin. »

ne m'as pas obéi sur-le-champ, j'exige maintenant, au nom de l'obéissance, que tu te rendes à Assise complètement nu, ne conservant que tes chausses! Et puis tu entreras dans une église quelconque, et, tout nu, tu prêcheras au peuple! »

5. Aussitôt Rufin, en véritable obéissant, se dévêtit et s'en alla, nu, vers Assise; et là, après avoir fait ses oraisons dans une église, il se leva pour prêcher. Sur quoi les enfants, et même bien des hommes d'âge, se mirent à rire en disant: « Voyez-vous, ces gens-là font une telle pénitence qu'ils en perdent la raison! »

6. Cependant saint François, songeant à la prompte obéissance du frère Rufin et à la dureté de son propre commandement, commença à se faire les reproches les plus vifs, en se disant: « De quel droit te permets-tu, fils de Pierre Bernardone, vil et misérable bout d'homme, d'ordonner ainsi au frère Rufin, qui est sorti de l'une des familles les plus nobles d'Assise, qu'il s'en aille prêcher au peuple après s'être dépouillé de tout vêtement?

7. « Par Dieu, tu vas éprouver sur toi-même ce que tu commandes à un autre! » Et puis, cela dit, dans la ferveur de l'Esprit Saint il se dépouilla de sa robe, et s'en alla, également nu, à Assise, emmenant avec soi le frère Léon, qui avait eu la sage précaution d'emporter la tunique du saint et celle du frère Rufin.

8. Or, quand les habitants d'Assise le virent nu, de nouveau ils le conspuèrent comme un fou, pensant que lui aussi, de même que le frère Rufin, avait perdu la tête à force de pénitence. Mais le bienheureux François[1] trouva le frère Rufin, qui déjà avait commencé à prêcher.

9. Et ce frère disait, d'une voix sévère : « O mes très chers amis, fuyez le monde et renoncez au péché ! Restituez le bien d'autrui, si vous voulez éviter l'enfer ; et observez les commandements, aimant Dieu et votre prochain, si vous voulez aller au ciel ; et *agite pœnitentiam, quoniam appropinquabit regnum cœlorum !* »

10. Et alors saint François monta en chaire, et prêcha en paroles si merveilleuses sur le mépris du monde, et la sainte pénitence, et la pauvreté volontaire, et le désir du royaume céleste, et puis sur la nudité et les opprobres et la très sainte passion de Notre-Seigneur Jésus-Christ crucifié,

11. que tous les hommes et toutes les femmes qui se trouvaient rassemblés là en grande abondance commencèrent à pleurer très profondément. Et, avec une dévotion et componction incroyables, ils élevaient leurs voix au ciel, invoquant la miséricorde du Très-Haut, à tel point que presque tous se trouvèrent amenés

[1] *Fioretti :* « Ayant pénétré dans l'église. »

à un état de véritable accablement spirituel.

12. Et il y eut à Assise, ce jour-là, un tel gémissement parmi cette assistance, que jamais dans cette ville on n'avait entendu tant de plaintes sur la Passion de Notre-Seigneur Jésus-Christ.

13. Et saint François, ayant ainsi édifié le peuple, et consolé les brebis du Christ, et d'une voix très haute les ayant bénis au nom de Notre-Seigneur Jésus-Christ, ordonna au frère Rufin de se rhabiller et se rhabilla lui-même avec lui.

14. Et, s'étant ainsi revêtus de leurs robes, et louant le Seigneur d'avoir permis qu'ils se vainquissent eux-mêmes et édifiassent les brebis du Christ, et leur fissent voir à quel point le monde devait être méprisé, ils revinrent au couvent de la Portioncule.

15. Et bienheureux s'estimaient ceux qui pouvaient toucher la bordure de leurs robes. A la louange de Notre-Seigneur Jésus-Christ. *Amen*.

CHAPITRE XXXI

Comment saint François connaissait en détail tous les secrets de conscience de chacun de ses frères[1].

1. Tout de même que Notre-Seigneur Jésus-Christ a dit dans l'Evangile : « Je connais mes brebis et mes brebis me connaissent », de même notre bienheureux père François, en bon pasteur, connaissait, par révélation divine, tous les mérites et vertus de ses compagnons.

2. Et il connaissait également leurs défauts et leurs vices, ainsi que le moyen d'y pourvoir par un remède opportun : en humiliant les superbes et en exaltant les humbles, en blâmant les vices et en louant les vertus, ainsi que chacun peut l'observer dans le récit des merveilleuses révélations qu'il avait touchant les premiers membres de la famille issue de lui.

3. Un jour, en effet, — pour ne rappeler qu'un de ces traits parmi beaucoup d'autres, — saint François, assis dans un certain petit couvent

[1] Titre latin : *Du frère Rufin, et comment il était une des trois âmes élues.*

avec ses compagnons, s'employait avec eux en entretiens sur les choses divines.

4. Or, le frère Rufin (homme infiniment remarquable par sa sainteté) ne prenait point part avec eux à ce pieux colloque, n'étant pas encore sorti du bois où il était allé se mettre en prière.

5. Et pendant que saint François, avec les compagnons susdits, continuait ses saintes exhortations et ses entretiens sur les choses divines, voici que le frère Rufin (noble citoyen d'Assise, mais serviteur de Dieu bien plus noble encore, ayant la pureté d'une vierge, et comme sublimé par la noble prérogative de la contemplation divine,

6. et puis, en outre, orné des fleurs d'une conduite parfumée vis-à-vis de Dieu et des hommes, voici qu'il) sortait en ce moment du bois où il s'était attardé à contempler les choses célestes, et passait non loin de saint François[1].

7. Donc, quand le saint l'eut aperçu à distance, il se retourna et demanda à ses compagnons : « Dites-moi, mes très chers amis, quelle est, à votre avis, l'âme la plus sainte que Dieu possède en ce monde ? » A quoi ils répondirent humblement qu'ils pensaient que saint François lui-même se trouvait honoré de ce privilège.

[1] Les quelques lignes placées entre parenthèses ne se retrouvent pas dans la traduction italienne.

8. Mais le saint, à son tour, leur répondit : « Moi, mes très chers frères, je suis l'homme le plus vil et le plus indigne que Dieu ait en ce monde ! Mais voyez-vous ce frère Rufin qui sort à présent du bois ? Eh bien ! Dieu m'a révélé que son âme est l'une des trois plus saintes que Dieu ait à présent en ce monde !

9. « Et je vous assure solennellement que je n'hésiterais pas à l'appeler saint Rufin même de son vivant ici-bas, attendu que son âme se trouve confirmée en grâce, et sanctifiée, et canonisée dans le ciel par Notre-Seigneur Jésus-Christ ! »

10. Or, le bienheureux François disait ces mots en l'absence dudit frère. Et ce saint père montrait par là que, en bon pasteur, il connaissait toutes ses brebis, et savait leurs vertus comme leurs défauts ; ce qu'il montra également à l'égard du frère Elie, lorsqu'il lui reprocha sa superbe [1] ; et aussi à l'égard du frère Jean de Capella, le jour où il lui prédit qu'il se pendrait en punition de sa malice.

11. Et il le montra également à l'égard d'un frère dont le diable avait envahi la gorge, pour le corriger de sa désobéissance (et puis aussi à l'égard de certains frères qui venaient de la Terre de Labour, et à l'un desquels il reprocha une

[1] Les *Fioretti* ajoutent : « A plusieurs reprises. »

injure qu'il avait adressée, en chemin, à son compagnon.

12. Mais il connaissait également celles de ses brebis chez lesquelles la grâce abondait, ainsi qu'il apparaît dans le cas du frère Bernard et dans celui du susdit frère Rufin, et dans ceux de plusieurs autres dont Dieu révélait la vertu exemplaire au bienheureux François, bon pasteur de ses brebis[1]). A la louange de Notre-Seigneur Jésus-Christ. *Amen.*

[1] Tout le passage entre parenthèses a été omis par le traducteur italien, qui l'a remplacé par ces mots : « Et ainsi que cela s'est vu dans le cas de maints autres frères, dont il connaissait clairement les défauts secrets et les vertus, par révélation du Christ bienheureux. »

CHAPITRE XXXII

Comment le frère Masseo obtint du Christ la vertu d'humilité[1].

1. Tous ces saints compagnons de notre bienheureux père François, pauvres en biens, mais riches de Dieu, ne cherchaient point à s'enrichir d'or ni d'argent, mais tâchaient de tout leur soin à s'enrichir des saintes vertus au moyen desquelles on parvient aux trésors véritables et éternels.

2. Et ainsi il arriva un jour que le frère Masseo, un des compagnons choisis du saint père, se trouvait en société de frères qui s'entretenaient de Dieu. Et l'un d'eux dit qu'il connaissait un certain homme ami de Dieu qui possédait une grande grâce aussi bien pour la vie active que contemplative,

3. et qui, cependant, joignait à cela un si profond abîme d'humilité qu'il s'estimait le plus grand des pécheurs ; et que cette humilité le sanctifiait et fortifiait, et le faisait croître sans

[1] Titre latin : *De quelle façon le Christ est apparu au frère Masseo de Marignan, compagnon de saint François.*

cesse dans les dons susdits, et (chose plus précieuse encore) jamais ne lui permettait de défaillir à Dieu.

4. Or, lorsque le frère Masseo entendit ces choses merveilleuses, et se rendit compte de l'existence d'un tel trésor de salut éternel, il fut brûlé d'un si grand désir de posséder ladite vertu d'humilité (digne entre toutes de la faveur divine),

5. que, dans l'excès de sa ferveur, élevant les yeux au ciel, il fit vœu solennellement de ne jamais consentir à éprouver de la joie en ce monde jusqu'au jour où il aurait conscience de posséder, dans son âme, cette parfaite humilité.

6. Et, ayant fait ce vœu avec un saint propos, il se tenait constamment enfermé dans sa cellule, et toujours s'affligeait et élevait vers Dieu des gémissements indicibles : car il avait l'impression d'être un homme tout à fait digne de l'enfer

7. s'il ne parvenait pas à cette très sainte humilité au moyen de laquelle cet ami de Dieu, dont il avait entendu l'histoire, tout en étant rempli de vertus se considérait comme inférieur à tous, et même s'estimait entièrement digne de l'enfer.

8. Et pendant que le frère Masseo demeurait ainsi dans la tristesse durant bien des jours, (s'éprouvant par la faim et la soif et d'abondantes larmes), voici que, un jour, il pénétra dans un

bois, et, allant par le bois, toujours violemment agité du désir susdit, il poussait des cris de douleur et soupirait et pleurait, demandant à Dieu de lui accorder ladite vertu.

9. Et comme Dieu daigne guérir ceux qui ont le cœur contrit, et exaucer les prières des humbles, voici qu'une voix du ciel lui arriva, appelant deux fois : « Frère Masseo ! frère Masseo ! » Et lui, reconnaissant la voix du Christ par révélation de l'Esprit Saint, il répondit : « Mon Seigneur ! » Et le Seigneur lui dit : « Que veux-tu donner, que veux-tu donner pour posséder cette grâce ? »

10. Et le frère Masseo répondit : « Les yeux de ma tête ! » Et le Seigneur lui dit : « Eh bien ! moi, je veux que tu possèdes à la fois tes yeux et cette grâce ! » Et, depuis lors, le frère Masseo demeura dans une telle grâce de l'humilité désirée, et dans une telle lumière de Dieu, qu'il ne cessait point de vivre dans la joie.

11. Et souvent, quand il priait, il émettait un certain cri de joie uniforme, et, d'une voix assourdie, faisait comme une tourterelle : « Ou ! Ou ! Ou ! » et se livrait à la contemplation avec un visage tout gai et riant ; et puis, avec cela, étant devenu tout à fait humble, il se considérait comme le dernier de tous les hommes.

12. Et le frère Jacques de Fallerone (de sainte mémoire) lui demanda un jour pourquoi il ne

changeait pas de ton, dans l'expression de sa joie. Et le frère Masseo lui répondit, avec grande allégresse : « C'est parce que, lorsqu'on a trouvé tout bien dans une certaine chose, on n'éprouve pas le besoin de changer de chanson ! » A la louange de Notre-Seigneur Jésus-Christ. *Amen.*

SIMONE MARTINI

SAINTE CLAIRE

(fresque).

Basilique d'Assise.

CHAPITRE XXXIII

Comment sainte Claire, par ordre du pape, bénit le pain qui était sur la table, si bien que sur ce pain apparut le signe de la Croix [1].

1. Sainte Claire, élève très pieuse de la Croix, et petite plante précieuse de saint François, était d'une telle sainteté que non seulement les évêques et cardinaux, mais aussi le souverain pontife désiraient affectueusement l'entendre et la voir, et souvent même venaient en personne lui faire visite.

2. Et ainsi il arriva, certain jour, que le pape se rendit au monastère de sainte Claire, afin d'écouter les célestes et divins entretiens de celle qui était vraiment un sanctuaire du Saint-Esprit.

3. Et comme, pendant longtemps, tous deux s'étaient entretenus du salut de l'âme et de la louange divine, sainte Claire ordonna de préparer des pains pour les sœurs, sur toutes les tables,

[1] Titre latin : *Comment sainte Claire, par l'ordre du seigneur pape, imprima miraculeusement sur des pains le signe de la croix.*

avec l'intention de conserver ces pains qui auraient été bénis par le vicaire du Christ.

4. Puis, la très sainte collation étant achevée[1], sainte Claire, s'agenouillant avec grande révérence, pria le souverain pontife de daigner bénir les pains qui lui étaient présentés. Mais le pape répondit : « Très fidèle sœur Claire, je veux que tu bénisses toi-même ces pains, et que tu fasses sur eux la bénédiction de ce Christ à qui tu t'es offerte tout entière en sacrifice substantiel ! »

5. A quoi sainte Claire répondit : « Très saint père, épargnez-moi ! car je serais à coup sûr grandement répréhensible, si, en présence du vicaire du Christ, moi qui suis une pauvre femme toute vile, j'avais la présomption de bénir ces pains ! »

6. Et le pape lui dit : « Afin que cet acte ne te soit pas imputé comme une présomption, mais afin que, en outre, tu en retires du mérite, c'est au nom de la sainte obéissance que je t'ordonne de faire, sur ces pains, le signe de la croix, et de les bénir au nom de Notre-Seigneur Jésus-Christ ! »

7. Et elle, en vraie fille de l'obéissance, faisant sur ces pains le signe de la croix, très pieusement elle les bénit. Mais voici que, chose en vérité

[1] Le traducteur italien a substitué au mot : « collation » celui de : « conversation », qui pourrait bien avoir figuré vraiment dans les premiers manuscrits des *Actus*.

prodigieuse! voici qu'aussitôt, sur tous ces pains, apparut un très beau signe de croix!

8. De ces pains quelques-uns furent mangés avec grande dévotion, tandis que d'autres étaient conservés pour porter témoignage du miracle dans l'avenir. Et le pape, de plus, admirant cette croix sainte ainsi produite par l'épouse du Christ, s'empressa de rendre grâces à Dieu, et bénit ensuite la bienheureuse Claire, en la remplissant de consolation.

9. Or, il y avait alors, dans ledit monastère, la mère de sainte Claire, et sa sœur Agnès, toutes deux pleines de l'Esprit Saint, ainsi qu'un grand nombre d'autres saintes moniales et épouses du Christ, aux soins desquelles saint François confiait un grand nombre de malades.

10. Et elles, par la vertu de cette Croix qu'elles adoraient de tout leur cœur, il leur suffisait de faire un signe de croix sur un de ces malades pour le guérir de ses maux. A la louange de Notre-Seigneur Jésus-Christ. *Amen.*

CHAPITRE XXXIV

Comment saint Louis, roi de France, en propre personne, sous l'apparence d'un pèlerin, se rendit à Pérouse pour y visiter le saint frère Egide [1].

1. Lorsque saint Louis, roi de France, eut résolu de faire un pèlerinage (de sept ans) aux sanctuaires de la chrétienté, et comme il avait entendu proclamer la sainteté du saint frère Egide, il décida, dans son cœur, d'aller lui faire visite.

2. Et ainsi, dans ce pèlerinage, il fit un détour vers Pérouse, où il avait appris que demeurait ledit frère. Et là, arrivant à la porte des frères, comme le plus pauvre des pèlerins et le plus obscur, en très petite compagnie, il demanda avec instance le saint frère Egide [2].

3. Sur quoi le portier alla trouver le frère

[1] Titre latin : *De la révélation merveilleuse qui a été faite aux cœurs du saint frère Egide et de saint Louis, roi de France.*

[2] *Fioretti :* « Sans dire aucunement au portier quel homme était celui qui demandait à le voir. »

Egide et lui dit qu'un certain pèlerin le demandait, à la porte. Et ledit frère, aussitôt, par révélation spirituelle, reconnut qui était son visiteur ;

4. et, sortant de sa cellule comme un homme ivre, et courant vers la porte aussi rapidement qu'il pouvait, tous les deux ensuite se jetèrent dans les bras l'un de l'autre, et se couvrirent de pieux baisers, s'étant mis à genoux l'un devant l'autre, comme si d'une amitié très ancienne ils s'étaient connus auparavant.

5. Et puis, ayant montré tous ces signes du plus tendre amour, ils s'éloignèrent l'un de l'autre sans s'être dit un seul mot, mais en observant un silence absolu [1].

6. Or, lorsque saint Louis se fut éloigné, un de ses compagnons, interrogé par les frères afin de savoir quel était ce visiteur qui s'était si tendrement embrassé avec le frère Egide, répondit que c'était le roi Louis de France qui, se rendant en pèlerinage, avait voulu visiter ce saint frère.

7. Sur quoi les compagnons du frère Egide lui dirent avec reproche [2] : « O frère Egide, comment est-il possible que, recevant la visite d'un

[1] *Fioretti :* « Et saint Louis s'en alla poursuivre son voyage, et le frère Egide s'en retourna dans sa cellule. »

[2] *Fioretti :* « Sur quoi tous les autres frères eurent un grand chagrin de ce que le frère Egide n'eût pas adressé la parole à son visiteur ; et, d'un ton de reproche, il lui dirent », etc.

tel roi, qui est venu de France pour te voir et pour entendre de toi quelque bonne parole, tu n'aies voulu rien lui dire ? »

8. Mais le frère Egide répondit : « Très chers frères, ne vous étonnez point si mon visiteur ni moi-même n'avons pu rien nous dire : parce que, dès l'instant où nous nous sommes embrassés, la lumière de la sagesse divine m'a révélé son cœur, et à lui le mien !

9. « Et ainsi, placés devant ce miroir éternel, tout ce que mon visiteur pensait à me dire, ou moi à lui, nous l'avons entendu sans aucun bruit des lèvres ni de la langue, avec une pleine consolation, et bien mieux que si nous nous étions parlés par nos lèvres.

10. « Et que si nous avions voulu exprimer par des paroles les choses que nous sentions, les paroles auraient plutôt contribué à nous désoler qu'à nous consoler. Sachez donc que ce saint roi, tout de même que moi, s'est éloigné de cet entretien avec une consolation merveilleuse ! »[1]

[1] *Fioretti* : « A la louange du Christ. *Amen.* »

CHAPITRE XXXV

Comment sainte Claire, étant malade, fut miraculeusement transportée dans l'église de saint François, durant la nuit de Noël, et y entendit l'office [1].

1. Comme la très pieuse épouse du Christ (celle qui était vraiment Claire en réalité comme par son nom) [2], demeurait à Saint-Damien, gravement malade de corps, et désolée de ne pouvoir pas se rendre à la chapelle avec ses sœurs pour célébrer les heures canoniques ;

2. lorsqu'ensuite arriva la solennité de la naissance de Notre-Seigneur Jésus, où les sœurs avaient l'habitude de célébrer les matines et de communier pieusement à la messe de nuit,

3. cette bienheureuse Claire, pendant que toutes ses sœurs se rendaient à la chapelle, resta seule dans sa cellule [3], accablée par sa maladie,

[1] Titre latin : *Comment sainte Claire, la nuit de Noël, fut transportée dans l'église de saint François.*

[2] *Fioretti :* « Sainte Claire. »

[3] *Fioretti :* « Dans son lit. »

et grandement affligée de ne pouvoir pas assister aux saints sacrifices.

4. Mais le Seigneur Jésus, voulant consoler cette fidèle épouse, lui permit d'assister en présence spirituelle aussi bien aux matines qu'à la messe et à toutes les solennités de la fête, et cela dans l'église de saint François ;

5. de telle façon que, jusqu'à la fin de la messe, elle entendit très nettement aussi bien les chants des frères que les jeux des orgues. Et, qui plus est, elle reçut la sainte communion, dont elle resta pleinement consolée[1].

6. Or, lorsque les sœurs, ayant assisté à tout l'office de Saint-Damien, revinrent auprès d'elle, elles lui dirent : « O très chère dame Claire, quelle grande consolation nous avons eue dans cette fête de la Nativité du Sauveur ! et combien nous aurions souhaité que vous pussiez être là avec nous ! »

7. Mais sainte Claire leur répondit : « Je rends grâce à mon Dieu béni Jésus-Christ, bien chères sœurs et filles, parce que j'ai été consolée en assistant, cette nuit, à toutes les solennités, et même à des cérémonies plus grandes et plus pieuses que celles où vous avez pris part.

8. « En effet, avec l'assistance de mon Seigneur Jésus-Christ, et sur l'intercession de mon

[1] Les *Fioretti* ajoutent : « Et puis fut miraculeusement rapportée dans son lit. »

bienheureux père saint François, j'ai été transportée dans l'église du susdit père et, des oreilles de mon corps aussi bien que de celles de mon âme, j'y ai entendu tous les chants et le son de l'orgue, et, en outre, j'y ai reçu la sainte communion!

9. « Et donc, mes sœurs, réjouissez-vous d'une grâce si merveilleuse qui m'a été accordée, et louez de tout votre cœur le bienheureux Jésus-Christ (puisque, tout en restant couchée ici, malade comme vous me voyez, j'ai pu, je ne sais comment, soit avec mon corps ou en dehors de lui, assister à la solennité tout entière, ainsi que je viens de vous le dire, dans l'église de saint François[1])! »

A la louange de Notre-Seigneur Jésus-Christ. *Amen*.

[1] Tout ce passage entre parenthèses a été omis par le traducteur italien.

CHAPITRE XXXVI

Comment saint François expliqua au frère Léon une belle vision que ce frère avait eue [1].

1. Un certain jour, pendant que saint François était gravement malade, le frère Léon le servait avec grande piété et sollicitude. Or, comme, ce jour-là, le frère Léon se tenait auprès du bienheureux François et s'abandonnait à l'oraison, il fut ravi en extase, et transporté auprès d'un très grand fleuve très impétueux et très large.

2. Et là, comme il regardait ceux qui traversaient le fleuve, il vit certains frères lourdement chargés qui s'engageaient dans l'eau. Et ceux-là, aussitôt, étaient renversés par l'impétuosité dudit fleuve, et l'abîme vorace les engloutissait.

3. D'autres allaient jusqu'au tiers du fleuve, et périssaient là ; d'autres encore jusqu'au milieu, et d'autres presque jusqu'au bout ; mais tous,

[1] Titre latin : *D'une vision du frère Léon, et comment cette vision fut révélée à saint François.*

en raison des sacs et des fardeaux qu'ils portaient, et chacun de façon différente d'après la diversité de leur charge, se trouvaient enfin engloutis par le fleuve, et périssaient très cruellement sans possibilité de salut.

4. Or, le frère Léon, à la vue d'un tel péril, était rempli de compassion pour eux. Et voici que, tout à coup, certains frères apparurent qui ne portaient aucune charge ni aucune espèce de sacs, et dans lesquels brillait la seule pauvreté. Et ceux-là, entrant dans le fleuve, le traversaient sans aucun dommage[1].

5. Or saint François, sachant par l'Esprit divin que le frère Léon avait eu une certaine vision (lorsque ce frère fut revenu à soi) l'appela et lui dit : « Mon enfant, raconte-moi ce que tu as vu ! » Et le frère lui rapporta en détail tout ce qu'il avait vu.

6. Et saint François lui dit : « Ce que tu as vu est bien vrai : car ce fleuve est le monde présent ! Les frères qui sont engloutis par le fleuve, ce sont ceux qui ne suivent pas la profession évangélique et la pauvreté volontaire ;

7. « et ceux que tu as vus traverser le fleuve sans encombre, ceux-là sont les frères possédant l'esprit de Dieu, ceux qui n'aiment rien de terrestre, rien de charnel, ni ne le recherchent,

[1] Les *Fioretti* ajoutent : « Et puis, ayant vu cela, le frère Léon revint à soi. »

ni ne le possèdent, mais, ayant des *aliments et de quoi se couvrir, se contentent de cela,*

8. « Imitant l'exemple du Christ qui a été cloué nu sur la croix, et embrassant chaque jour le fardeau de sa croix et le joug, infiniment léger et doux, de son obéissance. Et voilà pourquoi ils passent du séjour temporel à la douceur éternelle avec cette facilité que tu as vue, et sans le moindre danger ! »

A la louange de Notre-Seigneur Jésus-Christ. *Amen.*

CHAPITRE XXXVII[1]

Comment le bienheureux Jésus-Christ, sur la prière de saint François, amena un noble et riche chevalier à se convertir et à se faire frère, après que ledit chevalier eut grandement honoré saint François et lui eut fait des offres magnifiques[1].

Un jour, très tard dans la soirée, le serviteur du Christ saint François, étant arrivé à la maison d'un grand et puissant gentilhomme, fut reçu par celui-ci en hospitalité, tout de même que son compagnon, avec une très grande courtoisie et dévotion, comme deux anges du paradis. En raison de quoi saint François lui voua une grande affection, considérant que, dès son entrée dans la maison, cet homme l'avait embrassé et baisé tendrement, et puis qu'il lui avait lavé les pieds, les avait essuyés et baisés humblement, et ensuite avait fait allumer un grand feu et apprêter un repas avec nombre de mets

[1] Ce chapitre ne se trouve pas dans le texte latin des *Actus*, et l'on ignore d'où le traducteur italien a pu le tirer. Aussi l'ai-je directement traduit d'après la version italienne.

excellents, et, tandis que les deux frères mangeaient, ne s'était point relâché de les servir avec un visage tout joyeux. Or donc, lorsque saint François et son compagnon eurent mangé, ce gentilhomme dit au saint : « Voici, mon père ! je me mets à votre disposition avec tout ce qui est à moi. Toutes les fois que vous aurez besoin d'une tunique ou d'un manteau, ou d'une chose quelconque, achetez et je paierai ; et sachez que je suis prêt à pourvoir à tous vos besoins, étant donné que je puis le faire, par la grâce de Dieu, puisqu'il se trouve que j'abonde en tous biens temporels et que, par amour pour Celui qui me les a donnés, volontiers je les emploie à servir Ses pauvres ! » Là-dessus saint François, en voyant chez lui tant de courtoisie et de tendresse à son égard, et la magnificence de ses offres, conçut pour lui une telle affection que, plus tard, après avoir pris congé de lui, il s'en allait disant à son compagnon : « En vérité, ce gentilhomme serait bon pour faire partie de notre société, avec cette reconnaissance qu'il a envers Dieu, et cette tendresse et courtoisie qu'il fait voir envers son prochain et les pauvres ! Sache en effet, mon très cher frère, que la courtoisie est une des qualités de Dieu, qui, par courtoisie, donne son soleil et sa pluie aussi bien aux méchants qu'aux bons ; et la courtoisie est également sœur de la charité, qui rejette la haine et conserve l'amour. Et puisque j'ai reconnu chez cet homme de bien la présence d'une vertu si divine, c'est volontiers que je le verrais pour compagnon ; et, donc, je veux qu'un jour nous retournions chez lui, pour le cas où Dieu lui aurait touché le cœur jusqu'à vouloir nous accompagner à son divin service ; et en attendant, nous allons demander à Dieu qu'il lui mette au cœur ce désir, et lui donne la grâce de le réaliser ! »

Chose merveilleuse ! peu de jours après que saint François eut adressé à Dieu la prière susdite, voici que le Seigneur mit vraiment ce désir au cœur dudit gentilhomme ! Et saint François dit alors à son compagnon : « Mon cher petit frère, allons aujourd'hui chez cet homme si courtois ! Car j'ai l'espérance certaine en Dieu que cet homme, avec une telle courtoisie dans les choses temporelles, voudra bien se donner soi-même à nous pour devenir notre compagnon ! » Et les voici partis, et comme déjà ils arrivaient auprès de la maison de leur ancien hôte, saint François dit à son compagnon : « Attends-moi un peu, car je veux d'abord demander à Dieu qu'il fasse prospérer notre voyage, et que, cette noble proie que nous avons l'idée d'enlever au monde, il plaise au Christ de nous l'accorder, à nous pauvres et faibles petites créatures, par la vertu de sa très sainte Passion ! » Et puis, cela dit, il se met en prière dans un endroit où il pouvait être vu du susdit gentilhomme ; et ainsi, suivant le bon plaisir de Dieu, voilà que cet homme, en regardant çà et là autour de sa maison, aperçoit le saint pieusement plongé en oraison devant le Christ, qui, tendrement, lui était apparu pendant ladite oraison, et se tenait devant lui ! Et il voit le saint soulevé de terre, corporellement, pendant un assez long espace de temps ; et tout cela le remplit à ce point de Dieu et lui inspire un tel désir d'abandonner le monde que, sur-le-champ, il sort de son palais, accourt vers saint François dans la ferveur de l'Esprit Saint, et, arrivé auprès du saint qui continuait à se tenir en prière, il s'agenouille à ses pieds, et, avec une insistance et une dévotion extrêmes, lui demande de vouloir bien l'admettre à faire pénitence en sa compagnie.

Alors saint François, voyant que sa prière avait été exaucée, et que ce gentilhomme lui demandait avec grande instance précisément ce que lui-même avait désiré, se relève dans la ferveur et la joie de l'Esprit et embrasse cet homme et le couvre de baisers, en remerciant pieusement le Seigneur qui avait daigné adjoindre à sa chère famille un chevalier de l'espèce de celui-là. Et ce gentilhomme dit à saint François : « Mon père, que m'ordonnes-tu de faire ? Vois, je suis tout prêt, pour t'obéir, à donner aux pauvres tout ce que je possède, et puis à suivre le Christ avec toi, ainsi déchargé de tout bien temporel ! »

Et il fit en sorte que, selon le commandement de saint François, il distribua tous ses biens aux pauvres et entra dans l'ordre, et y vécut en grande pénitence et sainteté de vie et pureté d'entretiens. A la louange du Christ. *Amen.*

CHAPITRE XXXVIII

Comment saint François connut en esprit que le frère Élie était damné et devait mourir en dehors de l'ordre; en conséquence de quoi, sur la requête du frère Élie, il invoqua le Christ en sa faveur et fut exaucé [1].

1. (Plus d'une fois notre bienheureux père saint François a réussi, par sa pieuse prière, à faire révoquer une sentence de Dieu contre un pécheur, ainsi qu'il apparaît dans le cas du frère Elie, qui fut le second ministre général de l'ordre après le bienheureux François [2].)

2. Car, lorsque furent révélées au bienheureux François la future apostasie dudit frère Élie envers l'ordre et l'Église, ainsi que sa

[1] Titre latin : *Comment le péché du frère Élie fut révélé à saint François, et de l'efficacité de la prière du bienheureux saint François en faveur dudit Élie, lorsqu'elle obtint de Dieu le pardon de celui-ci.*

[2] Le passage entre parenthèses a été supprimé dans la traduction italienne, où le présent chapitre débute ainsi : « Une fois que saint François demeurait dans un couvent en compagnie du frère Elie, il fut révélé de Dieu au saint que ledit frère était damné », etc.

damnation, saint François se mit d'abord à éviter tout à fait ledit frère Élie,

3. de telle sorte qu'il ne voulait point passer par un chemin où se trouvait ce frère, ni le regarder, ni lui parler, ni entrer en rapports avec lui pendant qu'ils mangeaient ensemble. Mais le frère Elie, méditant cette attitude de son maître, demanda au saint pourquoi il l'évitait ainsi.

4. Saint François lui répondit en lui disant qu'il devait, dans l'avenir, commettre le crime d'apostasie, et être damné. Ce qu'entendant le frère Elie, tout fondu en larmes, et s'étant jeté aux pieds de saint François, lui dit :

5. « Je t'en conjure, veuille supplier Dieu pour moi, ta brebis ! Car j'ai une telle confiance dans l'efficacité de tes prières que, si même je me trouvais au fond de l'enfer, et que tu priasses Dieu pour moi, je suis sûr que j'en sentirais un certain soulagement! Et à plus forte raison j'y ai confiance maintenant, puisque Dieu peut changer sa sentence, si l'homme change sa faute. Donc, invoque Dieu pour moi ! »

6. Alors le bienheureux saint François, ému des larmes du frère Elie, commença à prier pour lui, et sa prière fut exaucée du Seigneur. Et il, dit au frère Elie qu'il ne serait point damné. encore bien qu'il fût destiné à devenir apostat

7. Et c'est, en effet, ce qui eut lieu. Car le

frère Élie, lorsqu'il fut déposé de l'office du généralat par le seigneur pape Grégoire IX, et que fut élu à sa place le frère Albert de Pise, alors ministre d'Angleterre, adhéra au parti de l'empereur Frédéric.

8. Ce pour quoi il fut excommunié par le pape, et dépouillé de l'habit de l'ordre [1]. Mais comme, ensuite, le frère Élie, se trouvant en Sicile, y était tombé malade, son frère selon la chair, qui était frère lai de l'ordre des Mineurs, obtint permission d'aller le voir et se rendit en Sicile.

9. Et, l'ayant trouvé malade, il fit si bien que le frère Elie reconnut sa faute, en paroles ainsi que dans une lettre qu'il écrivit au pape.

10. Après quoi son frère, ayant porté cette lettre au pape, obtint pour lui l'absolution et l'autorisation de revêtir l'habit de l'ordre. Puis il revint vers le frère Elie, qui vivait encore.

11. Et ainsi le frère Elie, absous de l'excommunication, et revêtu à nouveau de l'habit de l'ordre, et ayant reçu les sacrements de l'Eglise,

Fioretti : « Et ainsi il en advint : car Frédéric, roi de Sicile, s'étant révolté contre l'Eglise, et le pape ayant excommunié ce prince et toute personne qui lui accorderait aide ou conseil, le susdit frère Elie, qui était réputé l'un des hommes les plus intelligents du monde, sur la requête dudit roi Frédéric se rangea de son côté, et devint rebelle à l'Eglise et apostat de l'ordre ; en raison de quoi il fut excommunié par le pape, et privé de l'habit de saint François. »

acheva sa vie en paix, sauvé par la prière et les mérites du bienheureux François[1].

[1] Toute cette dernière partie du chapitre a été considérablement modifiée par le traducteur italien. Voici en quels termes les *Fioretti* nous racontent la conversion finale du frère Elie :

Or donc le frère Élie, pendant qu'il était ainsi excommunié, tomba gravement malade ; et lorsque la nouvelle de cette maladie parvint à l'un de ses frères selon la chair, qui, étant frère lai, avait continué à rester dans l'ordre et était homme de vie bonne et honnête, ce frère se mit en route pour aller le voir, et entre autres choses lui dit : « Mon très cher frère, cela m'afflige grandement que tu sois excommunié et rejeté hors de ton ordre, et que tu doives mourir en cet état ! Mais si tu voyais une voie ou un moyen qui me permît de te tirer de ce péril, c'est bien volontiers que je m'imposerais toutes les peines pour te servir ! » A quoi le frère Elie répondit : « Mon frère, je ne vois aucun autre moyen, sinon que tu ailles trouver le pape, pour le prier que, par amour de Dieu et de saint François, serviteur de Dieu, dont l'enseignement m'a jadis fait renoncer au monde, il daigne m'absoudre de l'excommunication et me restituer l'habit de l'ordre ! » Le frère dit alors que bien volontiers il était prêt à se fatiguer pour son salut ; et, prenant congé de lui, il s'en alla aux pieds du Saint-Père, qu'il pria humblement de faire grâce à son frère pour l'amour du Christ et de saint François son serviteur. Et, suivant le bon plaisir de Dieu, le pape lui accorda que, si, en revenant auprès du frère Elie, il trouvait celui-ci encore en vie, il pût l'absoudre en son nom de l'excommunication et lui restituer l'habit de l'ordre. Sur quoi ledit frère repartit tout joyeux, et en grande hâte s'en retourna vers le frère Elie qu'il trouva encore vivant, mais déjà quasi sur le seuil de la mort, et qu'il put ainsi absoudre de l'excommunication ; et après qu'il lui eut remis l'habit de l'ordre, le frère Elie passa de cette vie, et son âme fut sauvée par les mérites de saint François ainsi que par la prière de ce saint, en laquelle le frère Élie avait mis tant d'espérance. A la louange du Christ. *Amen.*

CHAPITRE XXXIX

De la merveilleuse prédication que fit, dans le consistoire, saint Antoine de Padoue, frère mineur[1].

1. Ce vase admirable de l'Esprit Saint, saint Antoine de Padoue, l'un des disciples élus du bienheureux François, et que celui-ci appelait son évêque[2], prêchait un jour, devant le pape et les cardinaux, dans un concile où se trouvaient des Grecs et des Latins, des Français et des Allemands, des Slaves et des Anglais, ainsi qu'une foule d'autres hommes parlant des langues diverses,

2. Or, saint Antoine, inspiré de l'Esprit Saint et enflammé de la langue apostolique, prononça des paroles d'une douceur de miel que tous ces hommes de langages si divers, assemblés dans ledit concile, entendirent très nettement et comprirent distinctement ; et ainsi il les rendit

[1] Titre latin : *Comment saint Antoine, prêchant, fut clairement compris par les hommes de langues diverses.*

[2] *Fioretti* : « Son vicaire. »

suspendus à ses lèvres avec tant d'admiration et de dévotion

3. qu'il semblait que se fût renouvelé, ce jour-là, l'ancien miracle des apôtres[1], car tout le monde s'émerveillait et disait : « Cet homme n'est-il pas Espagnol? Et comment se fait-il que, nous tous, nous l'entendions dans notre langue natale, Grecs et Latins, Français et Allemands, Slaves et Anglais, Lombards et Barbares?. »

4. Et le pape lui-même, étonné de tant de choses profondes que disait saint Antoine sur les Écritures divines, s'écria : « En vérité, celui-là est l'arche du Testament, et l'arsenal des Saintes Écritures ! »

5. (Tels sont les compagnons qu'a eus notre chef François, des hommes qui pouvaient nourrir de la moelle de l'Esprit Saint et munir d'armes célestes contre les pièges de l'Ennemi non seulement le troupeau du Christ, mais jusqu'au vicaire même du Christ avec son vénérable collège[2] !) A la louange de Notre-Seigneur Jésus-Christ, qui est béni dans les siècles des siècles. *Amen.*

[1] *Fioretti :* « Au jour de la Pentecôte, lesquels apôtres, par la vertu de l'Esprit Saint, parlaient toutes les langues. »

[2] Tout ce passage a été omis dans la traduction italienne.

CHAPITRE XL

Du miracle que Dieu fit lorsque saint Antoine, étant à Rimini, prêcha aux poissons de la mer[1].

1. Notre-Seigneur Jésus-Christ, voulant montrer combien était grande la sainteté de son très fidèle Antoine, et avec quelle dévotion il convenait d'écouter sa prédication et sa sainte doctrine, se servit d'animaux privés de raison, à savoir de poissons, pour rétorquer la sottise des ignorants et des infidèles et hérétiques, de même que jadis une ânesse avait retorqué la sottise de Balaam.

2. Car, lorsque le bienheureux Antoine se trouvait à Rimini, où demeurait une grande foule d'hérétiques, voulant les ramener à la lumière de la vraie foi et dans les voies de la vérité, pendant nombre de jours il leur prêchait touchant les Ecritures catholiques.

3. Mais eux, devenus de pierre à force d'obstination, non seulement n'acquiesçaient pas à

[1] Titre latin : *Comment saint Antoine, en prêchant à des poissons, convertit à la foi un grand nombre d'hérétiques.*

ses saints discours, mais, en outre, dédaignaient de l'écouter.

4. Or saint Antoine, sous l'inspiration divine, s'approcha un jour de l'embouchure du fleuve, tout près de la mer, et, se tenant sur le rivage qui était voisin à la fois de la mer et du fleuve, il se mit à appeler les poissons, au nom de Dieu, en manière de prédication, leur disant : « Écoutez la parole de Dieu, ô poissons de la mer et du fleuve, puisque ces infidèles hérétiques dédaignent de l'entendre ! »

5. Et voici que, sur-le-champ, apparut devant saint Antoine une telle multitude de poissons, petits et grands, que jamais on n'en avait vu de semblables dans ces régions ! Et tous tenaient la tête un peu soulevée au-dessus de l'eau.

6. (Vous auriez vu là les gros poissons s'attacher aux plus petits, et les plus petits passer ou rester pacifiquement sous les nageoires des plus gros. Vous auriez vu aussi les diverses espèces de poissons courir vers leurs semblables, et constituer ainsi comme un grand champ peint et décoré merveilleusement avec une varité infinie de couleurs, tourné vers le visage du saint.

7. Et vous auriez vu là des troupes de poissons grands et gros ordonnées comme les armées d'un camp, prendre position pour entendre le sermon. Et vous auriez vu des poissons de taille moyenne s'installer dans des positions moyennes,

et, comme instruits par Dieu, rester à leurs places sans aucun désordre.

8. Et vous auriez vu là une foule abondante et populeuse de tout petits poissons se hâter de toutes parts, comme des pèlerins vers une indulgence, et s'approcher au plus près du saint père, comme des enfants qui accourent se ranger sous la protection de leur maître.

9. Et ainsi, dans l'auditoire de cette prédication, ordonnée par Dieu, se tenaient au premier rang, le plus près de saint Antoine, les plus petits poissons, au second rang les moyens, et au troisième, là où l'eau était la plus profonde, les plus gros de tous [1].)

10. Et puis, lorsque l'auditoire se trouva ainsi installé en ordre, saint François commença à prêcher solennellement, en disant : « O mes frères les poissons, il convient que vous rendiez beaucoup de grâces à notre Créateur, qui vous a donné pour habitation le plus noble de ses éléments, de façon à vous laisser disposer, suivant qu'il vous convient, des eaux douces et salées !

11. « En outre, il vous a offert de multiples refuges, pour vous permettre d'éviter les intem-

[1] Toute cette naïve description a été omise par le traducteur italien, qui s'est borné à dire : « Au premier rang et le plus près du rivage se tenaient les petits poissons, et derrière eux les poissons moyens, et plus en arrière encore, là ou l'eau était plus profonde, se tenaient les grands poissons. »

péries des saisons. Et il a étendu au-dessus de vous un élément diaphane et limpide, et vous a préparé des voies où aller, ainsi que des aliments à consommer, afin de pouvoir vivre. Et ces aliments qui vous sont nécessaires, le Créateur plein de bonté vous les fournit même dans les profondeurs de l'abîme.

12. « Et vous, dès la création du monde, vous avez reçu de Dieu, avec sa bénédiction, le précepte qui vous exhortait à vous multiplier. Dans le déluge, ensuite, pendant que d'autres espèces animales périssaient, vous avez été conservés sains et saufs. Et maintenant, ornés de nageoires et renforcés ainsi, vous courez de toutes parts, suivant qu'il vous plaît !

13. « Et il vous a été donné, par ordre divin, de conserver intact un prophète du Seigneur, Jonas, et puis, le troisième jour, de le déposer sur le sol sans aucun dommage. Plus tard encore, vous avez offert la monnaie du cens au Seigneur Jésus-Christ, alors que, comme un pauvre, il n'avait pas de quoi payer l'impôt

14. « (Vous avez fait partie, par une faveur expresse, du repas du Roi Éternel, Notre-Seigneur Jésus-Christ, avant sa résurrection[1]). Et en raison de tout cela, vous êtes tenus de louer et de bénir beaucoup le Seigneur, de qui vous

[1] Ce dernier membre de phrase a été judicieusement omis par le traducteur italien.

avez déjà reçu tant de bienfaits en propre, à la différence des autres animaux ! »

15. Et en entendant ces paroles et d'autres exhortations semblables, quelques-uns des poissons émettaient des sons de voix, d'autres ouvraient leurs bouches, et tous inclinaient la tête, louant le Très-Haut par tous les signes qu'ils pouvaient employer.

16. Et saint Antoine, réconforté en esprit par cette révérence des poissons, s'écriait, à voix très haute : « Que béni soit le Dieu éternel, de ce que ces poissons aquatiques honorent Dieu plus que font les hommes infidèles, et de ce que des bêtes sans raison écoutent mieux sa parole que des hommes hérétiques ! »

17. Et à mesure que saint Antoine continuait de prêcher, d'autant plus s'accroissait la multitude des poissons, et aucun d'eux ne se retirait de la place où il s'était installé. Et comme le peuple de la ville, et même les susdits hérétiques, étaient accourus pour assister à un tel miracle,

18. en voyant un prodige aussi insolite et aussi justement admirable que celui de ces bêtes occupées à écouter saint Antoine, tous furent touchés dans leurs cœurs, et s'assirent aux pieds[1] de saint Antoine, afin qu'il leur prêchât à leur tour.

[1] *Fioretti* : « Se jetèrent aux pieds. »

19. Et alors saint Antoine, ouvrant la bouche, leur prêcha si merveilleusement sur la foi catholique qu'il convertit tous les hérétiques qui se trouvaient là, et les renvoya avec joie et bénédiction, fidèlement fortifiés dans la foi.

20. Et les poissons, de leur côté, ayant été congédiés par saint Antoine, s'en allèrent tous satisfaits et joyeux, avec des jeux étonnants et des signes divers d'applaudissement, chacun s'en retournant dans leurs diverses provinces.

21. Et, après cela, pendant nombre de jours saint Antoine, en prêchant à Rimini, y produisit de grands fruits aussi bien dans la conversion des hérétiques que dans la dévotion des clercs. A la louange de Notre-Seigneur Jésus-Christ, qui est béni dans les siècles des siècles. *Amen.*

CHAPITRE XLI

Comment le vénérable frère Simon a délivré d'une grande tentation un certain frère qui, à cause de cette tentation, avait résolu de dépouiller l'habit de l'ordre [1].

1. Dans les premiers temps de l'ordre, pendant que vivait encore saint François, entra dans cet ordre un jeune homme d'Assise appelé le frère Simon, que le Très-Haut avait entouré d'une telle grâce de bénédiction et de douceur, et qu'il avait amené à une telle élévation d'âme et contemplation, que sa vie entière n'était qu'un miroir de sainteté, et que l'on voyait dans son âme une image parfaite de la bonté divine.

2. Et, suivant ce que j'ai entendu raconter par ceux qui avaient pu vivre avec lui, ce frère ne se montrait que très rarement hors de sa cellule; et toujours, lorsqu'il se tenait parmi ses frères, il ne s'occupait que d'entretiens sur les choses divines.

[1] Ce chapitre n'a pas été emprunté par le traducteur des *Fioretti* aux *Actus*, mais à la *Chronica XXIV Generalium*, d'où je l'ai traduit.

3. Ce frère n'avait jamais appris la grammaire, et il passait presque toute sa vie dans les bois ; et cependant il parlait en termes si profonds et si hauts de Dieu et de l'amour du Christ que ses paroles semblaient surhumaines.

4. Et ainsi, certain soir, comme il s'était rendu dans un bois avec le frère Jacques de Massa et d'autres, afin de parler de Dieu, il parla si doucement de l'amour du Christ et si pieusement, suivant ce que m'a raconté le frère susdit, que, bien qu'ils eussent passé la nuit entière à ces entretiens, il leur semblait n'être restés là que très peu de temps.

5. Ce frère Simon jouissait d'une telle douceur d'esprit que, lorsqu'il pressentait une visitation divine et une inflammation de l'amour divin, il se mettait au lit comme s'il voulait dormir, attendu que la tranquille suavité du Saint Esprit exigeait, chez lui, le repos non seulement de l'âme, mais aussi du corps.

6. Et souvent il était ravi dans de telles visions, et rendu insensible aux choses extérieures.

7. Or, il arriva un jour, comme ce frère était tout absorbé dans les choses célestes, et tout enflammé intérieurement de grâce divine, et extérieurement apparaissait tout insensible, qu'un certain frère, voulant s'assurer par expérience s'il était vraiment insensible autant qu'il le paraissait, posa un charbon embrasé sur l'un

de ses pieds, et se tint là jusqu'à ce que le charbon eût fini de brûler.

8. Mais le frère Simon ne sentit rien, et (chose plus merveilleuse encore, ne souffrit, de ce feu, aucune lésion dans sa chair[1].)

9. (Un jour que le frère Simon s'entretenait avec ferveur de Dieu en compagnie de ses frères, un certain jeune homme très futile de San Severino se trouva ramené à Dieu, en l'entendant, après avoir été dans la vie du siècle, très débauché, mondain, et de tempérament délicat[2].) Et le frère Simon, tout en lui donnant l'habit de l'ordre, n'en conserva pas moins ses vêtements séculiers.

10. En effet le diable, dont le souffle fait brûler les fruits des arbres, enflamma si ardemment chez ce jeune homme les aiguillons de la chair que, désespérant de pouvoir résister à une telle tentation, il se rendait fréquemment auprès du frère Simon et lui disait :

11. « Restituez-moi mes vêtements séculiers, car je ne puis supporter une telle tentation ! »

[1] Ce dernier détail a été omis par le traducteur italien.

[2] *Fioretti* : « Ledit frère Simon, quand il se mettait à table, avant de prendre la nourriture corporelle, prenait pour soi et donnait aux autres l'aliment spirituel, en parlant de Dieu. Et c'est par ses pieuses paroles que se trouva converti, un jour, certain jeune homme de San Severino, qui avait mené dans le siècle une vie très mondaine et dissipée, et qui était noble de race et d'un corps très délicat. »

Mais le frère Simon, prenant pitié de lui, commençait alors à lui parler de Dieu très fortement, et aussitôt éteignait l'ardeur de ses désirs.

12. Cependant, à la fin, le jeune frère, affligé d'une tentation encore plus violente, s'empara des susdits vêtements et résolut de rentrer tout à fait dans le siècle, disant qu'il ne pouvait absolument plus soutenir des aiguillons si ardents. Sur quoi le frère Simon, plein de pitié pour lui, lui dit : « Viens, mon fils, et assieds-toi auprès de moi ! »

13. Et ce jeune homme tout angoissé, s'assit contre le saint frère et pencha dévotement sa tête dans son sein. Et alors le frère Simon, élevant les yeux au ciel, pria pour lui avec tant de ferveur qu'il fut ravi en extase et, à la fin, exaucé.

14. Et ainsi ce jeune homme fut complètement affranchi de sa tentation, de telle sorte que cette grande ardeur de ses désirs sensuels se trouva convertie en une ardeur d'extrême charité[1].

[1] Tout ce passage a été modifié et, contrairement à l'habitude, un peu allongé par le traducteur italien, mais sans que la signification générale du passage en fût altérée. Je me bornerai à citer la phrase suivante, servant de transition entre le récit des tentations du frère et celui de son généreux sacrifice : « Et même, l'ardeur de la tentation s'étant changée chez lui en l'ardeur de l'Esprit Saint depuis qu'il s'était approché de ce charbon embrasé qu'était le frère Simon, il devint tout enflammé de l'amour de Dieu et du prochain, à tel point que, certain jour, un malfaiteur ayant été pris à qui l'on devait arracher les deux yeux... », etc.

15. Car comme, certain jour, un malfaiteur avait été condamné à perdre les yeux, ce jeune frère, par grande ferveur et douceur de piété, s'avança vers le juge et, en présence de ses conseillers, au nom du Seigneur le supplia de vouloir bien révoquer miséricordieusement une si dure sentence.

16. Et comme le juge repoussait avec mépris cette supplique, le jeune frère, encore plus enflammé de ferveur, le supplia humblement, avec des larmes, d'ordonner qu'on lui arrachât ses propres yeux en expiation de la faute du malfaiteur, et que l'on épargnât ce supplice au susdit malfaiteur, qui, sans doute, n'aurait pas eu la même patience[1]. Et le juge, admirant une telle charité chez le jeune frère, pardonna tout à fait audit malfaiteur.

17. Et comme, une fois, le frère Simon s'adonnait à la prière (dans le bois de Brunforte), et qu'une multitude d'oiseaux babillards[2] le troublaient dans son oraison, il leur enjoignit, au nom de Dieu, de s'éloigner de là, et de ne plus jamais revenir dans cet endroit. Sur quoi ces oiseaux, obéissant à son ordre, s'éloignèrent de

[1] L'histoire est racontée tout autrement dans les *Fioretti* : « Le jeune frère demanda qu'à lui-même fût arraché un œil, et l'autre au malfaiteur, de façon que ce dernier ne restât pas entièrement privé de la vue. »

[2] *Fioretti* : « De corneilles. ».

telle façon que, depuis lors, jamais ils ne furent plus revus ni entendus dans ces lieux, ni même dans toute la région d'alentour. (Et ce miracle fut révélé à toute la custodie de Fermo, dans la dépendance de laquelle se trouvait ledit lieu[1].)

[1] Cette dernière phrase a été ajoutée par le traducteur des *Fioretti*.

CHAPITRE XLII

Des beaux miracles que fit Dieu par trois saints frères, le frère Bentivoglio, le frère Pierre de Monticello, et le frère Conrad d'Offida ; et comment le frère de Bentivoglio porta un lépreux à une distance de quinze milles en très peu de temps, et comment saint Michel parla au second frère, et comment la Vierge Marie descendit vers le troisième, et lui posa son fils sur les bras[1].

1. La province de la Marche d'Ancône fut, en quelque sorte, décorée de certaines étoiles merveilleuses, sous la forme d'un certain nombre de frères mineurs qui, en haut et en bas, c'est-à-dire devant Dieu et devant leur prochain, resplendissaient de radieuses vertus, et dont la mémoire se trouve vraiment entourée d'une bénédiction divine.

2. Et parmi eux quelques-uns furent comme des astres plus grands et plus étincelants que les autres ; et notamment le frère Lucide le Vieux,

[1] Titre latin : *Comment la bienheureuse Vierge Marie est apparue au frère Conrad, dans le bois de Forano.*

vraie lumière de sainteté et enflammé de charité divine, dont la langue glorieuse, instruite par le Saint-Esprit, produisait des fruits merveilleux [1].

3. Il y eut aussi le frère Bentivoglio de San-Severino, qui, s'élevant en l'air à une grande distance du sol, pendant qu'il priait dans un bois, fut vu dans cet état par le frère Masseo du même pays ; et c'est précisément à cause de ce miracle que ce dernier frère abandonna sa cure et, devenu frère mineur, mena une vie si sainte qu'il fit un grand nombre de miracles avant de mourir à Morro.

4. Ce frère Bentivoglio, pendant qu'il demeurait seul à Trave Bonati, et s'occupait à garder un lépreux, fut forcé de s'éloigner d'auprès de lui, de par l'obéissance; et, ne voulant pas abandonner ce lépreux, il le prit sur ses épaules et, ainsi chargé, se rendit du lieu susdit de Trave jusqu'à Monte San Vicino,

5. où se trouvait un autre monastère, faisant là un voyage de quinze milles, depuis l'aurore du matin jusqu'au lever du soleil; et certes, s'il avait été un aigle, à peine il eût pu faire le même chemin en si peu de temps, même en volant, avec un tel fardeau, miracle vraiment divin, dont furent grandement surpris tous ceux qui en entendirent le récit.

[1] *Fioretti :* « Dans la prédication. »

6. Le frère Pierre de Monticello, pareillement, fut vu s'élevant dans les airs par le frère Servadeo d'Urbin, qui était alors son gardien. C'était dans l'ancien couvent d'Ancône, et ledit Pierre se trouvait s'élever jusqu'aux pieds d'un Christ de crucifix, peut-être à cinq ou six coudées du sol, ou plutôt des dalles de l'église.

7. Ce frère, après avoir très pieusement observé le jeûne de quarante jours de la Saint-Michel, et s'être enfermé dans l'église le dernier jour de ce jeûne, fut épié par un certain frère adolescent, caché sous l'autel, et qui l'entendit s'entretenir à haute voix avec le très saint archange Michel, et cet archange avec lui.

8. Et voici quelles étaient les paroles de cet entretien ! L'archange disait : « Frère Pierre, tu as fidèlement souffert pour moi, et t'es abondamment affligé ; mais voici que je viens vers toi, pour que tu me demandes n'importe quelle grâce que tu désireras ; et moi, je l'obtiendrai pour toi du Seigneur ! »

9. Et le frère Pierre répondait : « Très saint prince de la cour céleste, et très fidèle zélateur de l'honneur divin, très pieux protecteur des âmes, la grâce que je te demande, c'est que tu obtiennes pour moi la rémission de tous mes péchés ! »

10. Et l'archange Michel répondait : « Demande-moi une autre grâce, car celle-là sera vraiment trop facile à obtenir pour toi ! » Mais le frère

Pierre ne demandait rien d'autre, sur quoi l'archange Michel conclut en disant : « Eh bien ! à cause de la foi et dévotion que tu as en moi, je te procurerai cette grâce que tu me demandes, et bien d'autres encore. »

11. Puis, à la fin de ce colloque, qui avait duré pendant une grande partie de la nuit, l'archange laissa le frère intimement consolé.

12. Dans le même temps que ce frère Pierre vraiment saint, se trouvait à Ancône le frère Conrad d'Offida. Et comme les deux frères demeuraient dans le couvent de Forano, dépendant de la custodie d'Ancône, le frère Conrad se rendit un jour dans un bois pour méditer sur les choses divines. Et le frère Pierre, secrètement, se rendit à sa suite afin de voir ce qui lui arriverait.

13. Or, le frère Conrad commença par invoquer pieusement, parmi des larmes, la très sainte Vierge, en la suppliant d'obtenir pour lui cette grâce de son bienheureux Fils, qu'il lui fût permis d'éprouver un peu de la douceur qu'avait éprouvée saint Siméon, le jour de la Purification, lorsqu'il avait pu tenir dans ses bras le petit Christ, Sauveur du monde.

14. Et la prière du frère Conrad fut exaucée de cette Mère pleine de miséricorde. Car voici que la Reine de Gloire lui apparut avec son bienheureux Fils, et enveloppée d'une lumière qui

non seulement dissipait les ténèbres, mais encore dépassait toutes les lumières terrestres. Et, s'approchant du frère Conrad, elle lui déposa dans les bras ce très bel Enfant, plus merveilleux que tous les fils des hommes.

15. Et le frère Conrad le reçut très dévotement, et, imprimant ses lèvres sur les lèvres bénies de l'Enfant, et serrant sa poitrine contre la sienne, il se fondait tout entier en embrassements et baisers d'amour pieux. Et le frère Pierre voyait tout cela parfaitement, dans cette immense lumière, et en éprouvait lui-même une consolation merveilleuse.

16. Et, toujours caché, il restait dans le bois. Mais lorsque la Bienheureuse Vierge et son Fils se furent retirés, le frère Pierre se hâta de retourner au monastère. Puis, lorsque le frère Conrad y revint à son tour, tout rempli de solennité et de joie, le frère Pierre lui dit : « O ami du ciel, tu as eu aujourd'hui une grande consolation ! »

17. A quoi le frère Conrad répondit : « De quoi parles-tu là, frère Pierre ? Comment sais-tu que j'ai eu quelque chose ? » Mais le frère Pierre lui dit : « Je le sais bien, ami du ciel, car j'ai vu comment la Vierge Bienheureuse et son Fils béni t'ont visité ! »

18. Ce qu'entendant le frère Conrad le pria de ne parler de cette vision à personne, attendu

que, en homme vraiment humble, il désirait tenir la chose secrète. Et il y avait un tel amour entre ces deux frères qu'ils paraissaient n'avoir qu'un seul cœur et une seule âme.

19. (C'est aussi le frère Conrad qui, dans le village de Sirolo, délivra par sa prière une femme possédée du démon; et aussitôt il s'enfuit de ces lieux, par crainte que la mère de cette jeune fille ainsi délivrée ne le rencontrât, et que ce miracle n'attirât vers lui un concours de peuple.

20. Car le frère Conrad, pendant qu'il avait prié durant toute cette nuit, était apparu en vision à la mère de la susdite jeune fille, et, dans cette apparition, s'était montré délivrant sa fille.

A la louange de Notre-Seigneur Jésus-Christ. *Amen*[1].)

[1] *Fioretti :* « Et ledit frère Conrad, un jour, au village de Sirolo, délivra par ses prières une femme possédée du démon, après avoir prié pour elle toute la nuit, et être apparu en vision à sa mère; et puis, le matin suivant, il s'enfuit, de crainte d'être trouvé et honoré par le peuple. A la louange du Christ. *Amen.* »

CHAPITRE XLIII

Comment le frère Conrad d'Offida convertit un jeune frère qui scandalisait les autres frères, et comment ledit jeune frère, en mourant, apparut au frère Conrad et lui demanda de prier pour lui, et comment le frère Conrad, par sa prière, le délivra des peines très grandes du purgatoire[1].

1. Cet admirable zélateur de la règle évangélique de notre saint père François, le saint frère Conrad d'Offida, fut un homme d'une vie si religieuse et d'un tel mérite auprès de Dieu que, aussi bien de son vivant qu'après sa mort, Notre-Seigneur Jésus-Christ l'honora de nombreux miracles.

2. Car, pendant qu'il vivait encore, et qu'il était venu au couvent d'Offida, les frères le prièrent de vouloir bien, pour l'amour de Dieu, admonester un certain frère encore tout jeune,

3. qui se comportait d'une façon si puérile et désordonnée qu'il troublait beaucoup aussi bien

[1] Titre latin : *Comment le frère Conrad d'Offida convertit un certain jeune homme, et, après sa mort, le délivra du purgatoire.*

les vieillards que les jeunes gens de ce couvent, et ne se souciait peu ou point des heures canoniques et autres disciplines régulières.

4. Si bien que le frère Conrad, ayant pitié de ce jeune homme ainsi que des autres frères grandement éprouvés à son sujet, se rendit humblement à la prière de ces derniers, et appela ledit jeune garçon auprès de soi.

5. Et, avec une âme pleine d'amour, il lui dit des paroles si efficaces et divines qu'aussitôt la main de Dieu s'étendit sur le jeune homme ; et celui-ci fut changé en un autre homme, à tel point que, de l'enfant qu'il était, il devint un vieillard,

6. et si obéissant, si zélé et dévoué, si pacifique et obligeant, et toujours si assidu à toutes les œuvres vertueuses, que, de même qu'auparavant il avait troublé tous ses compagnons, de même tous ceux-ci, ensuite, exultaient de sa pleine conversion au bien, et lui portaient presque autant d'affection que s'il eût été un ange.

7. Mais, peu de jours après cette conversion, le dit jeune frère tomba malade et passa de la vie du siècle, ce dont ses frères furent grandement affligés. Et, après sa mort, une nuit que le frère Conrad, qui l'avait converti, se tenait en prière devant l'autel dudit couvent,

8. voici que l'âme du défunt apparut devant lui, le saluant respectueusement comme un père. Et le frère Conrad lui ayant demandé qui

elle était, l'apparition répondit : « Je suis l'âme du jeune frère décédé récemment ! »

9. Alors le frère Conrad : « Oh ! mon fils, que t'arrive-t-il ? » Et le frère répondit : « Mon très cher père, par la grâce de Dieu et de votre enseignement ce qui m'arrive est bon, car je ne suis point damné ; mais, à cause de quelques-unes de mes fautes qu'il m'a été impossible de purger, vu le peu de temps que j'ai eu, je suis en train de souffrir de grandes peines en purgatoire.

10. « Aussi te prié-je, mon père, de même que tu m'as secouru de ta compassion pendant que je vivais, de daigner encore maintenant me secourir dans mes épreuves en disant pour moi quelques *Pater Noster*, car je sais que ta prière est grandement acceptable devant Dieu ! »

11. A quoi le frère Conrad ayant volontiers consenti, ce bon frère récita, une première fois, le *Pater Noster*, ainsi que le *Requiem æternam*. Ces prières dites, l'âme du mort s'écria : « O saint père, combien cela m'a déjà profité [1] ! Je t'en supplie, redis encore ces prières ! »

12. Et quand le frère Conrad les eut dites de nouveau, cette âme lui dit : « Saint père, à mesure que tu pries je me sens tout soulagé, et je te supplie de ne pas t'arrêter de prier ! » Sur

[1] *Fioretti* : « Et quel rafraichissement j'éprouve ! »

quoi le frère Conrad, sentant que cette âme retirait profit de ses prières, récita pour lui cent fois le *Pater Noster*.

13. Et, quand il eut fait cela, l'âme lui dit : « Au nom de Notre-Seigneur Jésus-Christ, je te rends grâces, et demande à Dieu de t'accorder une récompense éternelle pour ce bienfait : car, à cause de ta prière, me voici entièrement délivré de toutes mes peines, et qui m'en vais maintenant à la gloire du paradis ! »

14. Et puis, ayant ainsi parlé, l'âme s'envola vers le Seigneur. Mais le frère Conrad, afin de réjouir le cœur de ses frères, leur raconta en détail tout ce qui s'était passé durant cette nuit ; et lui-même et les autres en furent grandement consolés. A la louange de Notre-Seigneur Jésus-Christ. *Amen*.

CHAPITRE XLIV

Comment au frère Pierre de Monticello sont apparus la bienheureuse Vierge, Mère de Dieu, et saint Jean l'Evangéliste[1].

1. (Pendant que le frère Pierre de Monticello demeurait au couvent de Forano, dans la custodie d'Ancône, en compagnie de son très intime ami le frère Conrad d'Offida, homme d'une perfection merveilleuse, il arriva que, certaine nuit, tout accablé de compassion, il méditait la Passion du Seigneur.

2. Et, revoyant en esprit le Christ sur la croix,

[1] Titre italien : *Comment au frère Conrad apparut la Mère du Sauveur avec saint Jean l'Evangéliste, et comment ils lui dirent lequel d'eux avait éprouvé le plus de douleur de la Passion du Christ.* Mais il y a ici une erreur manifeste, et c'est bien au frère Pierre de Monticello que va échoir la sainte vision, sans compter que la dernière phrase du titre latin est absolument inexacte, puisqu'il ne s'agira point d'une comparaison entre la Vierge et saint Jean, mais bien entre ce saint et saint François. J'ajouterai que le texte italien de ce chapitre ne se trouve pas dans les *Actus*, mais dans la *Chronica* XXIV *Generalium*, dont l'auteur doit avoir emprunté son récit à la même source inconnue où a puisé le traducteur des *Fioretti* : car le début des deux versions, ainsi qu'on le verra, est trop dissemblable pour qu'on puisse considérer celle des *Fioretti* comme directement traduite de la *Chronica*.

et sa Mère très douloureuse debout auprès de la croix avec le bienheureux Jean l'Evangéliste, tandis que, de l'autre côté, se tenait le bienheureux François décoré de ses saints stigmates, voici qu'une curiosité pieuse le porta à se demander laquelle de ces trois personnes s'était le plus affligée de la Passion du Christ.

3. Et comme il s'attardait, tout plein de larmes, dans cette hésitation, voici que, étant parfaitement éveillé)[1], il vit apparaître la Vierge très splendide, Mère de Dieu, en compagnie des saints Jean l'Evangéliste et notre père François,

[1] *Fioretti :* « Au temps où demeuraient ensemble dans le couvent de Forano les susdits frères Conrad et Pierre, — qui étaient deux étoiles resplendissantes dans la province de la Marche, et deux hommes vraiment célestes, — et comme il y avait entre eux tant d'amour et de tendresse réciproques que tous les deux semblaient n'avoir qu'un seul cœur et une seule âme, ces deux frères se lièrent ensemble par un pacte suivant lequel, chaque fois que la miséricorde de Dieu honorerait l'un d'entre eux d'une consolation particulière, celui-là aurait à la révéler affectueusement à son compagnon. Or, après que ce pacte eut été conclu, il arriva qu'un jour le frère Pierre, se trouvant en prière, et méditant pieusement sur la Passion du Christ, et se rappelant comment la bienheureuse Mère du Christ et saint Jean, le disciple préféré, comme aussi saint François, étaient représentés par les peintres au pied de la Croix, et quasi crucifiés avec le Christ par l'effet de leur douleur, le désir lui vint de savoir laquelle de ces trois saintes personnes avait eu la plus grande douleur de la Passion du Christ : ou la Mère qui l'avait engendré, ou le disciple qui avait dormi sur sa poitrine, ou bien encore saint François qui avait été crucifié avec le Christ. Et tandis qu'il se tenait dans cette pieuse pensée, voici que lui apparurent,... etc. »

pareil au Crucifié de par ses stigmates; et tous deux étaient vêtus de robes magnifiques, mais celle de saint François dépassait en beauté la robe de saint Jean.

4. Et comme le frère Pierre s'émerveillait à bon droit de ce spectacle, le bienheureux Jean le raffermit en lui disant : « Sois réconforté en Dieu et ne crains rien! car nous avons été envoyés ici par le Seigneur pour te consoler et pour t'instruire sur le point où tu es en doute.

5. « Sache donc que, encore que la bienheureuse Vierge Marie et moi-même ayons été plus affligés de la Passion du Christ, que nous voyions des yeux de la chair, cependant, après nous, c'est saint François qui en a été le plus affligé par-dessus tous les autres, et aussi le vois-tu maintenant glorieux par-dessus tous les autres avec ses saintes plaies! »

6. Alors le frère Pierre, s'enhardissant, demanda pourquoi le bienheureux François portait une robe plus belle que celle de saint Jean. Et ce dernier lui répondit : « C'est parce que, de son vivant, pour l'amour du Christ, il a porté un vêtement plus vil que moi! »

7. Et puis, après avoir ainsi parlé, saint Jean donna au frère Pierre une autre robe très belle, en lui disant : « Et toi aussi, reçois ce vêtement, que t'envoie ton bien-aimé Seigneur Jésus-Christ! »

8. Et pendant que le frère Pierre se recouvrait de cette robe, rempli d'une stupeur extrême, et ne sachant que dire, il se mit à appeler en criant[1] : « Frère Conrad, frère Conrad, vite, viens voir ces prodiges divins ! » Et, pendant qu'il disait ces mots, la vision disparut.

9. Mais comme le frère Conrad d'Offida, son très cher ami et homme d'une grande perfection, était accouru au bruit qu'il avait fait, le frère Pierre lui rapporta tous les détails de sa vision.

[1] *Fioretti :* « Il tomba à terre, et se mit à appeler. »

CHAPITRE XLV

Des entretiens, de la vie, des miracles, et de la mort du saint frère Jean della Penna[1].

1. Le frère Jean de Penna était encore enfant, et en habit séculier[2], lorsque, une nuit, certain enfant d'une beauté merveilleuse l'appela, en lui disant :

2. « O Jean, rends-toi à San Stefano, car l'un de mes frères va prêcher là dont je veux que tu croies les enseignements et écoutes les paroles, attendu que c'est moi qui l'ai envoyé! Et toi, en vérité, tu es destiné à faire un grand chemin, et puis ensuite à venir auprès de moi! »

[1] Titre latin : *Comment un ange du Seigneur s'est entretenu avec le frère Jean de Penna, pendant que celui-ci était encore enfant et en habit séculier*. Ce chapitre ne figure d'ailleurs que dans un petit nombre de manuscrits des *Actus*, et pourrait bien ne pas avoir appartenu à leur rédaction primitive, encore que ce soit celui où l'auteur se présente expressément à nous sous le nom « Hugolin ».

[2] *Fioretti :* « Et écolier dans la province de la Marche. » — A moins que les premiers copistes aient écrit par erreur : *scolare* (étudiant) au lieu de *secolare* (séculier), mot qui traduirait le latin : *in habitu sæculari.*

3. Aussitôt le jeune garçon se releva, et éprouva un changement merveilleux en son âme; et, s'étant rendu au lieu susdit, il y trouva le frère Philippe, qui annonçait le royaume de Dieu non point en paroles savantes de vaine science humaine, mais avec l'inspiration de l'Esprit Saint[1].

4. Et lorsqu'il eut fini de prêcher, le susdit Jean s'avança vers lui et lui dit : « Mon père, s'il vous plaisait de me recevoir dans l'ordre, c'est bien volontiers que je ferais pénitence et servirais le Seigneur Jésus-Christ! »

5. Alors ce frère, homme très saint et illuminé de l'Esprit divin, apercevant chez le jeune homme une innocence admirable et une volonté infiniment zélée, lui dit : « Fais en sorte que, tel et tel jour, tu viennes me rejoindre dans la ville de Recanati[2]; et moi, je te ferai recevoir dans l'ordre! »

6. Or, ce jeune homme, avec son extrême piété, réfléchit dans son cœur, et se dit : « C'est là, évidemment, ce grand chemin que j'aurai à faire, ainsi qu'il m'a été révélé, et au bout duquel je serai admis dans les cieux! » Il

[1] *Fiorelli :* « Et celui qui devait prêcher là était un frère nommé le frère Philippe, qui était l'un des premiers frères établis dans la Marche d'Ancône, où les couvents étaient encore très peu nombreux. »

[2] *Fiorelli :* « A Recanati (où devait avoir lieu le Chapitre provincial). »

alla donc au rendez-vous, et aussitôt fut reçu dans l'ordre, et acquit la certitude de s'avancer vers Dieu.

7. Or, le ministre dit, dans un chapitre : « Quiconque désirera se rendre dans la province de Provence, de par le mérite de la sainte obéissance, je l'y enverrai ! » Ce qu'entendant, le frère Jean résolut de se rendre là, songeant dans son cœur que peut-être c'était la suite du grand chemin qu'il devait parcourir.

8. Et, se fiant toujours au frère Philippe, qui l'avait fait recevoir dans l'ordre, il le pria de vouloir bien obtenir pour lui la grâce de pouvoir aller demeurer dans la province de Provence.

9. (Car les frères de ce temps désiraient vivement se rendre dans des provinces étrangères, afin d'y être comme des pèlerins et étrangers dans ce siècle, mais citoyens et serviteurs de Dieu dans le ciel [1].)

10. Sur quoi le frère Philippe, voyant la pureté et la sainte intention du jeune garçon, le fit envoyer dans ladite province. Et le frère Jean croyait toujours que, parvenu au bout de ce chemin, il monterait au ciel.

11. Mais il eut à demeurer dans ladite province pendant trente ans [2], avec une vie exem-

[1] Passage omis par le traducteur italien.
[2] *Fioretti* : « Pendant vingt-cinq ans. »

plaire et une très grande sainteté ; et, chaque jour, il espérait que la promesse à lui faite allait s'accomplir.

12. Et tandis que sans cesse il croissait en bonté de mœurs et en hauteur de sainteté, et devenait plus cher dans toute cette province, aussi bien aux autres frères qu'aux séculiers, toujours pourtant il s'étonnait de ne pas voir se réaliser son désir.

13. Un jour, comme il pleurait et priait devant Dieu, s'affligeant de voir que ce qui lui paraissait son exil se prolongeât trop longtemps, voici que lui apparut Jésus-Christ ; et à cette vue, toute son âme se fondit d'émotion.

14. Et le Seigneur Jésus-Christ lui dit : « Mon fils, demande-moi ce que tu voudras ! » A quoi il répondit : « Seigneur, je ne veux rien d'autre que toi ! Mais je te demande seulement que tu veuilles bien me pardonner mes péchés, et me donnes la grâce de te revoir encore lorsque je me trouverai dans un plus grand besoin ! »

15. Et le Seigneur lui dit : « Ta prière est exaucée ! » Après quoi il disparut de ses yeux. Et le frère resta pleinement réconforté dans le Seigneur.

16. Enfin les frères de la Marche d'Ancône s'accordèrent avec leur général[1] pour que ledit

[1] *Fiorelli :* « Ayant entendu le bruit de sa sainteté, firent tant auprès de leur général que... », etc.

frère pût retourner dans la Marche. Et lui, en voyant cet ordre nouveau, songea dans son cœur, et se dit : « Le voilà, ce long chemin qui, quand tu l'auras achevé, te conduira vers Dieu ! »

17. Et, étant retourné dans sa province d'Ancône, de jour en jour il espéra que la promesse à lui faite allait s'accomplir. Mais son chemin se trouva encore bien prolongé : car il resta dans la Marche pendant une trentaine d'années après son retour[1], et à plusieurs reprises il fut élu gardien, et le Seigneur opéra par lui bien des miracles, et lui donna même l'esprit de prophétie.

18. En effet, un certain jour pendant que lui-même ne se trouvait point dans le couvent, un de ses novices fut tenté par le diable, qui l'engagea à apostasier en sortant de l'ordre : mais ce novice ne consentit à cette tentation que sous condition que, lorsque le frère Jean retournerait au couvent, lui-même en sortirait aussitôt.

19. Or, quand le frère Jean fut revenu, tout de suite il appela auprès de soi ledit jeune homme, en lui disant : « Viens, mon fils, car je veux que tu te confesses ! » Et le frère Jean ajouta : « Mais d'abord, mon fils, écoute-moi ! » Et alors il lui rapporta tout le détail de sa tentation.

20. Après quoi il lui dit : « Puisque tu m'as

[1] *Fioretti* : « Et aucun de ses parents ne le reconnaissait plus. »

attendu, et que tu n'as point voulu t'en aller sans ma bénédiction, Dieu te fera cette grâce que jamais tu ne sortiras de cet ordre, mais que tu mourras dans l'ordre, avec la bénédiction du Seigneur ! »

21. Et, en effet, ledit novice se trouva confirmé dans la bonne volonté, et devint un saint frère. Et tout ce qui précède m'a été raconté, à moi Hugolin, par le frère Jean lui-même.

22. Or, ce frère Jean avait toujours l'âme tranquille, et restait parfaitement calme, et ne parlait que rarement. Il avait aussi une grande piété, et priait abondamment, et jamais ne rentrait dans sa cellule après les matines[1].

23. Mais comme, certaine nuit après les matines, il se trouvait plongé en pieuses oraisons, un ange du Seigneur lui apparut et lui dit : « Frère Jean, voici enfin achevé ce chemin que depuis longtemps déjà tu as commencé !

24. « Et aussi je t'annonce de la part de Dieu, que tu peux solliciter n'importe quelle grâce que tu désireras ; et de plus, je t apprends que tu es libre de choisir ou bien une journée de séjour au purgatoire, ou bien sept jours d'affliction dans ce monde ! »

25. Et quand le frère eut choisi les sept jours d'affliction dans ce monde, tout à coup il devint

[1] Les *Fioretti* ajoutent : « Mais demeurait dans l'église, en prière, jusqu'au jour. »

malade et accablé de maux sans nombre : car tantôt il était torturé de mauvaises odeurs, tantôt de douleurs, tantôt de podagre, tantôt de convulsions, tantôt d'angoisses d'entrailles, et maintes autres souffrances;

26. mais, en outre, chose bien pire que tout le reste, un certain esprit malin se tenait constamment devant lui, qui lui montrait une grande feuille écrite portant la liste de tous ses péchés, et fautes, et défauts, et lui disait : « A cause de tout cela, que tu as pensé, et dit, et fait, tu seras damné ! »

27. Et le frère malade oubliait tout le bien qu'il avait fait, ni ne se rappelait plus qu'il était dans l'ordre, ni qu'il y eût jamais été, mais s'estimait vraiment tout à fait damné, ainsi que le lui disait cet esprit maudit.

28. Si bien que, lorsque quelqu'un lui demandait comment il allait, il répondait : « Bien mal, car je suis damné ! »

29. Alors les frères de ce couvent envoyèrent chercher le frère Mathieu de Monte Rubiano, qui fut un saint homme, et l'ami intime du frère Jean. Celui-ci arriva vers son ami durant le septième jour de ces tribulations, et, l'ayant salué, lui dit : « Comment cela va-t-il, mon très cher frère ? »

30. A quoi le malade répondit : « Bien mal, car je suis damné ! » Mais le frère Mathieu lui

dit : « Comment dis-tu cela ? Ne te rappelles-tu pas que souvent tu t'es confessé à moi et que je t'ai entièrement absous ; et que, pendant bien des années, tu as servi Dieu dans ce saint ordre,

31. « et que la miséricorde divine dépasse tous les péchés du monde, et que le Christ Sauveur nous a rachetés d'un prix infini ? Et, donc, sois bien assuré que tu vas être sauvé, et non point damné ! »

32. Et alors, comme le terme des sept jours était achevé, la tentation s'éloigna, et vint à sa place la bénédiction, avec une grande joie. Et il dit au frère Mathieu d'aller se reposer[1].

33. Et bientôt le Seigneur Jésus lui apparut de nouveau, avec une très grande splendeur et une suavité de parfum merveilleuse, ainsi qu'il lui avait promis de lui apparaître en temps voulu.

34. Et le frère, tout joyeux, rassuré et consolé, les mains jointes et rendant grâces, émigra de son corps et passa vers le Christ Seigneur, à qui sont louanges, honneur et gloire[2]. *Amen.*

[1] *Fioretti* : « Et le frère Mathieu ne voulait point le laisser, mais enfin, devant sa grande insistance, il prit congé pour aller se reposer ; et le frère Jean resta seul avec le frère qui le servait. »

[2] Le traducteur italien ajoute : « Et ledit frère Jean est enseveli au couvent de la Penna di San Giovanni. »

CHAPITRE XLVI

Comment le frère Pacifique, plongé en oraison, vit l'âme du frère Humble s'envoler au ciel[1].

1. Après la mort du bienheureux François, brillèrent d'une grande perfection[2] les frères Pacifique et Humble, tous deux frères selon la chair et exemplaires par leur merveilleuse sainteté. Et comme l'un d'eux[3] avait passé de cette vie, au couvent de Soffiano, son frère, qui se trouvait alors dans un couvent éloigné, vit son âme s'élever au ciel en droite ligne.

2. Quelques années s'étant écoulées, celui des frères qui survivait demeurait dans ledit couvent de Soffiano, où était mort son frère. Mais alors, sur la demande des seigneurs de Brunforte, ce

[1] La rédaction latine du chapitre, extraite de la *Chronica XXIV Generalium*, ne porte aucun titre. Ici encore, la différence des deux versions, semble prouver que les auteurs de celles-ci auront puisé à une même source antérieure, aujourd'hui perdue.

[2] *Fioretti* : « Dans ladite province de la Marche. »

[3] *Fioretti* : « A savoir le frère Humble. »

couvent fut transporté dans un autre lieu, et y furent transportés aussi les ossements des frères qui avaient été enterrés là.

3. Sur quoi[1] le frère susdit, recueillant avec grande piété les restes de son frère, et les arrosant de larmes abondantes pendant qu'il les traitait avec grande révérence et les couvrait de baisers, s'occupa ensuite de les laver dans du vin et de les ensevelir soigneusement dans un beau linceul.

4. Ce que voyant, les autres frères furent scandalisés, s'étonnant qu'un homme si fameux pour sa sainteté honorât ainsi, comme ils le croyaient, les os de son frère d'une affection toute charnelle[2].

5. Mais ledit frère les rassura en leur disant : « Ne croyez pas, mes très chers frères, que ce soit seulement sous l'effet de l'affection charnelle que je témoigne tant de révérence aux restes de mon frère : mais c'est que, le jour de sa mort, me trouvant en prière dans un endroit éloigné, j'ai vu son âme monter au paradis; et voilà pourquoi j'ai honoré par-dessus tous les autres

[1] *Fioretti :* « Et lorsque le tour arriva de transporter les restes du frère Humble. »

[2] *Fioretti :* « Et témoignât à ses restes plus de dévotion qu'à ceux d'autres frères qui n'avaient pas été moins saints et leur paraissaient tout aussi dignes de vénération. »

ses ossements qui, un jour, doivent reposer dans le paradis[1] ! »

[1] Les *Fioretti* ajoutent encore : « Et si Dieu m'avait accordé « la même certitude au sujet des autres frères, j'aurais vénéré « leurs os de la même façon. » Sur quoi les frères voyant sa pieuse et sainte intention, en furent bien édifiés, et louèrent Dieu qui daigne accomplir de tels miracles par le moyen de ses saints frères. A la louange du Christ. *Amen.* »

CHAPITRE XLVII

De ce saint frère à qui la Mère du Christ apparut pendant qu'il était malade, et donna trois burettes d'électuaire [1].

1. Il y avait, dans la Marche d'Ancône [2], un certain frère d'une sainteté et grâce si admirables qu'il semblait tout à fait céleste. Et souvent il était ravi en Dieu.

2. Et parfois, tandis qu'il se tenait absorbé et élevé en Dieu, des oiseaux d'espèces diverses venaient se nicher très familièrement sur sa tête, ses bras et ses mains, et y émettaient des chants merveilleux.

3. Ce père, demeurant toujours seul, ne parlait que rarement, et, ni le jour ni la nuit, ne se relâchait de l'oraison et contemplation divine [3].

[1] Titre latin : *Comment la bienheureuse Vierge apparut à un certain frère malade, sur son lit de mort.*

[2] *Fioretti :* « Audit couvent de Soffiano, il y avait jadis un frère mineur », etc.

[3] *Fioretti :* « Mais si on lui demandait quelque chose, il répondait avec tant de grâce et de sagesse qu'il paraissait plutôt un ange qu'un homme. »

Et ainsi, dépensant sa vie d'une manière très louable et vertueuse, il parvint au terme de cette vie ;

4. et, pendant qu'il était malade et près de mourir, à tel point qu'il ne pouvait plus prendre aucune nourriture, voici qu'il fut merveilleusement visité et consolé par la bienheureuse Vierge Marie, Reine de miséricorde[1].

5. Un jour, en effet, la bienheureuse et glorieuse Mère du Christ lui apparut, avec une grande multitude d'anges et de vierges saintes.

6. Et le frère, en la voyant, se sentit grandement réjoui et consolé, et la supplia instamment de l'autoriser à s'affranchir de la prison ténébreuse de sa chair. Mais la Sainte Vierge lui répondit : « Sois sans crainte, mon fils, car ta requête sera exaucée[2] ! »

7. Or, il y avait avec la bienheureuse Mère du Christ trois vierges, dont chacune portait une pyxide contenant un certain électuaire d'une odeur merveilleuse et d'une douceur de goût ineffable.

[1] *Fioretti* : « Et que, avec cela, il ne voulait recevoir aucun remède charnel, mais plaçait toute sa confiance dans le médecin céleste, N.-S. Jésus-Christ, et dans sa bienheureuse Mère, ce qui lui valut, de par la clémence divine, d'être miséricordieusement visité et soigné par la Sainte Vierge. »

[2] *Fioretti* : « Et je suis venue pour te réconforter un peu, avant que tu t'en ailles de cette vie. »

8. Et la très sainte Mère, ayant pris l'une des pyxides, donna au frère malade un peu de ce céleste électuaire qui s'y trouvait contenu.

9. Et lui, quand il y eut goûté, il sentit une telle douceur qu'il lui semblait que son âme voulût se retirer de son corps. Et il disait à la bienheureuse Vierge : « Ne m'en donnez plus, ô très bienheureuse et très sainte Mère, car je n'ai pas la force de supporter tant de douceur ! »

10. Mais cette Mère très tendre et miséricordieuse, tout en l'encourageant dans l'espoir de la vie éternelle, ne cessait point de lui tendre ledit électuaire, si bien qu'il finit par vider jusqu'au fond la première pyxide.

11. Et comme, ensuite, la bienheureuse Vierge avait pris la seconde, le malade lui dit : « O bienheureuse Mère, si déjà mon âme est comme fondue par l'odeur et la suavité de la première de ces liqueurs, comment pourrai-je soutenir la seconde ? Aussi t'en prié-je, ô Mère bénie par-dessus toutes, veuille ne plus me présenter de cet électuaire ! » Et la bienheureuse Vierge lui dit : « Goûte encore un peu, mon fils, de cette seconde pyxide ! »

12. Et puis, après lui en avoir donné un peu, elle lui dit : « Prends-en, maintenant, autant qu'il peut te suffire, mais réconforte-toi, mon fils : car bientôt je reviendrai vers toi, et t'introduirai dans le royaume de mon Fils, dans ce

royaume vers lequel tu as tant aspiré et que tu as toujours si ardemment désiré ! »

13. Et puis, lui ayant dit adieu, elle disparut de devant ses yeux. Mais lui, il demeura dans cette même douceur d'esprit, et, pendant plusieurs jours, sans aucune nourriture corporelle, il se sentit merveilleusement fortifié et rassasié.

14. Et puis, le dernier jour de sa vie [1], pendant qu'il était avec ses frères et s'entretenait avec eux, avec une joie extrême d'esprit et de corps il émigra doucement vers le Seigneur.

[1] *Fioretti* : « Quelques jours après. »

CHAPITRE XLVIII

Comment le frère Jacques de Massa vit tous les frères mineurs du monde entier sous la forme d'un arbre merveilleux, et comment il connut les vertus, et les mérites, et les défauts de chacun des frères [1].

1. Le frère Jacques de Massa mérita que Dieu lui ouvrît la porte de ses secrets, car le frère Égide d'Assise et le frère Marc de Monte ne connaissaient au monde personne de plus grand que lui. Et c'est également ce que pensait de lui le frère Genièvre [2].

2. Or, pendant que je me trouvais sous la direc-

[1] Ce chapitre, lui non plus, ne se retrouve pas dans les anciens manuscrits des *Actus* : je l'ai traduit du *Speculum Vitæ Sancti Francisci*, où il a pour titre : *Des tribulations et de la réformation de l'ordre*.

[2] *Fioretti* : « Le frère Jacques de Massa, à qui Dieu ouvrit l'accès de ses secrets, et donna une science et intelligence parfaites des Livres Saints ainsi que des choses futures, fut un frère d'une telle sainteté que le frère Egide d'Assise et le frère Marc de Montino, et le frère Genièvre et le frère Lucide disaient de lui qu'ils ne connaissaient personne de plus grand. »

tion du frère Jean, compagnon dudit frère Égide, comme un jour je l'interrogeais sur certains sujets afin de m'édifier, il me dit : « Si tu veux devenir érudit dans les choses spirituelles, hâte-toi d'avoir un entretien avec le frère Jacques de Massa ! »

3. Et il me dit aussi que le frère Égide désirait toujours s'éclairer dans la conversation dudit frère Jacques, et que l'on ne pouvait pas ajouter ni ôter rien à ses paroles, car son âme s'était élevée jusqu'aux mystères sacrés, et ses paroles étaient celles de l'Esprit Saint, et que lui-même, le frère Jean, il n'y avait personne sur terre qu'il eût autant le désir de voir.

4. Ce frère Jacques, une fois, dans les premiers temps de l'administration du père Jean de Parme, resta insensible et ravi en esprit pendant trois jours d'affilée, au point que les frères commencèrent à se demander s'il n'était pas mort. Et à lui furent données de Dieu la science et intelligence des Écritures, ainsi que la connaissance et précognition des choses à venir.

5. Aussi, lorsque je l'ai enfin connu, lui ai-je demandé : « Si ce que l'on m'a appris de toi est vrai, je te prie de ne pas me le cacher ! En effet, j'ai appris que, pendant ces trois jours où tu es resté étendu comme mort, Dieu t'a montré, entre autres choses, ce qui doit arriver dans notre ordre ! »

6. Car le frère Mathieu, qui était alors ministre

de la province de la Marche, après le susdit ravissement avait appelé le frère Jacques, et, au nom de l'obéissance, lui avait ordonné de lui rapporter ce qu'il avait vu.

7. (Et ce frère Mathieu lui-même était un homme admirable de douceur, et de sainteté et simplicité. Et souvent, dans ses entretiens, il a dit aux frères :

« Je connais un frère à qui Dieu a révélé tout ce qui doit arriver dans l'ordre, ainsi que d'autres secrets qui, si on les répétait, auraient peine non seulement à être compris, mais même à être crus[1] »).

8. Or, ce frère Jacques m'a confirmé tout cela, et, parmi d'autres choses, il m'en a dit une des plus surprenantes : à savoir que, après que lui eussent été montrés bien des événements futurs touchant l'état de l'église militante,

9. il a vu un certain arbre très beau et d'une hauteur immense, dont les racines étaient d'or, tandis que ses fruits étaient des hommes, et uniquement des frères mineurs. Et le nombre des branches principales correspondait à celui du nombre des provinces de l'ordre, et chacune de ces branches portait autant de fruits qu'il y avait de frères dans cette province ;

[1] Le passage entre parenthèses ne figure pas dans le texte italien, dont le récit diffère d'ailleurs sensiblement de celui du *Speculum Vitæ*, tout au moins dans l'ordre et l'enchaînement des phrases, car le sens général reste bien le même, de part et d'autre.

10. et ledit frère a connu là le nombre des frères de l'ordre entier, ainsi que le détail des provinces, et les noms de tous les frères, comme aussi leurs figures, et leurs âges, et leurs offices, et grades, et dignités, et puis aussi leurs grâces et mérites tout de même que leurs péchés. Et il a vu le frère Jean de Parme debout sur la branche la plus élevée qui se trouvait au milieu de cet arbre.

11. Au sommet des branches qui entouraient cette branche centrale, se tenaient les ministres des diverses provinces. Et, après cela, il a vu le Christ assis sur un trône immense et tout blanc; et le Christ envoyait saint François avec deux anges, en lui faisant remettre un calice tout rempli de l'esprit de vie.

12. Et le Christ disait à saint François: « Va visiter tes frères, et abreuve-les de ce calice de l'esprit de vie, pour empêcher que l'esprit de Satan révolté fasse irruption en eux, et que plusieurs d'entre eux périssent, mais au contraire pour faire en sorte qu'ils ressuscitent![1] »

13. Et saint François était venu administrer l'esprit de la vie à ses frères, selon ce qui lui était ordonné. Et, commençant par le frère Jean, ministre général, il lui avait donné le calice tout rempli de l'esprit de vie; et ledit frère, ayant pris

[1] *Fioretti* : « Et le Christ a donné à saint François deux anges pour l'accompagner. »

ce calice de la main de saint François, s'était pieusement hâté de le boire tout entier.

14. Et, lorsqu'il l'avait bu, il était devenu étincelant comme le soleil; après cela, saint François avait transmis à tous les autres le calice de l'esprit de vie; mais il y en avait très peu qui le reçussent avec le respect voulu, et le bussent tout entier.

15. Mais le petit nombre de ceux qui pieusement le vidaient tout entier revêtaient aussitôt une clarté semblable à celle du soleil; tandis que ceux qui le renversaient tout entier à terre se couvraient de noirceur, et devenaient obscurs et difformes, et horribles à voir comme des démons.

16. Quelques-uns, aussi, buvaient une partie du calice, et renversaient l'autre partie; et, quant à ceux-là, suivant que chacun buvait ou renversait de l'esprit de vie qui lui était transmis dans ce calice par saint François, dans la même proportion il se revêtait ou de ténèbres ou de lumière.

17. Mais par-dessus tous ceux qui se trouvaient sur l'arbre, brillait et resplendissait le frère Jean, qui, entièrement tourné vers l'abîme de la contemplation, comprenait, sous l'illumination de la vraie lumière, qu'un certain tourbillon de grande tempête était en train de se déchaîner contre l'arbre.

18. Et, descendant de l'altitude suprême de cette branche où il s'était tenu, et laissant derrière lui toutes les autres branches, il allait se cacher en un lieu plus solide, dans le tronc de l'arbre.

19. Et pendant que ledit frère Jean s'adonnait tout entier aux veilles et à l'oraison, le frère Bonaventure s'élevait à l'endroit d'où lui-même était descendu. Et comme ce frère, du calice qui lui avait été offert, avait bu une partie et renversé une autre partie, voici que lui avaient été donnés des ongles de fer aigus et tranchants comme des rasoirs !

20. Et ledit frère, se mouvant du lieu où il se tenait, voulait se précipiter contre le frère Jean. Ce que voyant, celui-ci avait poussé un cri vers Dieu ; et le Christ, sur ce cri du frère Jean, avait appelé saint François,

21. et il lui avait donné une pierre très aiguë, et lui avait dit : « Va, et coupe sur une pierre les ongles du frère Bonaventure, au moyen desquels il veut déchirer le frère Jean, de telle façon qu'il ne puisse pas lui faire de mal ! »

22. Et saint François était venu, et avait coupé les ongles de fer du frère Bonaventure. Et ainsi le frère Jean se tenait dans le lieu où il s'était retiré, toujours étincelant comme le soleil.

23. Après cela, un violent tourbillon se levait et faisait irruption contre l'arbre, et les frères

commençaient à tomber de cet arbre ; et ceux-là tombaient les premiers qui avaient entièrement renversé le calice de l'esprit de vie.

24. Mais, au contraire, le frère Jean, et ceux qui avaient bu le calice entier de l'esprit de vie, par vertu divine étaient transportés dans une région de vie, de lumière, et de splendeur ; tandis que ceux qui tombaient, déjà devenus ténébreux depuis le premier moment, étaient transportés par les ministres de ténèbres dans les lieux de misère et de nuit.

25. Et le susdit frère qui voyait cette vision comprenait avec un détail parfait tout ce qu'il voyait, à tel point qu'il distinguait clairement et retenait fermement et les régions, et les personnes, et l'âge, et les noms et offices, aussi bien des frères du parti de la lumière que de ceux du parti des ténèbres.

26. Et ce tourbillon et cette cruelle tempête, justement permis par Dieu, durèrent jusqu'au moment où l'arbre, déraciné, fut jeté à terre[1].

27. Mais ensuite, ce tourbillon et cette tempête ayant cessé, voici que des susdites racines d'or a poussé une plante toute en or, qui a produit et des fleurs et des fruits d'or ; et quant à l'ampleur, à la profondeur, au parfum, à la beauté

[1] *Fioretti* : « Et emporté par le vent. »

et vertu de ce nouvel arbre, il vaut mieux s'en taire que d'essayer de l'exprimer.

28. (Mais il y a une chose encore, parmi celles que j'ai entendues, qui m'a paru très remarquable, et qu'il convient de ne pas omettre ; en effet, celui qui a été admis à contempler cette vision m'a dit que le mode de réformation de l'ordre ne devait pas être du tout pareil à celui de son institution, mais au contraire en était tout différent :

29. car l'opération du Saint-Esprit élirait des enfants ignorants, des personnes simples, basses et méprisables, et puis, sans aucun exemple ni aucun maître, et même contrairement à la doctrine et aux mœurs des docteurs d'à présent, l'Esprit du Christ choisirait les nouveaux frères, qu'il remplirait de sainte frayeur et d'un très pur amour pour le Christ ;

30. et enfin, quand l'Esprit aurait multiplié de tels frères dans les divers couvents, alors il enverrait un pasteur et chef très innocent, tout saint et céleste, et conforme au Christ[1]. ») A la louange et gloire de Notre-Seigneur Jésus-Christ. *Amen.*

[1] Toute cette curieuse prophétie touchant les destinées de l'ordre franciscain ne se retrouve pas dans la traduction italienne.

CHAPITRE XLIX

Comment le Christ est apparu au frère Jean de l'Alverne[1].

1. Combien est glorieux, au regard de Dieu, notre père François, c'est ce qui apparaît bien dans les fils d'élite que le Saint-Esprit a rassemblés dans son ordre; de telle sorte que, vraiment, ces fils pleins de sagesse sont la gloire d'un père aussi grand que celui-là.

2. Et entre eux brilla tout particulièrement le susdit frère Jean, qui étincela dans le ciel de l'ordre comme une étoile merveilleuse par la splendeur de sa grâce[2].

[1] C'est aussi le titre du chapitre correspondant des *Actus*, mais avec cette addition : .. *au frère Jean de l'Alverne, qui, en l'embrassant, s'est trouvé ravi en extase.*

[2] Le chapitre des *Fioretti* débute ainsi : « Parmi les autres sages et saints frères et fils de saint François qui, suivant la parole de Salomon, constituent la gloire de leur père, il y eut notamment de nos jours, dans ladite province de la Marche, le vénérable et saint frère Jean de Fermo, qui, à cause du grand espace de temps qu'il demeura dans le saint couvent de l'Alverne, et de sa mort dans ce couvent, était également appelé le frère Jean de l'Alverne : car il fut homme d'une vie exemplaire et d'une grande sainteté. »

3. Car dès son jeune âge, sa grande sagesse lui avait donné un cœur de vieillard; et, dès lors, il aspirait de toutes ses forces à ce chemin de la pénitence qui garde la pureté du corps et de l'âme.

4. Et ainsi, pendant qu'il était encore un petit garçon, il portait sur ses chairs un cilice et un cercle de fer, et brandissait chaque jour la croix de l'abstinence.

5. A tel point que demeurant avec les chanoines à Saint-Pierre de Fermo, avant qu'il revêtît l'habit de notre saint père, et voyant ces chanoines vivre luxueusement, lui-même se refrénait par une admirable rigueur d'abstinence, et célébrait cette vertu parmi les délices des martyrs.

6. Et comme, dans son zèle angélique, il avait beaucoup à souffrir de ses compagnons, au point que ceux-ci lui enlevaient son cilice et l'empêchaient de se livrer à l'abstinence,

7. le jeune homme, inspiré de Dieu, résolut d'abandonner le monde ainsi que ceux qu'il aimait, et d'offrir la fleur de sa jeunesse angélique aux bras du Crucifié, et cela en entrant dans l'ordre de ce bienheureux François en qui il avait appris que s'étaient renouvelés les stigmates de la croix du Christ.

8. Lors donc que, tout jeune encore, au nom du Seigneur il eût revêtu l'habit des frères mineurs,

et eût été confié à un certain maître pour la discipline des études spirituelles, chaque fois qu'il entendait proférer par son maître des paroles divines

9. son cœur se fondait comme de la cire au feu, et il était rempli au dedans d'une telle grâce de douceur que sa personne extérieure se trouvait forcée de courir tantôt par le jardin, tantôt par l'église, ou bien encore par les bois ; et il allait courant ou tournant d'un pas rapide, suivant que le poussait sa flamme intérieure.

10. Or, dans la suite du temps, cet homme angélique fut entraîné par la grâce divine dans divers états de la hiérarchie surnaturelle. Parfois cette grâce divine l'élevait aux splendeurs des chérubins, parfois à la flamme séraphique, parfois aux joies des anges.

11. Et, qui plus est, plus d'une fois elle l'emportait vers les baisers divins et les extrêmes embrassements de l'amour du Christ, non seulement par ses sentiments intérieurs, mais aussi par des signes extérieurs, comme un ami très intime.

12. Ainsi il arriva, une fois, que, embrasé du feu de l'amour du Christ pendant un espace de trois années, il reçut des consolations merveilleuses, et souvent, dans cette ardeur sainte, il était ravi jusque vers Dieu[1].

[1] *Fioretti* : « Et cela se produisit sur la sainte montagne de l'Alverne. »

13. Mais comme Dieu prend un soin tout spécial de ses fils, tantôt en les consolant par des choses heureuses, et tantôt en les exerçant par des choses adverses[1], voilà que (pendant que le susdit frère Jean se trouvait dans un certain lieu), ce rayonnement et état enflammé lui fut enlevé, et qu'il resta sans amour ni lumière, et fut plongé dans une tristesse infinie.

14. En conséquence de quoi son âme ne ressentant plus la présence du Bien-Aimé, il s'angoissait et se tourmentait, allant par le bois, regrettant le Bien-Aimé qui s'était caché à lui ; mais nulle part il ne parvenait à retrouver les doux embrassements et les suaves et bienheureux baisers du Christ, ainsi qu'il en avait eu autrefois l'habitude.

15. Et pendant bien des jours il subit cette tribulation ; parmi des gémissements, des soupirs, et des larmes. Et comme, un certain jour, il errait par ladite forêt, où lui-même s'était fait un sentier afin de pouvoir y marcher, et qu'ainsi il s'avançait, tout affligé et désolé, voici que, attachant ses bras à un hêtre, il éleva au ciel son visage éploré.

16. Et voici que celui qui guérit les cœurs contrits et qui allège leur contrition, Notre-Seigneur béni Jésus-Christ, lui apparut dans le même sentier, mais sans rien lui dire !

[1] *Fioretti :* « Ainsi que cela lui paraît nécessaire pour les maintenir dans l'humilité. »

17. Et dès que le frère Jean l'eut reconnu, aussitôt il se jeta à ses pieds ; et, avec des gémissements indicibles, il le conjurait et très humblement le suppliait de daigner le secourir :

18. « Parce que sans toi, mon très doux Sauveur, je reste dans les ténèbres et l'affliction ; sans toi, Agneau plein de tendresse, je reste dans les angoisses et la terreur ; sans toi, Très-Haut Fils de Dieu, je reste dans la confusion et la honte ! Parce que, sans toi, je suis dépouillé de tous les biens !

19. « Parce que, sans toi, je suis aveuglé de ténèbres ! Parce que toi seul, ô Jésus, tu es la vraie lumière des nations ! Sans toi, je suis perdu et damné, parce que tu es la vie des âmes et des vies. Sans toi, je suis aride et stérile, parce que tu es la source des bienfaits et des grâces.

20. « En toi je suis pleinement consolé, parce que tu es, Seigneur, notre rédemption, notre amour et désir, le pain qui restaure et le vin qui réjouit la troupe des anges et les cœurs de tous les saints.

21. « Et, donc, daigne m'éclairer, maître très gracieux et très charitable pasteur, puisque je suis ta petite brebis, encore bien qu'indigne ! »

22. Et, attendu que le désir non rassasié enflamme le cœur à un plus grand amour, le Christ béni s'éloigna encore par le sentier susdit, toujours sans consentir à lui dire un seul mot.

23. Et le frère Jean, voyant que son Christ bien-aimé s'éloignait et ne l'exauçait point, se releva de nouveau et, de nouveau, courut vers le Christ, avec une grande importunité sainte, comme un pauvre et un mendiant; et puis, se prosternant humblement à ses pieds, pieusement et avec des larmes il le supplia :

24 « O très doux Jésus, aie pitié de moi, car je suis grandement affligé ! Exauce-moi au nom de l'abondance de ta miséricorde et de la vérité de ton salut, et rends-moi la joie de mon cœur[1], parce que la terre est pleine de ta miséricorde, et que tu sais combien est violente ma tribulation ! (Je t'en prie, et t'en supplie, hâte-toi de venir au secours de mon âme enténébrée) ! »

25. Et, de nouveau, le Sauveur s'éloigna, sans vouloir rien dire au frère Jean ; et, se refusant tout à fait à le consoler, il semblait vouloir s'en aller par le sentier susdit. Mais il faisait là comme une mère avec son petit, afin d'enflammer davantage son désir,

26. pareil à une mère qui enlève son lait à son fils, et voit celui-ci réclamer le lait ; et puis, après avoir pleuré, embrassant son fils et le couvrant de baisers, elle admet l'enfant à une douceur plus grande.

27. Ainsi le frère Jean, pour la troisième fois

[1] *Fioretti* : « Et rends-moi la joie de ta face, et de son regard plein de compassion. »

s'étant mis à suivre le bienheureux Jésus-Christ, courait vivement en pleurant, comme un nourrisson derrière sa mère.

28. Et lorsqu'il fut parvenu jusqu'à lui, le Christ bienheureux tourna enfin son visage plein de grâce vers le frère Jean, et étendit vers lui ses mains vénérables (comme fait un prêtre quand il se retourne vers le peuple).

29. Et alors le frère Jean vit des rayons merveilleux de lumière sortir de la très sainte poitrine du Christ, des rayons qui non seulement illuminaient au dehors toute la forêt, mais aussi remplissaient son corps et son âme, au dedans, de splendeurs divines.

30. Et aussitôt le frère Jean (connut par révélation de quelle façon humble et révérente il devait se comporter à l'égard du Christ. Car aussitôt il) se jeta aux pieds du Christ. Et le Sauveur bienheureux, miséricordieusement, lui présenta ses pieds très saints,

31. sur lesquels le frère Jean répandit tant de larmes que vous auriez cru voir une autre Madeleine. Et il supplia le Christ de ne point considérer ses péchés, mais, par le mérite de sa très sainte passion et par l'aspersion de son sang glorieux, de daigner ressusciter son âme à la grâce de l'amour divin.

32. « Puisque ton commandement est que je t'aime de tout mon cœur et de toutes mes forces,

et que c'est là un commandement que personne ne peut remplir sans ton aide, aide-moi donc, ô très aimant Jésus-Christ, afin que je puisse t'aimer de toutes mes forces! »

33. Or, pendant que le frère Jean priait ainsi avec instance, et gisait aux pieds du Christ, il en reçut tant de grâce qu'il se sentit tout renouvelé, et, comme la Madeleine, tout pacifié et consolé.

34. Et alors, ressentant le don d'une telle grâce, il commença à remercier le Sauveur, et à baiser humblement ses pieds, en se redressant pour pouvoir contempler le Christ avec reconnaissance. Et le Christ bienheureux lui présenta à baiser ses mains très saintes, et les étendit vers lui.

35. Et, au même moment, le frère Jean, se relevant encore, parvint jusqu'aux mains du Seigneur Jésus, et l'embrassa, et le Christ bienheureux l'embrassa en échange.

36. Et pendant que le frère baisait la très sainte poitrine du Christ, il sentit une odeur si divine, que, si même tous les aromates du monde étaient réunis en un seul, en comparaison de cette odeur divine on croirait sentir une affreuse puanteur.

37. Et, par-dessus cela, de cette même poitrine du Sauveur jaillissaient les rayons susdits, illuminant l'âme au dedans et au dehors, ainsi que toutes les choses d'alentour.

38. Et dans cet embrassement, et cette odeur et ces lumières, sur la poitrine même de Notre-Seigneur Jésus-Christ, le frère Jean fut ravi en extase, et pleinement consolé et merveilleusement éclairé.

39. Et toujours depuis lors, ayant pu boire ainsi à la source sacrée de la poitrine du Sauveur, il fut rempli du don de la sagesse et de la grâce de la parole divine, si bien que souvent il proférait des paroles merveilleuses, et au-dessus de tout ce que l'on pourrait rapporter.

40. Et, comme de son ventre coulaient désormais les flots d'eau vive qu'il avait puisés dans l'abîme de la poitrine du Seigneur Jésus-Christ, en conséquence il changeait les âmes de ceux qui l'entendaient, et y faisait croître des fruits merveilleux.

41. En outre, cette odeur susdite et cette splendeur de lumière qu'il avait ressenties là, pendant bien des jours il les conserva dans son âme. Et, qui plus est, pendant longtemps il retrouvait les mêmes splendeur et parfum dans ledit sentier, où s'étaient posés et avaient marché les pieds du Sauveur.

42. Et lorsque le frère Jean revint à soi après le ravissement susdit, le Christ bienheureux avait disparu, et lui-même, depuis lors, à jamais il restait consolé et illuminé.

43. Et alors il découvrit l'humanité du Christ,

ainsi que me l'a rapporté celui qui a entendu toutes ces choses de la bouche même du frère Jean. Et il trouva son âme ensevelie dans l'abîme de la divinité, chose qui fut prouvée, dans la suite, par des témoignages nombreux et manifestes.

44. Car en présence de la Cour romaine, et devant des rois et des barons, et devant des maîtres et des docteurs, il faisait jaillir de soi des lumières si hautes et profondes qu'il plongeait tous ses auditeurs dans un étonnement merveilleux.

45. Et bien que ce frère Jean fût un homme quasi sans lettres, cependant il résolvait et éclairait admirablement les questions les plus subtiles et les plus élevées touchant la Trinité et les autres mystères de l'Ecriture[1].

A la louange de Notre-Seigneur Jésus-Christ. *Amen.*

[1] Ces dernières phrases ont été un peu abrégées et interverties par le traducteur italien, qui, en outre, a supprimé un assez long passage théologique des *Actus*, commentant la vision du frère Jean de l'Alverne.

CHAPITRE L

Comment le frère Jean de l'Alverne, pendant qu'il disait la messe du jour des morts, vit maintes âmes délivrées du purgatoire[1].

1. Comme, un jour, ledit frère Jean célébrait la messe en commémoration de tous les défunts, il offrit avec un tel élan de charité et de compassion ce très haut sacrifice, dont les âmes défuntes désirent toujours les bons effets par-dessus tous les autres suffrages, qu'il se trouvait comme fondu tout entier dans la douceur de sa piété et dans une suave dilection surnaturelle.

2. Et quand, pendant ladite pieuse messe, il leva le très saint corps du Seigneur, l'offrant à Dieu le Père, afin que celui-ci, par amour pour Celui qui fut pendu à la croix, voulût bien délivrer miséricordieusement de leurs prisons ces âmes créées et rachetées par lui, voici qu'il vit comme une infinité d'âmes sortir du purgatoire,

[1] Titre latin : *Comment le frère Jean, pendant qu'il célébrait la messe, vit les âmes être délivrées du purgatoire.*

pareilles à une multitude d'étincelles jaillissant d'une fournaise embrasée!

3. Et il vit ces âmes s'envoler vers leur patrie céleste, grâce au mérite du Christ qui, pour le salut des âmes, a souffert sur la croix, et qui, chaque jour, dans la très sainte hostie, daigne se laisser offrir pour les vivants et les morts (et qui est le Dieu béni et l'homme, la lumière et la vie, la rédemption et la justice, et la sanctification éternelle dans les siècles des siècles). *Amen.*

CHAPITRE LI

Du saint frère Jacques de Fallerone, et comment, après sa mort, il apparut au frère Jean de l'Alverne [1].

1. Dans le même temps où le frère Jacques de Fallerone, homme très saint, se trouvait malade au couvent de Molliano, dépendant de la custodie de Fermo et de la province de la Marche, le frère Jean de l'Alverne [2] priait Dieu très instamment pour ledit frère Jacques, par oraison mentale et ardent désir de son cœur, car il aimait ce frère d'une affection aussi intime que s'il avait été son véritable fils.

2. Et pendant qu'ainsi il priait de toute son âme, il fut ravi en extase et vit dans les airs une armée nombreuse d'anges et de saints, flottant avec une grande lumière au-dessus de sa cellule, qui était dans un bois. Et telle était cette lumière

[1] Titre latin : *Comment le frère Jean vit le bienheureux François ainsi que maints autres frères; et comment le frère Jacques lui parla après sa mort.*

[2] *Fioretti :* « Qui demeurait alors au couvent de Massa. »

divine que la terre entière, alentour, en était illuminée.

3. Et, parmi ces anges et saints il vit le susdit malade pour lequel il était en train de prier, debout, revêtu d'une beauté merveilleuse, avec une robe blanche resplendissante. Et il vit aussi, dans cette foule, notre bienheureux père François marqué de ses stigmates, et étincelant d'une gloire admirable.

4. Et il vit et reconnut le saint frère Lucide, et le frère Mathieu le Vieux de Monte Rubbiano, ainsi que maints autres frères qu'il reconnut sans les avoir jamais vus dans sa vie, et qui, en compagnie d'une foule de saints, replendissaient de la même gloire.

5. Et pendant qu'il contemplait cette vision, il connut en toute certitude, par révélation, que ledit malade était sauvé, et que, de cette même maladie dont il souffrait, il devait passer au ciel, mais non pas immédiatement, car il fallait qu'il fût d'abord un peu nettoyé dans le purgatoire.

6. Or, le frère Jean, devant ce spectacle, fut si réjoui du salut et de la gloire dudit frère que, dans la douceur de l'esprit, souvent il l'appelait[1], lui disant au secret de son cœur : « Frère Jacques, mon frère Jacques ; mon très fidèle serviteur du Christ ; frère Jacques, mon très doux

[1] *Fioretti* : « Que, sans éprouver aucun chagrin de la mort corporelle dudit frère, souvent il l'appelait », etc.

père; frère Jacques, compagnon des anges; frère Jacques, admis au sort des bienheureux! »

7. Et, se trouvant ainsi assuré de la mort du frère Jacques, et réjoui du salut de son âme, il s'éloigna du couvent de Massa, où il avait eu cette vision;

8. et il se rendit, pour aller voir ledit frère, à Molliano, où il trouva le malade si accablé par sa maladie que c'est à peine s'il pouvait lui parler. Et le frère Jean lui annonça qu'il allait mourir, et (comme un lion assuré et joyeux), allait passer à la vie céleste.

9. Et le frère Jacques assuré de son salut, et tout réjoui aussi bien d'âme que de visage, accueillit le frère Jean avec un très beau sourire et un visage tout gai, le remerciant de lui apporter d'aussi agréables nouvelles;

10. et, comme il l'aimait autant qu'un fils, il se recommanda intimement à lui, et lui dit que déjà son âme se détachait de son corps. Sur quoi le frère Jean le pria de daigner lui parler après sa mort; et le frère Jacques le lui promit, si du moins il en obtenait la permission de la bonté du Sauveur.

11. Et tout cela dit, et comme l'heure de la mort approchait, le frère Jacques se mit à dire dévotement: « Oh! dans la paix, oh! dans le repos, oh! que je dorme et me repose! [1] » Et puis, ayant

[1] *Fioretti :* « Le frère Jacques commença à réciter dévote-

dit cela, avec un visage joyeux et souriant il émigra vers le Seigneur Jésus-Christ.

12. Or, le frère Jean, revenu au couvent de Massa, attendait la promesse du frère Jacques, le jour où ce frère lui avait dit qu'il lui parlerait. Et, pendant qu'il attendait ainsi, le Christ lui apparut avec une grande lumière et un cortège merveilleux d'anges et de saints.

13. Et le frère Jean se ressouvint du frère Jacques, et le recommanda au Christ. Après cela, le lendemain, comme le frère Jean se tenait en prière dans le bois de Massa, le frère Jacques lui apparut à son tour, escorté d'anges, et tout glorieux et joyeux.

14. Et le frère Jean lui dit : « O mon père, pourquoi ne m'as-tu point parlé dès le jour de ta mort, comme tu me l'avais promis ? » A quoi le frère Jacques répondit : « C'est parce que j'avais d'abord besoin de me nettoyer un peu au purgatoire !

15. « Mais, à la même heure où le Christ t'est apparu, je suis apparu au frère Jacques, frère lai de Massa, homme très saint, tandis qu'il servait la messe, où il voyait, à l'heure de l'élévation, l'hostie sainte transformée en un enfant d'une beauté merveilleuse.

16. « Et j'ai parlé audit frère, et lui ai dit :

ment ce verset du psaume : *En paix je m'endormirai et reposerai dans la vie éternelle* ! »

« Aujourd'hui même, avec cet Enfant, je m'en vais au royaume céleste, car personne ne peut y aller que par lui. » Et, lorsque tu m'as recommandé au Christ, tu as été exaucé. Et, en ce même instant où je parlais au frère Jacques susdit, j'ai été délivré ! »

17. Et puis, ayant ainsi parlé, il s'en alla vers le Seigneur. Et le frère Jean resta grandement consolé. Or, le frère Jacques de Fallerone émigra au ciel la veille de la fête de saint Paul apôtre, au mois de juillet, et son corps repose audit couvent de Molliano, où il opère maints miracles. A la louange de Dieu. *Amen.*

CHAPITRE LII

D'une vision du frère Jean de l'Alverne, où ce frère connut tout l'ordre de la Sainte Trinité[1].

1. Le susdit frère Jean, ayant tout à fait renoncé aux consolations de ce monde, ne voulait être consolé qu'en Dieu seul. Et aussi, toutes les fois que revenaient les principales solennités de Notre-Seigneur Jésus-Christ, la grâce divine lui accordait de nouvelles consolations et révélations merveilleuses.

2. Ainsi il arriva que, durant l'approche de la Nativité de Notre Sauveur, comme ledit frère attendait avec certitude la consolation de l'humanité du Christ bienheureux,

3. le Saint Esprit (qui sait, comme il le dit lui-même, dispenser ses dons suivant les lieux et les temps, *ne faisant pas attention aux projets de l'homme qui désire ni qui court, mais de celui qui médite la sagesse du Seigneur*)[2],

[1] Titre latin : *Comment le frère Jean de l'Alverne se trouva ravi dans l'abîme de Dieu.*

[2] Dans ce passage omis par le traducteur italien, les mots

4. offrit audit frère Jean non pas la consolation qu'il attendait de l'humanité du Christ, mais un amour si fervent de la charité du Christ qu'il lui semblait que son âme était séparée de son corps.

5. Car son cœur brûlait cent fois plus que s'il avait été dans une fournaise, ainsi que son âme, et, en raison de cet embrasement, il était tout anxieux et haletant, et, sous l'excès de son émotion, il criait à haute voix, ne pouvant pas se retenir de crier, en raison de l'extrême ferveur de son amour et de la poussée extrême de l'Esprit.

6. Et, dans cette heure où il sentait une telle ardeur d'amour, l'espoir du salut le fortifiait infiniment, et il croyait que, s'il était mort à ce moment, il n'aurait pas à passer par le purgatoire.

7. Et ce grand amour dura, avec des intervalles, il est vrai, pendant une demi-année. Et quant à l'embrasement, celui-là dura plus d'une année, à tel point que, souvent pendant une heure entière, il semblait sur le point de rendre l'âme.

8. Et puis, après ce temps, il eut des visitations et consolations innombrables (ainsi que j'ai pu le voir moi-même sur la foi de mes yeux à plusieurs reprises, et que bien d'autres l'ont

en italiques sont extraits de l'*Epître* de saint Paul *aux Romains*, IX, 16.

vu très souvent[1]). Car, en raison de l'excès de sa ferveur et de son amour, il ne pouvait point cacher ses visitations; et plusieurs fois même il fut ravi en extase devant mes yeux.

9. Or, durant une certaine nuit, il fut élevé dans une lumière si merveilleuse qu'il vit toutes les choses créées dans le Créateur, aussi bien célestes que terrestres, et tout nettement ordonnées d'après leur rang.

10. C'est-à-dire qu'il vit de quelle manière sont ordonnés les chœurs des esprits bienheureux au-dessous de Dieu (et il vit aussi le paradis terrestre et la bienheureuse humanité du Christ. Et pareillement il put contempler les demeures infernales, et il voyait et sentait que toutes ces choses représentent leur créateur.

11. Après quoi Dieu l'éleva au-dessus de toutes créatures à tel point que son âme fut absorbée et engloutie dans l'abîme de la divinité et clarté célestes, et ensevelie dans l'océan de l'éternité et infinité divines,

12. de telle sorte qu'il ne ressentait plus rien de créé ni de formé, rien de fini, ni de concevable, rien de ce que le cœur humain peut penser ou la langue raconter.

13. Et son âme était absorbée dans cet abîme de divinité et cet océan de clarté à tel point que

[1] A ces mots le traducteur italien substitue les suivants : « Ainsi que l'a vu le frère qui, le premier, a écrit tout cela. »

cette âme se trouvait plongée comme une goutte de vin au fond de la mer.

14. Et, de même qu'une telle goutte ne peut rien apercevoir que la mer, de même son âme ne voyait que Dieu en toutes choses, et au-dessus de toutes choses, et au dedans et au dehors de toutes choses, mais toujours en distinguant trois personnes en un seul Dieu et un seul Dieu en trois personnes.

15. Et il comprit alors cette charité éternelle qui fit que le fils de Dieu s'incarnât par obéissance pour son Père, et, par cette voie de l'incarnation et de la passion du fils de Dieu, en la méditant et l'imaginant et en pleurant sur elle, l'âme du frère parvint à des lumières indicibles,

16. et comprit que notre âme ne peut pénétrer par aucun autre chemin auprès du Seigneur si ce n'est par le Christ, qui est *la voie, la vérité, et la vie.*

17. Et furent également révélées audit frère, dans cette même vision, toutes les choses qui avaient été faites par le Christ depuis la chute du premier homme jusqu'à l'entrée du Christ dans la vie éternelle, de ce Christ qui est le chef et la tête de tous les élus qui ont existé, et existent, et existeront jusqu'à la fin du monde, ainsi que l'ont annoncé les saints prophètes [1].)

[1] Tout le passage entre parenthèses a été résumé de la façon suivante par le traducteur italien : « Et alors il connut claire-

A la louange de Notre-Seigneur Jésus-Christ. *Amen.*

ment de quelle façon toute chose créée représente son créateur, et comment Dieu est à la fois au dedans, et au dehors et alentour de toutes les choses créées. Après quoi il connut un Dieu en trois personnes, et trois personnes en un Dieu, et par quelle charité infinie le fils de Dieu a daigné s'incarner pour obéir à son Père. Et enfin il connut, dans cette vision, comment il n'y a point d'autre voie par laquelle l'âme puisse aller à Dieu et posséder la vie éternelle, sinon la voie de N.-S. Jésus-Christ, qui est la voie, la vérité, et la vie de l'âme. *Amen.* »

CHAPITRE LIII

Comment le frère Jean de l'Alverne, pendant qu'il disait la messe, tomba inanimé et comme mort[1].

1. Au même frère Jean arriva une chose tout à fait merveilleuse et digne d'être commémorée, suivant ce que m'ont rapporté ceux qui y ont assisté.

2. En effet, pendant que le susdit frère Jean demeurait au couvent de Mogliano, dans la custodie de Fermo et la province de la Marche, le jour du lendemain de l'octave de saint Laurent, c'est-à-dire avant l'octave de l'Assomption de la Vierge, il se leva sans attendre l'heure des matines,

3. et, avec une grande onction de grâce, qu'il avait obtenue du Seigneur, il célébra les matines avec ses frères. Puis, après les matines, il se rendit dans le jardin;

4. parce qu'il éprouvait une telle abondance

[1] Titre latin : *Comment le frère Jean vit le Christ glorieux dans l'hostie, et ce qui se passa sur l'autel au moment où il dit : « Ceci est mon corps! »*

de douceur et de suavité que, en raison de la grâce très grande qu'il trouvait, par goût mental, dans ces paroles du Seigneur : *ceci est mon corps!* il ne pouvait s'empêcher de proférer des cris et de répéter toujours dans son cœur : *ceci est mon corps!*

5. Et, ces paroles étant pour lui illuminées par l'Esprit Saint, et, les yeux de son âme s'ouvrant, il voyait le Christ bienheureux avec la bienheureuse Vierge et la multitude des anges et des saints,

6. (Et il comprenait cette parole apostolique suivant laquelle *nous sommes tous un seul corps dans le Christ, et chacun de nous est le membre l'un de l'autre, afin que nous puissions saisir avec tous les saints quelles sont la largeur, la longueur, la sublimité, et la profondeur*[1],

7. « mais aussi afin que nous puissions connaître la science super-éminente de la charité du Christ, attendu que tout cela se trouve dans ce très haut sacrement qui s'accomplit lorsque le prêtre dit : *ceci est mon corps*[2]!)

8. Et puis, l'aurore s'étant levée, le frère Jean, rempli de la grâce divine, entra dans l'église

[1] *Epîtres* de saint Paul *aux Romains*, XII, 5, et *aux Ephésiens*, II, 18.

[2] Au lieu de ce passage, le traducteur italien nous dit simplement : « Et, en répétant ces mots, il était illuminé de l'Esprit Saint, et comprenait tous les profonds et sublimes mystères de ce très haut sacrement. »

avec une grande ferveur, et anxieux sous la flamme de l'Esprit Saint, et imaginant n'être vu de personne, — tandis qu'un autre frère se tenait alors dans le chœur, qui voyait et entendait tout cela.

9. Et comme ainsi, dans son anxiété et en raison de la grandeur de la grâce qu'il éprouvait, il ne pouvait plus se contenir, à trois reprises, il poussa un grand cri.

10. Puis, s'étant approché de l'autel pour célébrer la messe qu'il devait chanter, la grâce qu'il avait reçue fut encore accrue, ainsi que son susdit amour; et lui fut donné par Dieu un certain sentiment ineffable et inappréciable, que toutes ses paroles n'auraient point suffi à exprimer.

11. Et, craignant que tous ces sentiments et sa ferveur merveilleuse ne s'accrussent au point qu'il lui fallût renoncer à sa messe, il ne savait point quel parti prendre, et s'il devait continuer ou attendre.

12. Mais enfin, comme une fois déjà il avait éprouvé quelque chose de pareil, et que Dieu, cependant, l'avait suffisamment contenu pour qu'il n'eût pas à renoncer à sa messe, il eut confiance de pouvoir continuer à la dire, cette fois encore.

13. Et, néanmoins, il craignait beaucoup ce qui allait arriver, car un tel afflux divin ne dépend pas du pouvoir de l'homme.

14. Donc, quand il eut continué jusqu'à la préface de la bienheureuse Vierge, cette illumination et douceur de grâce grandit au point que, en arrivant aux mots : *qui pridie quam pateretur*, il avait beaucoup de peine à soutenir tant de suavité.

15. Puis, quant il parvint aux mots : *ceci est mon corps!* voici que, répétant toujours *ceci est, ceci est*, et cela très souvent, il ne pouvait pas aller plus loin : car il sentait une présence divine, et celle de la multitude des anges et des saints.

16. De telle sorte qu'il défaillait presque, sous la grandeur de cette présence qu'il éprouvait dans son âme. Si bien que le gardien du couvent, venant au secours de son anxiété, se tenait près de lui, et un autre frère derrière lui, avec un cierge allumé ;

17. tandis que les autres frères se tenaient plus au fond, tout effrayés, ainsi que maints hommes et femmes, parmi lesquelles se trouvaient quelques-unes des plus nobles de la province ; et, toutes ces femmes, attendant et craignant, pleuraient à la manière de leur sexe.

18. (Quant au frère Jean, celui-là, comme devenu fou sous l'excès de sa très heureuse et très douce joie, restait debout devant l'autel, ne pouvant toujours pas procéder à la très sainte consécration, car il sentait que Notre-Seigneur Jésus-Christ n'entrait pas dans l'hostie.

19. Ou plutôt c'était l'hostie qui ne pouvait pas se transsubstantier en le Christ, aussi longtemps qu'il n'aurait pas ajouté les mots : *mon corps*). Et lui, enfin n'ayant plus la force de supporter en soi une telle majesté de cette présence bienheureuse, c'est-à-dire de ce paradis du corps mystique du Christ, qui lui était révélée, s'écria très haut : *mon corps !*

20. Et aussitôt l'apparence du pain s'évanouit et apparut, à sa place, le Seigneur Jésus-Christ fils de Dieu, incarné et glorifié ; et il lui montra l'humilité qui l'avait fait s'incarner, et qui, tous les jours, le fait revenir entre les mains du prêtre.

21. Et tant d'humilité maintenait le frère Jean dans une telle douceur et admiration ineffable qu'il ne pouvait pas achever les paroles de consécration.

22. Car cette humilité et condescendance de notre Sauveur à notre égard est tellement admirable, comme le disait souvent ce même frère Jean, que notre corps ne peut les soutenir, ni nos paroles les expliquer ; et à cause de cela, il ne pouvait pas procéder à la suite de sa messe.

23. Aussi, ayant dit enfin *ceci est mon corps !* voici qu'il retomba en arrière, comme miraculeusement frappé : mais il fut soutenu par le gardien, qui se tenait auprès de lui, et ainsi fut empêché de se précipiter à terre. Et, tous les frères et le reste des hommes et des femmes qui

se trouvaient dans l'église étant accourus, il fut transporté à la sacristie comme un mort.

24. En effet, son corps était devenu glacé, comme celui d'un homme mort, et les doigts de ses mains étaient si fortement contractés que c'est à peine si on pouvait les détendre ou les mouvoir; et ainsi il resta étendu, comme inanimé, depuis le matin jusqu'à l'heure de tierce. Cela se passait durant l'été.

25. Et comme moi, qui ai assisté à cela, je désirais grandement savoir quel prodige avait opéré devant lui la clémence du Seigneur, presque aussitôt qu'il fut revenu à soi je m'approchai de lui, le priant, par amour de Dieu, de daigner me raconter les choses susdites.

26. Et c'est lui-même, — car il me confiait ainsi bien des choses, — qui me raconta tout cela en détail, par la grâce de Dieu. Et, en outre, il me dit que, pendant la consécration et avant elle, son cœur se trouvait fondu à la manière d'une cire très trempée,

27. et que sa chair lui paraissait être sans os, à tel point qu'il ne pouvait soulever ni ses membres, ni ses mains, pour faire le signe de croix sur l'hostie.

28. Et il ajoutait que, avant qu'il fût devenu prêtre, il lui avait été révélé qu'il devait ainsi défaillir pendant la messe; mais que, ensuite, il avait célébré bien des messes, et que, la chose qui

lui avait été prédite n'étant pas arrivée, il croyait s'être trompé en cela.

29. Et puis, environ cinquante jours avant l'Assomption de la bienheureuse Vierge Marie, jour où, de nouveau, il eut la même vision, il lui fut révélé que cela devait lui arriver aux environs de cette fête : mais il avait oublié cette promesse.

A la louange et gloire de Notre-Seigneur Jésus-Christ. *Amen.*

FIN DES PETITES FLEURS DE SAINT FRANÇOIS

ÉCOLE SIENNOISE DES LORENZETTI

SAINT FRANÇOIS RECEVANT LES STIGMATES (fresque).

Basilique d'Assise.

DES TRÈS SAINTS STIGMATES

DE SAINT FRANÇOIS

ET DE LEURS CONSIDÉRATIONS[1]

Dans cette partie, nous considérerons pieusement les glorieux stigmates de notre bienheureux père saint François, tels qu'il les a reçus du

[1] Ces *Considérations des Saints Stigmates*, publiées d'ordinaire à la suite des *Fioretti*, ne doivent pas avoir eu, cependant, la même origine. « Compilées » d'après divers ouvrages latins des XIIIe et XIVe siècles, tout porte à croire qu'elles ont été écrites, dès d'abord, en langue « vulgaire »; et par un moine franciscain du milieu du XIVe siècle que la prompte popularité des *Fioretti* aura encouragé à mettre, pareillement, sous les yeux du peuple italien le récit de l'événement le plus mémorable de l'histoire de saint François. Aussi m'a-t-il paru à propos d'en joindre ici la traduction à celle du petit livre qu'elles étaient destinées à compléter : tandis que je n'ai vu aucun motif pour ajouter encore, à ces deux monuments populaires de l'évangile franciscain, les anecdotes assez médiocres d'une *Vie du frère Egide,* ni surtout les grosses farces, parfois un peu trop « grosses », d'une *Vie du frère Junipère* que nous offrent également, par manière d'appendice, quelques copies ou éditions anciennes des *Fioretti*.

Christ sur la sainte montagne de l'Alverne ; et attendu que lesdits stigmates ont été au nombre de cinq, conformément aux cinq plaies de Notre-Seigneur Jésus-Christ, en conséquence le présent traité sera divisé en cinq Considérations. La première Considération aura pour sujet la manière dont saint François est arrivé à la sainte montagne de l'Alverne.

La seconde sera consacrée à la vie qu'il a menée et aux entretiens qu'il a eus avec ses compagnons sur ladite montagne.

La troisième traitera de l'apparition séraphique et de l'impression des stigmates.

La quatrième examinera comment saint François s'est éloigné de la montagne de l'Alverne, après avoir reçu les stigmates, et s'en est retourné à Sainte-Marie-des-Anges.

La cinquième traitera de certaines apparitions et révélations divines qui ont été faites, après la mort de saint François, à de saints frères et à d'autres personnes ayant dévotion pour lesdits glorieux stigmates.

I

PREMIÈRE CONSIDÉRATION DES SAINTS STIGMATES

Quant à la première Considération, il faut savoir que saint François, étant alors âgé de quarante-quatre ans, en l'an 1224, sous l'inspiration divine s'en alla de la vallée de Spolète pour se rendre en Romagne avec le frère Léon son compagnon; et que, sur sa route, il passa au pied du château fort de Montefeltre, où avait lieu, ce jour-là, un grand banquet suivi d'une fête, en l'honneur de l'élévation au rang de chevalier de l'un des comtes de cette maison. Et saint François, ayant entendu parler de la solennité qui se célébrait là, et apprenant que s'y trouvaient réunis maints gentilshommes de divers pays, dit au frère Léon : « Montons là haut, nous aussi, à cette fête! Car qui sait si, avec l'aide de Dieu, nous ne parviendrons pas à y produire quelque bon fruit spirituel? »

Or, parmi les autres gentilshommes qui étaient venus là, de toute la région, pour prendre part à cette fête, il y avait aussi un noble et très riche seigneur de Toscane, qui s'appelait Roland de Chiusi en Casentin; et celui-là, en raison des choses merveilleuses qu'il avait entendues touchant la sainteté et les miracles de saint François, nourrissait pour ce saint une grande dévotion, et avait un extrême désir de le voir, ainsi que de l'entendre prêcher.

Saint François, donc, étant arrivé audit château, pénètre à l'intérieur, et s'en va sur la place, où était réunie toute la foule des susdits gentilshommes; et puis, dans la ferveur de l'Esprit Saint, le voilà qui monte sur un petit bout de mur et qui commence à prêcher, en proposant, pour thème de sa prédication, ces paroles de langue vulgaire :

Tanto e il bene ch'io aspetto,
Ch' ogni pena m'e diletto [1] *!*

Et sur ce thème, grâce à l'inspiration de l'Esprit Saint, le voilà qui prêche si pieusement et si profondément, prouvant son thème par les diverses peines et souffrances des saints apôtres et martyrs, et par les dures pénitences des saints confesseurs, et par les innombrables tribulations et tentations des saintes vierges et des autres saints, que tout le monde se tenait là avec les yeux et l'esprit suspendus vers lui, et l'écoutait

[1] « Tant est grand le bien où j'aspire, que toute peine m'est un plaisir. »

aussi attentivement que si l'on avait entendu parler un ange de Dieu. Parmi eux le susdit Roland, touché jusqu'au fond du cœur par la merveilleuse prédication de saint François, résolut de s'entretenir avec lui, après cette prédication, et de le prier de mettre en ordre les choses de son âme. Si bien que, le discours achevé, il attira le saint à part et lui dit : « O mon père, je voudrais te prier de t'occuper avec moi du salut de mon âme ! » A quoi saint François répondit : « Cela me plaît fort : mais pour le moment, ce matin, va rejoindre tes amis, qui t'ont invité à la fête, et mange avec eux ; et puis, quand tu auras fini, nous causerons ensemble autant que tu voudras ! » Sur quoi, Roland s'en va se mettre à table ; et, après avoir mangé, il revient vers saint François, et arrange pleinement avec lui les choses de son âme. Et enfin ce comte Roland dit à saint François : « Je possède en Toscane une montagne très pieuse, qui s'appelle le Mont de l'Alverne. C'est une montagne très solitaire et parfaitement appropriée pour celui qui veut faire pénitence dans un lieu écarté, ou qui désire mener une vie de solitude. Que si cet endroit te plaisait, c'est bien volontiers que je t'en ferais don, ainsi qu'à tes compagnons, pour le salut de mon âme ! » Et saint François, en s'entendant offrir si généreusement l'une des choses qu'il désirait le plus, fut rempli d'une très grande joie; et, louant et remerciant tout d'abord le Seigneur, et puis le susdit Roland, il dit à ce dernier : « Sire comte, lorsque vous serez revenu dans votre maison, je vous enverrai quelques-uns de mes compagnons pour que vous leur fassiez voir cette montagne. Et que si seulement elle leur paraît vraiment convenir à la prière et à la pénitence, j'accepte dès maintenant votre offre charitable. »

Cela dit, saint François s'en va, et plus tard, quand il a terminé son voyage, il retourne à Sainte-Marie-des-Anges; et pareillement Roland, lorsque s'est achevée la solennité de cette fête, revient dans son propre château, qui s'appelait Chiusi, et se trouvait environ à une lieue de l'Alverne. Et donc, aussitôt que saint François est de retour à Sainte-Marie-des-Anges, il envoie deux de ses compagnons au susdit Roland; et ceux-ci, étant arrivés auprès de lui, se voient accueillis avec un plaisir et une bonté extrêmes. Et ledit comte, voulant leur montrer le mont de l'Alverne, y envoie avec eux une cinquantaine de gens d'armes, afin de les défendre contre les bêtes sauvages. Ainsi accompagnés, les deux frères gravissent la montagne et l'explorent diligemment; et ils arrivent enfin à une partie de la montagne qui leur paraît spécialement apte à une vie de contemplation, partie où se trouvait un plateau assez étendu. Aussi est-ce l'endroit qu'ils choisissent pour leur habitation, ainsi que pour celle de saint François.

Avec l'aide de ces gens d'armes, qui les accompagnent, ils construisent là une hutte en branches d'arbres ; et puis ils acceptent, au nom de Dieu, le mont de l'Alverne, en prennent possession ainsi que du couvent des Frères de ce mont, et puis, s'éloignant, ils retournent auprès de saint François.

Revenus auprès de lui, ils lui rapportent de quelle manière ils ont fondé un couvent sur le mont de l'Alverne, dans un lieu éminemment propre à la prière et à la contemplation. Et saint François, en entendant cette nouvelle, se réjouit grandement, et, après avoir loué et remercié Dieu, avec un visage tout rayonnant de bonheur il dit à ses frères : « Mes chers petits enfants, voici que nous approchons de notre carême de la Saint-Michel ! Or, je crois fermement que c'est la volonté de Dieu que nous fassions ce carême sur le mont de l'Alverne, qui vient ainsi, par dispensation divine, d'être accommodé à notre usage ; afin que, en l'honneur et gloire de Dieu, et de sa sainte Mère la Vierge Marie et des saints Anges, nous obtenions par notre pénitence, de Notre-Seigneur Jésus-Christ, la consolation de consacrer cette montagne bénie ! »

Puis, après avoir ainsi parlé, saint François prit avec soi le frère Masseo de Marignan, près d'Assise, qui était homme de grande intelligence et très éloquent; le frère Ange Tancrède de Rieti, gentilhomme éminent qui avait été chevalier dans la vie du siècle ; et enfin le frère Léon, qui était une personne d'une simplicité et d'une pureté extrêmes, en raison de quoi saint François l'aimait infiniment et lui révélait quasi tous ses secrets. Et, avec ces trois frères, saint François s'agenouilla en prières, se recommandant lui-même et recommandant les compagnons susdits aux prières des frères qui devaient rester à Assise ; et puis il se mit en route avec les trois frères susdits, au nom de Jésus-Christ le Crucifié, pour se rendre au mont Alverne. Et, lorsque tous les quatre ils se furent mis en route, saint François appela un de ses trois compagnons, le frère Masseo, et lui parla ainsi : « C'est toi, frère Masseo, qui seras notre Gardien et notre Supérieur pendant ce voyage, c'est-à-dire pendant que nous marcherons et resterons ensemble. Et il faut que nous observions notre coutume, c'est-à-dire que, ou bien nous réciterons nos offices, ou bien nous parlerons de Dieu, ou bien nous garderons le silence ; et jamais nous ne penserons ni à manger, ni à boire, ni à dormir ; mais lorsque viendra l'heure des repas, nous accepterons un peu de pain, et nous nous arrêterons et nous reposerons dans n'importe quel lieu que le Seigneur apprêtera pour nous. » Alors, ses trois compagnons inclinèrent la tête, et puis, ayant fait le signe de la croix, ils reprirent leur chemin.

Le premier soir ils arrivèrent dans un couvent de frères et y furent hébergés ; le second soir, à la fois à cause du mauvais temps et de leur fatigue, ne pouvant arriver ni à un couvent de frères, ni à une bourgade, ni à aucun village, et se voyant surpris par la nuit sous le mauvais temps, ils se réfugièrent dans une église abandonnée, où ils se couchèrent pour se reposer. Et, pendant que ses compagnons dormaient, saint François s'agenouilla en prière, et voici que durant la première veille de la nuit arriva une grande multitude de démons très féroces, avec un fracas et un remue-ménage effrayants, et les voici qui commencent à attaquer et à vexer cruellement le saint ! L'un le tire en haut et l'autre en bas, l'un le frappe ici, un autre là ; l'un le menace d'une chose, et l'autre lui en reproche une autre ; et ainsi, par toutes les façons, ils s'ingénient à le troubler dans son oraison, mais sans y réussir, attendu que Dieu était avec lui. Et lorsque saint François eut assez longtemps soutenu ces assauts des démons, le voilà qui commence à s'écrier très haut : « O esprits maudits, vous ne pouvez rien, si ce n'est dans la mesure où la main de Dieu vous le permet ! Et, donc, de la part du Dieu tout-puissant je vous dis de faire de mon corps ce qui vous est permis par Dieu, en sachant bien que, pour ma part, je le subirai volontiers, attendu que je n'ai point de pire ennemi que mon corps ; et par conséquent, si vous me vengez sur mon ennemi, c'est un bien grand service que vous me rendrez là ! »

Alors les démons, avec une fureur et une rage extrêmes, s'emparèrent du saint et se mirent à le traîner par toute l'église en le tourmentant de toutes les façons, avec encore beaucoup plus de malice qu'auparavant. Et saint François s'écria : « Mon Seigneur Jésus-Christ, je te remercie de tant d'honneur et de charité que tu daignes me témoigner : car c'est un signe de grand amour, quand le Seigneur punit bien son serviteur dès ce monde-ci, pour tous ses défauts, afin de n'avoir point à le punir dans l'autre monde ! Et quant à moi, je suis tout prêt à subir joyeusement toute peine et toute adversité que tu voudras bien, ô mon Dieu, m'envoyer pour mes péchés ! » Alors les démons, accablés et vaincus par la constance et la patience du saint, s'enfuirent, et saint François, tout embrasé de la ferveur de l'Esprit Saint, sortit de l'église, pénétra dans un bois qui se trouvait tout proche, et, là, il se jeta en prière, et, par ses oraisons avec maintes larmes et en se frappant la poitrine, il s'efforça de trouver Jésus-Christ, l'époux et le bien-aimé de son âme. Et, l'ayant enfin trouvé dans le plus secret de son cœur, tantôt il lui parlait avec révérence, comme à son maître, tantôt lui répondait comme à son juge, tantôt le priait comme son père, tantôt s'entretenait avec lui comme avec un ami.

Or, ses compagnons, pendant ce temps, s'étaient relevés, et, étant venus dans le bois, se tenaient cachés, pour écouter et observer ce qu'il faisait ; et ainsi ils l'entendirent, avec des paroles entrecoupées de plaintes, implorer dévotement la miséricorde divine pour les pécheurs. Et ils le virent et l'entendirent, aussi, déplorer à haute voix la Passion du Christ, tout à fait comme s'il la contemplait par les yeux de son corps. Et également dans cette même nuit, tandis qu'il priait, avec les bras étendus en forme de croix, ils le virent soulevé de terre et suspendu dans le vide durant un long espace de temps, et entouré d'un nuage resplendissant. Et ainsi, parmi ces saints exercices, il passa toute cette nuit sans dormir ; et, le matin suivant, ses compagnons, ayant reconnu que, par suite de la fatigue de la nuit et du manque de sommeil, le saint était trop faible de corps pour se trouver en état de voyager à pied, s'en allèrent aborder un pauvre laboureur des environs, et lui demandèrent, pour l'amour de Dieu, de leur prêter son petit âne à l'usage du frère François, leur père, qui n'était pas en état d'aller à pied.

Sur quoi ce paysan, les entendant parler du

frère François, leur demanda : « Seriez-vous de ces frères de ce Frère d'Assise dont on raconte tant de bien ? » Les frères lui répondirent que c'était précisément pour cet homme-là qu'ils lui demandaient son âne. Et alors ce brave homme, avec un respect et un zèle extrêmes, bâta son petit âne et l'amena à saint François, et puis, respectueusement, il fit monter le saint sur sa bête, et l'on se remit en route, le paysan marchant avec les frères derrière sa bête. Et puis, quand ils eurent fait un bout de chemin, voilà que ce paysan dit à saint François : « Dis-moi donc, est-ce toi qui es le frère François d'Assise ? » Puis, sur la réponse affirmative du saint : « En ce cas, reprit le paysan, prends bien soin d'être aussi bon que tout le monde croit que tu l'es, attendu que les gens ont grande foi en toi ; et c'est pourquoi je t'avertis de faire en sorte que tu sois tel que ce que les gens espèrent de toi ! » Ce qu'entendant, saint François ne se fâcha nullement de recevoir un pareil avertissement d'un simple rustaud, et ne songea pas à se dire en soi-même, comme l'auraient fait bien des hommes superbes : « Quelle brute que cet homme, qui ose ainsi me faire la leçon ! » Mais aussitôt le voici qui descend de l'âne et se jette à terre, et qui s'agenouille devant le paysan, et qui se met à lui baiser les pieds, en le remerciant humblement d'avoir daigné l'avertir avec tant de charité !

Alors le paysan et les trois compagnons de saint François avec grande dévotion le relevèrent de terre et le reposèrent sur l'âne, après quoi la petite troupe se remit en marche. Et lorsqu'on fut parvenu à peu près au milieu de la montée, l'extrême chaleur et la fatigue de la route donnèrent à ce paysan une grande soif, si bien qu'il se mit à crier, derrière saint François, en disant : « Oh ! je me meurs de soif ! Que si je n'ai pas quelque chose à boire, je sens que je tournerai de l'œil ! » Aussitôt saint François descend de son âne et se jette en prière ; et il se tient là à genoux, les mains levées au ciel, jusqu'à ce qu'il ait appris par révélation que Dieu l'a exaucé. Et alors saint François dit au paysan : « Cours bien vite à cette roche que tu vois là-bas ! Tu y trouveras de l'eau vive que Jésus-Christ, par un effet de sa miséricorde, a fait jaillir à ton intention ! » Et le paysan, ayant couru vers l'endroit que saint François lui avait indiqué, y trouva une belle source que la prière du saint avait fait jaillir d'une pierre très dure, et il en but abondamment et fut réconforté. Et il apparut clairement que cette source avait bien été produite par Dieu, de manière miraculeuse, sur la prière de saint François : car jamais ni avant, ni depuis, on n'a vu dans ce lieu une source d'eau vive, ni nulle part à grande distance.

Cela fait, saint François, ses compagnons, et le paysan remercièrent Dieu du miracle qui leur avait été révélé, et puis se remirent en route. Et comme déjà ils approchaient du pied du rocher même de l'Alverne, il plut à saint François de se reposer un peu sous un chêne qui se dressait au bord de la route, et qui s'y voit encore aujourd'hui ; et pendant que saint François, assis sous cet arbre, commençait à considérer la disposition du lieu et de tout le pays environnant, voici qu'arriva une grande multitude d'oiseaux de diverses régions, qui tous, en chantant et en battant des ailes, témoignèrent un plaisir et un empressement infinis ; et ces oiseaux entourèrent saint François de telle façon que quelques-uns vinrent se poser sur sa tête, d'autres sur ses épaules, d'autres sur ses bras ou sur sa poitrine, et d'autres encore autour de ses pieds. Et tandis que les trois frères et le paysan contemplaient ce spectacle et s'en émerveillaient, saint François, tout joyeux en esprit, s'écria : « Je crois vraiment, mes très chers frères, qu'il plaît à Notre-Seigneur Jésus-Christ de nous voir habiter sur ce mont solitaire, puisque nos sœurs et frères les oiseaux témoignent tant de joie de notre venue ! »

Et puis, quand il eut fini de parler ainsi, tous se relevèrent et se remirent en route ; et enfin ils parvinrent à l'endroit dont leurs compagnons avaient déjà pris possession. Et telle est la première Considération, à savoir de la manière dont saint François est arrivé sur la sainte montagne de l'Alverne.

II

SECONDE CONSIDÉRATION DES SAINTS STIGMATES

La seconde Considération aura pour sujet la vie de saint François avec ses compagnons sur ledit mont de l'Alverne. Et d'abord il faut savoir que le comte Roland, à la nouvelle que saint François était monté avec trois compagnons pour demeurer sur l'Alverne, ressentit de la chose une très grande joie; dès le lendemain, il sortit de son château avec une nombreuse suite, et vint faire une visite à saint François, en apportant du pain et du vin, ainsi que d'autres choses nécessaires à l'entretien du saint lui-même et de ses compagnons. Arrivé là-haut, il trouve tous les frères plongés en oraison; et, s'approchant d'eux, il les salue. Alors saint François se relève et, avec une charité et un plaisir extrêmes, il accueille le comte Roland; et puis, après que tous deux ont longuement causé, et que saint François a remercié Roland de la pieuse montagne qu'il lui a donnée, ainsi que de sa visite présente, le saint lui demande encore de lui faire faire une humble petite cellule au pied d'un très beau hêtre, qui se trouvait à la distance d'une lancée de pierre de l'habitation des frères, attendu que cet endroit lui a paru très propre et convenable à l'oraison. Aussitôt Roland fait faire la cellule demandée; après quoi, comme déjà le soir approche, et avec lui le moment de se séparer, saint François, avant de laisser partir ses hôtes, leur adresse une petite prédication; et puis, quand il a fini de prêcher et qu'il leur a donné sa bénédiction, Roland, déjà tout prêt à repartir, prend à part saint François et ses compagnons, et leur dit : « Mes très chers frères, il n'est pas du tout dans mon intention que, sur cette montagne sauvage, vous ayez à souffrir d'aucun besoin corporel pouvant vous empêcher de vous adonner pleinement aux choses de l'esprit. Et, donc, je veux, — et je vous dis cela une fois pour toutes, — que toujours vous envoyiez librement chez moi pour demander tout ce qui vous sera nécessaire; ou bien, que si vous manquez à faire ainsi, je vous en saurai mauvais gré! » Puis, ayant parlé de la sorte, le comte s'éloigne avec sa suite, et s'en retourne vers son château.

Alors saint François fait asseoir ses compagnons, et les instruit de la manière dont ils doivent se comporter, eux et toutes autres personnes qui veulent vivre pieusement dans des ermitages.

Et, entre autres choses, tout particulièrement il leur prescrit l'observation de la sainte pauvreté, en leur disant : « Gardez-vous bien de tenir trop de compte de l'offre généreuse du seigneur Roland, par crainte que vous n'arriviez ainsi à offenser le moins du monde votre dame et maîtresse, la sainte Pauvreté ! Tenez pour assuré que, d'autant plus nous éviterons la pauvreté, d'autant plus le monde nous évitera et nous aurons à souffrir du besoin; tandis que, si nous embrassons bien étroitement la sainte pauvreté, le monde veillera sur nous, et nous fournira copieusement de nourriture. Dieu nous a appelés dans cette sainte vie religieuse pour le salut du monde, et a institué ce pacte entre nous et le monde : à savoir, que nous donnions au monde le bon exemple, et que le monde se charge de pourvoir à nos besoins. Tâchons donc à persévérer dans la sainte pauvreté, attendu qu'elle est la voie de la perfection, et les arrhes et le gage des richesses éternelles ! » Et puis, après maintes paroles très belles et pieuses, et maintes instructions sur ce même sujet, saint François conclut en disant : « Ecoutez quel sera le régime de vie que j'entends imposer à moi-même et à vous ! Pour moi, comme je me vois approcher de la mort, j'ai l'intention de me tenir dans la solitude et de me recueillir avec Dieu, et de déplorer mes péchés en sa présence. Le frère Léon, quand il le jugera bon, m'apportera un peu de pain et un peu d'eau. Et puis, sous aucun prétexte, vous ne laisserez personne d'étranger venir jusqu'à moi, mais c'est vous qui répondrez pour moi à ceux qui se présenteront. » Ces paroles dites, le saint leur donna sa bénédiction, et puis s'en alla vers la cellule construite au pied du hêtre, pendant que ses compagnons restaient dans la grande cellule commune, avec le ferme propos de suivre les commandements de leur maître.

Quelques jours plus tard, saint François, se tenant à côté de la susdite cellule, et ayant considéré la disposition du mont, et s'étant émerveillé des très grandes fissures et ouvertures des énormes rochers, se plongea en oraison ; et, alors il lui fut révélé de Dieu que ces fissures singulières s'étaient produites miraculeusement, dans l'heure de la Passion du Christ où, suivant ce que nous dit l'évangéliste, les rochers se sont ouverts. Et Dieu a voulu expressément que ce miracle se produisît sur cette montagne de l'Alverne parce que c'était là que devait se renouveler la Passion de Notre-Seigneur Jésus-Christ dans l'âme de saint François, au moyen de son amour et de sa compassion, comme aussi dans le corps du saint au moyen de l'impression des très saints stigmates.

Et lorsque saint François eut reçu cette révélation, aussitôt il alla se renfermer dans sa cellule, se recueillit tout entier en soi-même, et se disposa à méditer sur le mystère de la révélation susdite. Et depuis lors saint François, par une oraison incessante, commença à éprouver plus profondément la douceur de la contemplation divine; durant laquelle contemplation il se trouva, à plusieurs reprises, tellement ravi en Dieu que ses compagnons le virent, de leurs yeux, soulevé au-dessus de terre, et transporté hors de soi-même. Et, dans ces grandes extases contemplatives, il obtint de Dieu la révélation non seulement des choses présentes et futures, mais aussi des pensées et des désirs les plus secrets de ses frères, ainsi que devait le reconnaître pour soi-même, durant ces journées, son compagnon le frère Léon.

Cedit frère Léon avait alors à subir une très grande tentation de la part du démon, une tentation non pas corporelle, mais spirituelle, et un vif désir lui était venu d'avoir quelque chose de pieux, écrit de la propre main de saint François : car il pensait que, s'il possédait un tel écrit, cette tentation s'éloignerait entièrement, ou du moins en partie. Toutefois, par honte et par respect, il n'osait pas avouer ce désir à saint François : mais à défaut du frère Léon, l'Esprit Saint se chargea de le révéler au saint. Et aussitôt saint François appela vers soi le frère

Léon, en lui ordonnant d'apporter l'encrier, la plume, et une feuille de papier; et puis, de sa propre main, il écrivit sur cette feuille une *laude* du Christ, suivant le désir du frère, et au bas de la feuille il dessina le signe du Tau, et il remit la feuille au frère en lui disant : « Tiens, très cher petit frère, prends cette feuille, et jusqu'à ta mort conserve-la soigneusement! Et que Dieu te bénisse et te garde contre toute tentation! Et puis, parce que tu as des tentations, ne t'en afflige pas trop : car je te regarde comme plus encore mon ami, et plus encore serviteur de Dieu, et je t'aime plus encore, à mesure que tu es plus assailli par les tentations! Et, en vérité, je te dis que personne ne doit être réputé parfaitement ami de Dieu, aussi longtemps qu'il n'a point passé par maintes tentations et tribulations. »

Et à peine le frère Léon eut-il reçu cet écrit, avec une dévotion et une foi extrêmes, qu'aussitôt toute tentation s'éloigna de lui; sur quoi il s'en retourna au couvent, et raconta à ses compagnons, avec une grande joie, quelle grâce Dieu lui avait accordée en lui faisant recevoir cet écrit de saint François; et il serra l'écrit et le conserva soigneusement, et nombreux furent les miracles que firent ensuite les frères par l'entremise de ce document.

Et, depuis cet instant, ledit frère Léon, en toute pureté et excellence d'intention, se mit à observer et à scruter la manière de vivre de saint François; et à plusieurs reprises sa pureté lui valut la faveur de voir saint François ravi en Dieu et suspendu au-dessus de terre, quelquefois à la hauteur de trois ou quatre bras, d'autres fois jusqu'à la hauteur du sommet du hêtre; et parfois même il le vit soulevé si haut dans les airs, et environné de tant de splendeur, que c'est à peine s'il pouvait l'apercevoir. Et que faisait ce simple frère, lorsque saint François se trouvait élevé de terre assez bas pour qu'il pût encore le toucher? Il s'approchait et lui embrassait les pieds, et les lui baisait avec des larmes en disant : « Mon Dieu, ayez miséricorde de moi, pauvre pécheur, et, de par les mérites de ce saint homme, permettez-moi de trouver votre grâce! » Et, une fois entre autres, comme il se tenait ainsi sous les pieds de saint François et que celui-ci se trouvait soulevé de terre trop haut pour qu'il pût le toucher, voici qu'il vit une cédule écrite en lettres d'or descendre du ciel et se poser sur la tête de saint François, sur laquelle cédule étaient inscrites ces paroles : « Ici est la grâce de Dieu! » Et puis, quand il eut achevé de la lire, il la vit retourner au ciel.

Cependant saint François, par le privilège de cette grâce divine qui était en lui, non seulement était ravi en Dieu, dans une contemplation extatique, mais plusieurs fois aussi se trouvait réconforté par la visite d'un ange. Et ainsi certain jour, comme le saint méditait sur sa mort, et sur l'état de son ordre après cette mort, il demandait : « Seigneur mon Dieu, que deviendra après ma mort ton pauvre petit troupeau que, dans ta bonté, tu as bien voulu confier à moi, misérable pécheur ? Qui t'invoquera pour lui ? » Or, tandis qu'il disait cela et d'autres paroles semblables, voici que lui apparut un ange envoyé par Dieu et qui, pour le consoler, lui parla en ces termes : « J'ai à te dire, de la part de Dieu, que ton ordre ne manquera jamais de membres jusqu'au jour du jugement ; et jamais il n'y aura si grand pécheur qui, pourvu qu'il aime ton ordre dans son cœur, ne soit assuré de trouver miséricorde devant Dieu ; et personne qui par malice persécutera ton ordre ne sera admis à vivre longuement. Et personne non plus, dans ton ordre, ne persévérera longtemps à en faire partie si, s'étant rendu coupable de nombreux péchés, il ne corrige pas sa manière de vivre. Donc, garde-toi de t'affliger, si tu vois dans ton ordre certains frères qui ne sont point parfaits et qui n'observent pas la Règle comme ils le doivent, et ne t'imagine pas pour cela que ton ordre se trouve en danger : attendu que toujours il y aura maints et maints frères qui observeront parfaitement la vie évangélique et la pureté de la Règle ; et ceux-là, tout de suite après leur vie corporelle, s'en iront à la vie éternelle sans avoir à passer le moins du monde par le purgatoire. Toujours aussi il y aura des frères qui, tout en observant la Règle, ne s'y conformeront point parfaitement; et ceux-là, avant d'entrer au paradis, devront aller en purgatoire; mais c'est à toi que Dieu confiera le soin de fixer le temps de leur séjour en purgatoire. Et quant à ceux qui n'observeront pas du tout la Règle, Dieu m'ordonne de te dire que tu ne dois pas t'en soucier, attendu que lui-même n'en a aucun souci ! » Ce qu'ayant dit, l'ange disparut, et saint François resta consolé et réconforté.

Or comme, ensuite, l'on approchait de la fête de l'Assomption de Notre-Dame, saint François se mit en quête d'un lieu encore plus solitaire et secret, où il pût faire avec plus de recueillement le grand jeûne de la Saint-Michel qui commençait dès ladite fête de l'Assomption. Si bien qu'il appela le frère Léon et lui dit : « Va te placer sur la porte de l'oratoire, dans le couvent des frères, et, quand je t'appellerai, tu reviendras vers moi ! » Le frère Léon s'en va et se met sur la porte, et saint François s'éloigne un peu et appelle de toutes ses forces. L'entendant appeler, le frère Léon retourna vers lui, et saint François lui dit : « Mon cher enfant, il faut que nous cherchions un autre endroit plus secret d'où tu ne puisses pas m'entendre quand je t'appellerai ! ». Et, à force de chercher, il découvrit sur le flanc de la montagne, du côté du midi, un lieu vraiment secret et le plus approprié du monde à son intention : mais on ne pouvait pas y arriver parce que, devant cet endroit, s'ouvrait une crevasse du rocher très horrible et effrayante : et sur elle, avec une grande fatigue, saint François et le frère Léon réussirent à poser un tronc d'arbre, en manière de pont, ce qui leur permit de passer au delà.

Alors saint François appela les autres frères, et leur dit comment il avait l'intention de faire le carême de Saint-Michel dans ce lieu solitaire, et que, donc, il les priait de lui construire là une cellule, de façon que nul de ses cris ne pût être entendu d'eux. Et, cette cellule faite, saint François leur dit : « Allez maintenant dans votre couvent, et laissez-moi seul ici : car, avec l'aide de Dieu, j'ai l'intention de jeûner ici sans aucun bruit ni aucune perturbation d'esprit ; et c'est pourquoi je veux que personne de vous ne s'approche de moi ! Toi seul, frère Léon, une fois dans le jour tu viendras vers moi avec un peu de pain et d'eau, et une autre fois dans la nuit, à l'heure des matines. Et il faudra alors que tu approches en silence ; et puis, quand tu seras arrivé à la tête du pont, tu me diras : *Domine, labia mea aperies !* Et que si je te réponds, tu passeras, et viendras jusqu'à ma cellule, et nous dirons ensemble les matines ; ou bien, si je ne réponds pas, tu t'en repartiras aussitôt ! » Et saint François disait cela parce que, quelquefois, il était si ravi en Dieu qu'il n'entendait ni ne sentait rien par ses sens corporels. Et puis, ayant dit cela, saint François leur donna sa bénédiction, et ils s'en retournèrent à leur couvent.

Et, donc, la fête de l'Assomption étant venue, saint François commença le saint carême avec une abstinence et une austérité infinies, se macérant le corps et se réconfortant l'esprit par de ferventes oraisons, des veilles, et des disciplines ; et, ne cessant point de croître en vertu parmi ces oraisons, il disposait son âme à recevoir les mystères divins ainsi que les splendeurs divines, et son corps à soutenir les assauts cruels des démons, avec lesquels il avait même souvent à lutter corporellement. Et, entre autres, il y eut une fois, pendant ce carême, où saint François, étant sorti de sa cellule dans la ferveur de l'Esprit, et étant allé se mettre en oraison, tout près de là, dans une grotte de rocher, située très au-dessus du sol et devant laquelle s'ouvrait un horrible et effrayant précipice, voici soudain qu'arriva le démon avec une tempête et un branle-bas énormes, sous une apparence terrible, et voici qu'il se mit à frapper le saint pour le faire tomber dans le précipice !

Sur quoi saint François, n'ayant pas où s'enfuir, et ne pouvant pas supporter l'aspect très cruel du démon, tout d'un coup se retourna vers le rocher, avec ses mains et son visage et son corps tout entier, et, en se recommandant à Dieu, il se mit à tâter avec ses mains pour voir s'il n'y aurait point quelque chose à quoi il pût s'accrocher. Mais comme Dieu ne laisse jamais tenter ses serviteurs au delà de ce qu'ils peuvent soutenir, voici que, de par sa sainte volonté, le rocher auquel saint François s'était appuyé se creusa miraculeusement selon la forme de son corps, et ainsi l'accueillit en soi, tout à fait comme si le saint avait mis ses mains et son visage dans une cire liquide. Et, de cette façon, dans ledit rocher s'empreignit la forme du visage et des mains de saint François, et ce fut ainsi que ce dernier, avec l'aide de Dieu, put échapper au démon.

Mais ce que le démon n'avait point réussi à faire, ce jour-là, à saint François, c'est-à-dire de le précipiter du haut du rocher, cette chose arriva, assez longtemps après la mort de saint François, à l'un de ses chers et pieux frères qui, dans ce même endroit, avait disposé certains morceaux de bois, afin de pouvoir s'y rendre sans danger, par dévotion pour saint François et pour le miracle accompli en ce lieu. Un jour, le démon le secoua pendant qu'il portait sur sa tête une grosse poutre qu'il voulait installer là, et ainsi le fit tomber dans l'abîme avec cette poutre sur la tête. Mais Dieu, qui jadis avait préservé saint François de la chute, par les mérites du saint, daigna préserver ce pieux frère des périls de la même chute. Le frère, en effet, tout en tombant, avec une très grande dévotion et à haute voix s'était recommandé à saint François; et voici que ce saint tout à coup lui apparut, et, l'ayant pris dans ses bras, le déposa sur les pierres d'en bas, sans aucune secousse ni lésion! Or, les autres frères avaient entendu le cri de leur compagnon pendant qu'il tombait; et, croyant bien qu'il était mort et mis en pièces par une telle chute et sur des pierres aussi pointues, avec grande douleur et grands gémissements ils prirent un brancard, et s'en allèrent de l'autre côté de la montagne, pour rechercher les morceaux de son corps et les ensevelir. Et comme déjà ils étaient descendus tout au bas de la montagne, voilà que ce frère qui était tombé s'avança au-devant d'eux, portant toujours sur la tête la poutre avec laquelle il était tombé, et chantant à haute voix le *Te Deum laudamus!* Et comme les frères s'étonnaient grandement, il leur raconta en détail toutes les circonstances de sa chute, et de quelle manière saint François l'avait préservé de tout péril. Alors tous les frères, et lui avec eux, s'en revinrent au couvent en chantant très pieusement le *Te Deum*, et en louant et remerciant Dieu ainsi que saint François du miracle que ce dernier avait accompli au profit de son frère.

Et donc, saint François, comme je l'ai dit, poursuivit là le susdit carême; et encore bien qu'il eût à soutenir maints assauts de la part du démon, néanmoins il recevait en même temps maintes consolations de Dieu, et non seulement par le moyen de visitations angéliques, mais aussi par celui de divers oiseaux sauvages. Car le fait est que, pendant toute cette durée du jeûne, un certain faucon, qui avait fait son nid tout près de la cellule du saint, chaque nuit un peu avant l'heure des matines venait le réveiller, par son chant et en battant des ailes contre sa cellule, et jamais ne s'en allait avant que le saint se fût levé pour réciter son office. Mais lorsque, par hasard, saint François se trouvait plus fatigué qu'à l'ordinaire, ou affaibli ou malade, ce faucon ne venait le réveiller par son chant qu'un peu plus tard, à la manière d'une personne pleine de prévenance et de compassion. Et aussi bien saint François prenait-il grand plaisir de ce réveilleur, car la sollicitude du faucon chassait de lui toute paresse et le stimulait à la prière; sans compter que, même dans le jour, ledit faucon venait parfois familièrement lui tenir compagnie.

Et enfin, pour terminer cette seconde Considération, je dirai que saint François, se sentant très affaibli de corps, à la fois par l'effet de sa grande abstinence et des assauts du démon, voulut du moins réconforter son corps au moyen de la nourriture spirituelle de l'âme, de telle sorte qu'il commença à méditer sur la gloire et la joie infinies des bienheureux dans la vie éternelle, et puis, là-dessus, commença à implorer Dieu pour que lui fût accordée la grâce de pouvoir goûter un peu à cette joie. Et tandis qu'il restait dans ces pensées, voici que, soudain, lui apparut un ange resplendissant qui tenait une viole dans sa main gauche et un archet dans l'autre main ; et puis, pendant que saint François était tout émerveillé de l'aspect de cet ange, voici que ce visiteur céleste passa son archet, une seule fois, sur les cordes de la viole, et aussitôt une telle suavité de mélodie adoucit l'âme de saint François et la dépouilla de tout sentiment corporel que, — suivant ce qu'il a raconté lui-même, dans la suite, à ses compagnons, — il avait l'idée que, si l'ange avait simplement ramené vers soi son archet, son âme se serait séparée de son corps sous l'insoutenable excès de cette douceur. Et c'est là ce que j'avais à dire touchant la seconde Considération.

III

TROISIÈME CONSIDÉRATION DES SAINTS STIGMATES

Le sujet de la troisième Considération sera l'apparition séraphique et l'impression des très saints stigmates. Il faut donc savoir que, comme l'on approchait de la fête de la Sainte Croix, au mois de septembre, le frère Léon, une nuit, à l'heure habituelle, se rendit à la cellule de saint François, afin de réciter les matines avec lui. Parvenu à la tête du pont, il dit, suivant l'usage : *Domine, labia mea aperies!* Mais comme saint François ne lui répondait pas, le frère Léon, au lieu de s'en retourner sur ses pas, suivant ce que le saint lui avait recommandé, animé d'une intention bonne et sainte franchit cependant le pont et entra doucement dans la cellule de son maître ; et puis, ne l'ayant point trouvé, il pensa que saint François devait être quelque part dans le bois, plongé en oraison, de telle façon qu'il sortit de la cellule, et, à la lumière de la lune, s'en alla cherchant doucement son maître parmi les arbres. Et, enfin, il entendit la voix de saint

François, et, s'étant approché, il le vit agenouillé en prière avec le visage et les mains levés au ciel, et il l'entendit s'écrier, dans la ferveur de l'esprit : « Qui es-tu, mon très doux Seigneur, et qui suis-je, moi, misérable ver de terre, et le plus inutile de tes serviteurs ? » Et à plusieurs reprises il répétait les mêmes paroles, sans rien dire d'autre. Si bien que le frère Léon, émerveillé de ce discours, leva les yeux et regarda au ciel ; et voici que, en regardant, il vit descendre du ciel une flamme très belle et resplendissante, qui, après être descendue, se posa sur la tête de saint François ; et de ladite flamme il entendait sortir une voix, qui s'entretenait avec saint François, mais sans que le frère Léon pût saisir les paroles échangées.

Entendant cela, et s'estimant indigne de rester aussi près de ce lieu sacré où se produisait une apparition aussi admirable, et puis craignant encore d'offenser saint François, ou de le déranger dans sa contemplation, si le saint s'apercevait de sa présence, doucement il se retira en arrière, et, de loin, s'étant arrêté, il attendit pour voir la fin de la chose ; et voilà que, en regardant attentivement, il vit saint François étendre, à trois reprises, ses mains vers la flamme, et enfin, après un grand espace de temps, il vit cette flamme remonter au ciel. Sur quoi lui-même se remit en route, tout réconforté et joyeux d'une telle vision, et s'en retourna vers sa cellule. Mais pendant qu'il s'en allait ainsi avec assurance, saint François entendit le bruit de ses pieds sur les feuilles, et lui commanda de s'arrêter et de ne plus bouger. Alors le frère Léon, plein d'obéissance, s'arrêta court et attendit, avec une telle frayeur que, suivant ce qu'il a raconté plus tard à ses compagnons, il aurait aimé mieux, en ce moment, voir la terre l'engloutir que d'avoir à attendre saint François, qu'il croyait être irrité contre lui : attendu que toujours, avec un soin extrême, ledit frère se gardait d'offenser le saint père, de crainte que, par sa faute, saint François ne le privât de sa compagnie.

Et, donc, saint François étant arrivé jusqu'à lui, lui demanda : « Qui es-tu ? » Et le frère Léon, tout tremblant, répondit : « Mon père, je suis le frère Léon ! » Sur quoi saint François lui dit : « Pourquoi es-tu venu jusqu'ici, mon petit frère agneau ? Ne t'avais-je pas dit que tu ne devais pas m'épier ? Au nom de la sainte obéissance, dis-moi si tu as vu ou entendu quelque chose ! » A quoi le frère Léon répondit : « Mon père, je t'ai entendu parler, et dire à plusieurs reprises : — « Qui es-tu, ô mon très doux Seigneur, et qui « suis-je, moi, misérable ver de terre, et le plus « inutile de tes serviteurs ? » Alors le frère Léon, s'agenouillant devant saint François, s'accusa de la désobéissance qu'il avait commise contre son commandement, et lui demanda pardon avec bien des larmes. Et, ensuite, il le pria pieusement de bien vouloir lui expliquer ces paroles qu'il avait entendues, comme aussi de lui répéter celles qu'il n'avait pas pu entendre. Et saint François, voyant que Dieu, pour récompenser l'humble frère Léon de sa simplicité et pureté, lui avait révélé certaines choses, ou plutôt lui avait concédé de les entendre et voir, condescendit à lui révéler et exposer ce que le frère lui demandait; et, donc, il lui parla ainsi :

« Sache, mon frère, petit agneau de Jésus-Christ, que quand je disais ces paroles que tu as entendues, en ce moment deux lumières étaient montrées à mon âme : l'une de la connaissance de moi-même, l'autre de la connaissance du Créateur ! Et quand je demandais à Dieu qui il était, je me trouvais alors dans une lumière de contemplation, où je voyais l'abîme de l'infinie bonté, et sagesse, et puissance de Dieu. Et lorsque je disais : « Qui suis-je, moi, » etc., je me trouvais dans une lumière de contemplation où je voyais l'abîme déplorable de ma bassesse et misère, et voilà pourquoi je disais : « Comment se peut-il que « toi, Seigneur infiniment bon et sage, tu daignes « me visiter, moi qui ne suis qu'un pauvre ver de « terre plein de péchés ? » Et dans cette flamme que tu as vue, c'était Dieu lui-même qui se trouvait, me parlant sous cette forme comme jadis il avait parlé à Moïse. Et, entre autres choses que le Seigneur me disait, il m'a demandé de lui faire trois présents. A quoi j'ai répondu : « Mon Seigneur, « je suis tout à toi, et Tu sais bien que je n'ai rien « d'autre que ma tunique, ma corde, et mes « chausses, et que ces trois choses elles-mêmes « sont à toi. Que pourrais-je donc t'offrir, et donner « en présent à ta majesté ? » Alors Dieu me dit : « Cherche sur ta poitrine, et offre-moi ce que tu « y trouveras ! » J'ai donc cherché, et ai trouvé une boule d'or, et je l'ai offerte à Dieu ; et j'ai fait ainsi à trois reprises, selon que Dieu me le commandait tour à tour ; et puis je me suis agenouillé trois fois, et ai béni et remercié Dieu, qui avait bien voulu me donner quelque chose à lui offrir. Et aussitôt il me fut accordé de comprendre que ces trois offres signifiaient la sainte Obéissance, la vénérable Pauvreté, et la très splendide Chasteté, toutes trois vertus que Dieu, par sa grâce, m'a permis d'observer si parfaitement que ma conscience n'a rien à me reprocher sur ce point. Et de même que tu m'as vu mettre la main sur ma poitrine, et offrir à Dieu ces trois vertus, représentées par les trois boules d'or que Dieu avait mises dans mon sein, de même aussi Dieu m'a donné cette force, dans mon âme, que toujours je puisse, par mon cœur et ma bouche, le louer et le glorifier pour tous les biens et toutes les grâces que m'a concédés sa très sainte bonté.

Telles sont les paroles que tu as entendues, en même temps que tu me voyais lever les mains à trois reprises ! Mais garde-toi bien, mon petit frère agneau, de continuer ainsi à m'épier; et retourne-t'en vers ta cellule avec la bénédiction de Dieu, et pense bien à moi dans ton cœur : attendu que, sous peu de jours, Dieu fera sur cette montagne des choses si grandes et si merveilleuses que le monde entier s'en émerveillera, des choses si nouvelles que jamais il n'en a fait de semblables à nulle créature en ce monde ! »

Puis, ayant ainsi parlé, saint François se fit apporter le livre des évangiles, parce que Dieu lui avait mis dans l'esprit que, en ouvrant trois fois au hasard ce livre des évangiles, il y trouverait la démonstration de ce qu'il plaisait à Dieu de faire de lui. Puis, le livre ayant été apporté, saint François se jeta en prière ; et puis, après la fin de son oraison, il se fit ouvrir le livre, à trois reprises, par la main du frère Léon, au nom de la Très Sainte Trinité; et il plut ainsi à la volonté divine que, les trois fois, toujours le livre s'ouvrît au récit de la Passion du Christ. Par où lui fut donné à comprendre que, comme il avait suivi le Christ dans les actes de sa vie, de même encore il devait le suivre et se conformer à lui dans les afflictions et douleurs et dans la passion, avant de sortir de cette vie. Et, depuis ce moment, saint François commença à goûter et sentir plus abondamment la douceur de la contemplation divine et des visitations célestes.

Et, parmi ces dernières, il en eut une qui lui vint immédiatement avec l'impression des saints stigmates, par manière de préparation à ce miracle, sous la forme que voici :

La veille de la fête de la Très Sainte Croix du mois de septembre, saint François, se trouvant plongé en prière dans le secret de sa cellule, vit apparaître l'ange de Dieu, qui lui dit, de la part de son Maître : « Je suis chargé de te réconforter et de t'avertir que tu t'apprêtes et te disposes humblement, en toute patience, à accomplir sur toi ce que Dieu voudra te donner, et ce qu'il lui plaira de faire en toi ! » A quoi saint François répondit : « Je suis prêt d'avance à supporter pieusement toute chose que le Seigneur voudra me faire ! » Et, quand il eut dit cela, l'ange disparut.

Vint ensuite le lendemain, c'est-à-dire le jour de la Très Sainte Croix ; et saint François, dès l'aube de ce jour, se jeta en prière devant l'entrée de sa cellule, et, tournant son visage vers l'orient, il se mit à prier en ces termes : « O mon Seigneur Jésus-Christ, il y a deux grâces que je te prie de m'accorder, avant que je meure ! La première est que, dès cette vie, je sente dans mon âme et dans mon corps, autant que possible, quelles douleurs Tu as eu à souffrir, mon doux

Seigneur, dans l'instant de ta très cruelle Passion; et la seconde grâce est que je puisse éprouver dans mon cœur, autant que possible, de quel immense amour Tu as été enflammé, ô Fils de Dieu, pour consentir de ton gré à subir une telle passion en faveur de nous, pauvres pécheurs! » Et puis, après être resté longtemps à prier ainsi, il comprit enfin que Dieu l'avait exaucé, et que, autant que la chose était possible à une créature humaine, il lui serait accordé de sentir et connaître les deux choses susdites.

Et saint François, ayant obtenu cette promesse, se mit à considérer très pieusement la Passion du Christ et son infinie charité; et la ferveur de la dévotion croissait en lui à tel point que toutes choses se transformaient pour lui en Jésus, à force d'amour et de compassion. Et, pendant qu'il était ainsi tout embrasé dans cette contemplation, ce même matin, voici qu'il vit descendre du ciel un séraphin avec six ailes resplendissantes et flamboyantes; lequel séraphin s'étant approché de saint François par une rapide envolée, le saint, autant qu'il put le discerner, reconnut clairement qu'il avait en soi l'image du Crucifié; et ses ailes étaient disposées de telle façon que deux d'entre elles s'étendaient au-dessus de sa tête, deux autres étaient ouvertes pour voler, et les deux dernières recouvraient tout son corps.

Ce que voyant saint François fut grandement

effrayé, et, en même temps, il se sentit plein d'allégresse, et de douleur, et d'admiration. Il avait une très grande allégresse de ce gracieux aspect du Christ, qui daignait ainsi lui apparaître familièrement, et le considérait d'un regard tout affable; mais, d'autre part, le voyant crucifié sur la croix, il en éprouvait une infinie douleur de compassion. Et puis, avec cela, il s'émerveillait grandement d'une vision aussi étrange et inaccoutumée, sachant bien que la faiblesse de la souffrance corporelle ne s'accorde pas avec l'humilité de l'esprit séraphique. Et, pendant qu'il se tenait ainsi émerveillé, il lui fut révélé de celui qui lui apparaissait que, par commandement divin, cette vision lui était montrée sous une telle forme afin qu'il pût comprendre que ce n'était point par le martyre corporel, mais par l'embrasement de son âme que lui-même devait se trouver tout transformé dans l'expresse similitude du Christ crucifié, ainsi que le faisait voir cette apparition prodigieuse. Et, alors, sur tout le mont de l'Alverne parut s'allumer une flamme resplendissante, qui éclairait et illuminait tous les monts et vallées d'alentour, comme si le soleil était descendu sur la terre. Si bien que les bergers qui se trouvaient veiller dans ces régions, en voyant la montagne enflammée, et avec tant de lumière alentour, éprouvèrent une frayeur extrême, suivant ce qu'ils ont eux-mêmes raconté, plus tard, aux frères, en ajoutant que cette flamme avait duré sur le mont de l'Alverne pendant plus d'une heure. Et pareillement, sous la splendeur de cette lumière, qui resplendissait par les fenêtres dans les auberges de la contrée, certains muletiers qui se rendaient en Romagne sortirent de leurs lits, s'imaginant que le soleil était déjà levé, et se mirent à seller et à charger leurs bêtes ; et puis, étant repartis sur la route, ils virent ladite lumière s'éteindre, et céder la place au soleil véritable.

Et, durant ladite apparition séraphique, le Christ dit à saint François certaines choses hautes et secrètes, que le saint, de son vivant, ne voulut jamais révéler à personne ; mais après sa mort il a bien voulu les révéler, ainsi qu'on le verra plus loin. Et voici quelles furent ces paroles : « Sais-tu, lui dit le Christ, ce que je t'ai fait? Je t'ai donné les stigmates, qui sont les signes de ma Passion, afin que tu sois mon porte-drapeau. Et de même que, le jour de ma mort, je suis descendu aux Limbes, et en ai fait sortir toutes les âmes qui s'y trouvaient, de même, par la vertu de mes stigmates que voici, je t'accorde que, chaque année, le jour de ta mort, tu puisses descendre au purgatoire, et en fasses sortir, par la vertu de tes stigmates, toutes les âmes des membres de tes trois ordres, à savoir les Mineurs, les Sœurs, et le Tiers-Ordre, ainsi que toutes les autres personnes qui auront eu une grande dévotion pour toi, et que tu y trouveras. Ces âmes, tu pourras les ramener avec toi dans la gloire du paradis, afin que tu me restes conforme dans la mort de même que tu l'as été dans la vie ! »

Puis, lorsque cette vision merveilleuse disparut, après un grand espace de temps et après un dialogue secret, elle laissa au cœur de saint François une ardeur et flamme infinies d'amour divin ; et dans sa chair elle laissa une image merveilleuse de la Passion du Christ. Car, aussitôt, sur les mains et les pieds de saint François commencèrent à apparaître les signes des clous, de la même manière qu'il les avait vus sur le corps de Jésus-Christ crucifié, lorsque celui-ci lui était apparu sous la figure du séraphin ; et ainsi ses mains et ses pieds semblaient transpercés, par le milieu, de clous dont les têtes étaient dans les paumes des mains et les plantes des pieds, sortant des chairs, tandis que leurs pointes ressortaient sur le revers des mains et des pieds ; et ces clous ressortaient de telle façon au-dessus des chairs que, visiblement, on pouvait mettre dans l'intervalle un doigt de la main, de la même façon que dans une bague ; et les têtes de ces clous étaient rondes et noires. Pareillement, dans le flanc droit du saint apparut l'image d'un coup de lance non cicatricé, toute rouge et sanglante ; image qui, très souvent, rejetait du sang hors de la sainte poitrine de saint François, et ensanglantait sa tunique et ses chausses. Si bien que les compagnons du saint, avant d'apprendre de lui l'histoire du miracle, purent observer qu'il ne voulait pas découvrir ses mains ni ses pieds, et qu'il ne pouvait pas poser à terre les plantes de ses pieds ; et ensuite, en voyant que sa tunique et ses chausses, lorsqu'il les lavait, se trouvaient tout tachées de sang, ils comprirent avec certitude que, dans ses mains et ses pieds, comme aussi dans son flanc, il avait maintenant l'empreinte fidèle des plaies de Notre-Seigneur Jésus-Christ.

Et comme il s'ingéniait infiniment à recouvrir et à cacher ces glorieux stigmates, ainsi clairement imprimés dans sa chair, et que, d'autre part, il voyait bien qu'il pouvait difficilement les dérober à la connaissance de ses compagnons familiers, il en résulta que le saint, craignant de divulguer les secrets de Dieu, se trouva plongé dans un grand doute, sans savoir s'il devait révéler la vision séraphique et l'impression des très saints stigmates. Enfin, pour mettre sa conscience en repos, il appela auprès de soi quelques-uns de ces frères qui lui étaient les plus proches, et, leur proposant son doute en termes généraux, sans leur dévoiler exactement son cas, il leur demanda conseil. Or, parmi ces frères, il y en avait un d'une grande sainteté, qui avait pour nom le frère Illuminé. Celui-ci, en homme vraiment illuminé de Dieu, comprit aussitôt que saint François devait avoir eu quelque vision merveilleuse, si bien qu'il lui répondit : « Frère François, sache que ce n'est pas seulement pour toi, mais aussi pour les autres que Dieu, parfois, te découvre ses mystères ; et, donc, tu dois craindre justement que, en tenant caché ce que Dieu t'a révélé pour le bien d'autrui, tu ne te rendes digne de blâme ! » Alors saint François, touché de ces paroles, avec un respect infini leur rapporta toute la manière et la forme de la vision susdite, en ajoutant que le Christ, qui lui était apparu, lui avait dit certaines choses qu'il ne répéterait jamais, aussi longtemps qu'il vivrait. Et bien que ses très saintes plaies, en tant qu'elles avaient été imprimées en lui par le Christ, lui donnassent au cœur une très grande joie, d'autre part, dans sa chair et dans les sensations de son corps elles lui causaient une douleur intolérable. De telle sorte que, se voyant contraint par la nécessité, il choisit le frère Léon, le plus simple et le plus pur de tous ses compagnons, pour lui révéler la chose tout entière ; et il lui laissait voir et toucher ses saintes plaies, et lui permettait de les bander avec certains emplâtres, afin d'en adoucir la douleur, et de recevoir le sang qui jaillissait et coulait desdites plaies ; et il l'autorisait également à lui changer souvent ces bandages, et même chaque jour, sauf depuis le jeudi soir jusqu'au samedi matin : attendu que, pendant cet intervalle, il ne voulait point qu'aucun remède humain lui adoucît la douleur de la Passion du Christ, telle qu'il la portait dans son corps, puisque c'était le temps où notre Sauveur Jésus-Christ avait été, pour notre salut, pris et crucifié et mis à mort et enseveli.

Et il arrivait, certaines fois, que, lorsque le frère Léon lui changeait le pansement de la plaie de son côté, saint François, à cause de la douleur qu'il éprouvait dans ce détachement de la bande sanglante, posait la main sur la poitrine du frère Léon ; et sous ce contact de mains aussi saintes, le frère Léon ressentait tant de douceur pieuse dans son cœur que peu s'en fallait qu'il ne tombât à terre, évanoui.

Et enfin, pour ce qui est de cette troisième considération, saint François, ayant terminé le jeûne de saint Michel Archange, se disposa, par révélation divine, à s'en retourner vers Sainte-Marie-des-Anges. Si bien qu'il appela auprès de soi le frère Masseo et le frère Ange ; et, après maintes paroles et maintes admonitions, il leur recommanda le plus chaudement possible cette montagne sacrée, en leur disant comment il se voyait obligé de revenir à Sainte-Marie-des-Anges en compagnie du frère Léon. Et puis, leur ayant dit cela, et les ayant embrassés et bénis au nom de Jésus crucifié, il condescendit encore, sur leur prière, à poser sur eux ses mains très saintes et ornées de ses glorieux et saints stigmates, afin qu'ils pussent les voir, les toucher, et les baiser. Et ainsi, les laissant pleinement consolés, il prit congé d'eux et descendit la montagne sainte.

IV

DE LA QUATRIÈME CONSIDÉRATION DES TRÈS SAINTS STIGMATES

Touchant la quatrième Considération, il faut savoir que, le véritable amour du Christ ayant désormais parfaitement transformé saint François en une image véritable du Christ crucifié, et le saint ayant terminé son jeûne de quarante jours, en l'honneur de saint Michel Archange, sur la montagne sacrée de l'Alverne, cet angélique François, après la fête de saint Michel, descendit de ladite montagne en compagnie du frère Léon et d'un pieux villageois, sur l'âne duquel le saint restait assis, attendu que les clous de ses pieds lui permettaient difficilement de marcher. Et, donc, saint François était descendu de l'Alverne, et comme la renommée de sa sainteté s'était déjà divulguée par toute la région, et comme les bergers, en outre, avaient raconté de quelle façon ils avaient vu le mont de l'Alverne tout enflammé, ce qui devait être le signal de quelque grand miracle que Dieu avait accordé à saint François, la population des campagnes voisines, dès qu'elle apprit la nouvelle du passage du saint, accourut tout entière pour le voir, hommes et femmes, et petits et grands ; et toutes ces bonnes gens, avec grande dévotion et grand empressement, s'ingéniaient à pouvoir toucher le saint et à lui baiser les mains. Et comme saint François ne pouvait pas refuser cette dernière faveur à la dévotion de la foule, et que, d'autre part, il avait les paumes des mains recouvertes d'un bandage, il recouvrait encore ses mains avec les manches de sa robe, afin de mieux cacher les saints stigmates, et ne leur offrait à baiser que ladite couverture. Mais si fort qu'il tâchât à cacher la consécration de ces glorieux stigmates, dans son désir de fuir toute occasion de gloire mondaine, il plut à Dieu de déployer cependant la gloire de son cher fils au moyen de maints miracles accomplis par la vertu des susdits stigmates, en particulier durant son voyage depuis l'Alverne jusqu'à Sainte-Marie-des-Anges, mais aussi plus tard, dans les diverses parties du monde, à la fois pendant sa vie et après sa glorieuse mort ; afin que la secrète et merveilleuse vertu de ces stigmates, et l'extrême charité et miséricorde du Christ à l'égard de celui à qui Il les avait miraculeusement accordés, se manifestassent au monde par des prodiges d'une évidence et d'une célébrité éclatantes, dont nous allons ici signaler au moins quelques-uns.

Et ainsi, comme saint François approchait d'un village qui se trouvait sur les confins du comté d'Arezzo, voilà qu'apparut devant lui, tout éplorée, une femme tenant dans ses bras un petit garçon de huit ans, qui, depuis quatre ans déjà, était hydropique; et le ventre du pauvre enfant s'était gonflé à tel point que, lorsqu'on le mettait debout, il ne pouvait point apercevoir ses pieds. Cette femme déposa son fils devant saint François, et lui demanda de prier Dieu pour lui; et saint François, d'abord, se plongea en prière, puis, son oraison achevée, il posa ses saintes mains sur le ventre de l'enfant, et aussitôt toute enflure disparut et le petit se trouva parfaitement guéri, et le saint le rendit à sa mère qui, le recevant avec une très grande joie et le ramenant dans sa maison, ne put assez remercier Dieu et saint François; et volontiers elle montrait son petit garçon guéri à tous ceux de la région qui venaient dans sa maison pour le voir.

Le même jour, saint François passa par le Bourg de San Sepolcro; et, au moment où il approchait de cette place forte, tous les habitants de celle-ci et des villages d'alentour se portèrent au-devant de lui, et un grand nombre s'avançaient en tenant à la main des rameaux d'olivier et en criant, d'une voix haute : « Voici le saint, voici le saint ! » Et puis, en raison de leur grande dévotion et du désir qu'ils avaient de le toucher, ils se pressaient en foule autour de lui. Mais le saint, s'avançant avec l'esprit soulevé et ravi en Dieu par la contemplation, si instamment qu'il fût touché, ou retenu, ou attiré par ces gens, ne sentit absolument rien de ce qui se faisait ou disait autour de lui, à la manière d'une personne insensible ; et il ne s'aperçut même pas, après être sorti, qu'il venait de passer par ce bourg et par ces villages. Après cela, la foule s'en étant retournée chez soi, le saint arriva à un hôpital de lépreux qui se trouvait environ à un mille de là ; et alors, revenant à soi, comme s'il sortait d'un autre monde, le céleste contemplateur demanda à son compagnon : « Quand donc arriverons-nous à San Sepolcro ? »

Car en vérité son âme, toute ravie dans la contemplation des choses célestes, n'avait perçu aucune chose terrestre, ni la diversité des lieux ni celle des temps, ni celle des personnes qui étaient accourues au-devant de lui. Et le même prodige lui est arrivé bien d'autres fois encore, selon ce qu'en ont observé par claire expérience ses compagnons familiers.

Ce même soir, saint François parvint au couvent que les frères avaient à Mont-Casal. Or, il y avait là un frère qui était si gravement malade et si horriblement tourmenté de sa maladie que celle-ci paraissait plutôt une tribulation et torture du démon qu'une véritable maladie naturelle : attendu que, parfois, ce frère se jetait tout à coup sur le sol, avec un très grand tremblement et avec de l'écume à la bouche; ou bien tous les membres de son corps tantôt se tordaient, ou se détendaient, ou se repliaient; ou parfois il se contractait au point que sa nuque touchait à ses talons, ou bien encore on le voyait sauter en l'air, et aussitôt retomber de tout son long. Saint François était à table lorsqu'il entendit les frères parler de ce frère si misérablement malade et tout à fait incurable : et aussitôt le saint en eut compassion; et, prenant une bouchée du pain qu'il mangeait, il fit sur elle le signe de la croix avec ses saintes mains stigmatisées, et puis l'envoya au frère malade; et celui-ci, dès l'instant où il l'eut mangée, se trouva parfaitement guéri, et jamais plus ne se ressentit de cette maladie. Arriva le matin du lendemain. Alors saint François envoya deux des frères de ce couvent sur le Mont Alverne, pour y demeurer, et avec eux il renvoya le paysan qui était venu avec lui derrière son âne, lui ayant prêté cette bête, mais qui, maintenant, devait s'en retourner chez lui. Or, les frères s'en allèrent aussitôt avec ledit villageois, et, en pénétrant sur le comté d'Arezzo, ils furent aperçus de loin par certains habitants de la campagne qui en éprouvèrent une grande joie, s'imaginant que c'était saint François, celui-là même qui était passé par là deux jours auparavant. En effet, il y avait là une femme qui, depuis trois jours, était en couches, et qui, ne pouvant être délivrée, se mourait : de sorte que ces paysans pensaient qu'ils pourraient la voir guérie et délivrée si seulement saint François daignait poser sur elle ses saintes mains. Mais comme lesdits frères s'étaient approchés, les paysans reconnurent que ce n'était point saint François qui arrivait, et ils en eurent grande tristesse. Cependant, là où le saint ne se trouvait point corporellement, sa vertu miraculeuse ne faisait point défaut pour cela, étant donné que ne faisait point défaut la foi de ces braves gens. Chose miraculeuse ! la femme agonisait et avait déjà sur son visage les traits de la mort; alors ces paysans demandèrent aux frères s'ils n'avaient point sur eux quelque chose qui eût été touché des mains très saintes de saint François. Les frères réfléchirent et cherchèrent soigneusement : mais, en fin de compte, ils ne trouvèrent rien que saint François eût touché de ses mains, sinon le bât de l'âne sur lequel le saint était venu. Ils prennent donc ce bât avec une grande révérence et dévotion, et le déposent sur le corps de la femme mourante, en invoquant pieusement le nom de saint François, et en lui recommandant pieusement cette malheureuse. Et qu'arriva-t-il? A peine la pauvre femme eut-elle sur soi le susdit bât, qu'aussitôt elle fut délivrée de tout péril, et enfanta avec joie, le plus facilement du monde, et se trouva guérie.

Cependant saint François, après être resté quelques jours dans ledit couvent, en repartait pour se rendre à Citta di Castello; et voilà qu'un grand nombre d'habitants de cette ville amènent au-devant de lui une femme qui depuis longtemps se trouvait possédée du démon, et l'implorent humblement de la délivrer : attendu que cette femme troublait toute la région tantôt par des hurlements douloureux, ou par des cris effrayants, ou encore par des aboiements pareils à ceux d'un chien! Alors saint François, après avoir d'abord prié, et fait sur cette femme le signe de la croix, ordonna au démon de se retirer d'elle; et aussitôt le démon s'enfuit, la laissant désormais parfaitement saine de corps et d'esprit. Et comme ce miracle s'était vite répandu parmi le peuple, une autre femme vint, avec une grande foi, présenter au saint un petit garçon qu'elle avait, gravement malade d'une plaie cruelle, et dévotement le pria de vouloir bien le toucher de ses mains. Alors saint François, accueillant favorablement la dévotion de cette femme, prit l'enfant et lui enleva les bandeaux de sa plaie, et le bénit, en faisant trois fois le signe de la croix sur la plaie ; et puis, de ses propres mains, il replaça le bandage, avant de rendre l'enfant à la mère ; et celle-ci, comme le soir était venu, le mit aussitôt dans son lit pour dormir. Le lendemain matin, cette femme s'en va faire sortir son garçon du lit : elle le trouve délivré de ses bandages, et, en regardant, s'aperçoit qu'il est parfaitement guéri comme si jamais il n'avait eu de mal, — sauf que, sur l'endroit de la plaie, la chair avait repoussé en forme d'une rose vermeille, et cela plutôt en témoignage du miracle qu'en signe de la plaie, attendu que ladite rose, étant restée gravée sur le corps de ce garçon pendant tout le temps de sa vie, bien longtemps stimulait sa mère à la dévotion envers saint François, qui jadis lui avait guéri son enfant.

Saint François demeura tout un mois dans cette ville, sur l'ardente prière des habitants, et durant ce temps il fit encore maints autres miracles. Mais ensuite il s'en alla pour se rendre à Sainte-Marie-des-Anges, en compagnie du frère Léon et d'un brave homme qui prêtait au saint l'âne sur lequel saint François chevauchait. Or il arriva que, en raison du mauvais état des routes et du très grand froid, nos voyageurs, après avoir cheminé toute la journée, ne purent parvenir à aucun lieu où il leur fût possible d'être hébergés : si bien que, se voyant contraints par la nuit et le mauvais temps, ils se retirèrent sous l'enfoncement d'un rocher creux, pour attendre la fin de la neige, et celle aussi de la nuit qui approchait. Et le brave homme à qui appartenait l'âne, se trouvant ainsi mal couché et mal couvert, et ne pouvant point dormir à cause du froid, attendu qu'il n'y avait pas moyen de faire le moindre feu, commença à se sentir le cœur plein d'amertume, et à se plaindre, et presque à murmurer contre saint François, qui l'avait conduit dans un tel lieu. Alors saint François, s'apercevant de cela, eut compassion de cet homme, et, dans la ferveur de l'esprit, il étendit la main sur lui, pendant qu'il était couché de dos, et le toucha. Chose merveilleuse, à peine l'eut-il touché de sa main embrasée du feu séraphique, qu'aussitôt tout froid disparut et qu'une telle chaleur envahit cet homme, au dedans et au dehors, qu'il se serait cru auprès de la bouche d'une fournaise ardente; si bien que, se sentant tout de suite réconforté d'âme et de corps, il s'endormit le plus doucement du monde, suivant ce qu'il a raconté plus tard, et passa là, parmi ces pierres et sous la neige, une nuit comme jamais encore il n'en avait connue dans son propre lit.

Le lendemain, nos voyageurs se remirent en route et parvinrent à Sainte-Marie-des-Anges; et, lorsque déjà ils en approchaient, le frère Léon leva les yeux au ciel dans la direction dudit couvent de Sainte-Marie, et voilà qu'il aperçut une très belle croix, dans laquelle était la figure du Crucifié, et qui s'avançait vers saint François tandis que ce dernier s'avançait vers elle! Et cette croix s'adaptait de telle façon au visage de saint François que, lorsque celui-ci s'arrêtait, elle s'arrêtait aussi, et lorsqu'il recommençait à s'avancer, elle faisait de même; et cette croix était d'un tel éclat que non seulement elle resplendissait sur le visage de saint François, mais qu'en outre tout le chemin d'alentour se trouvait illuminé, et cela dura ainsi jusqu'à ce que saint François eût pénétré dans l'église de Sainte-Marie.

Au couvent, le saint et le frère Léon furent reçus des autres frères avec une allégresse et une tendresse infinies. Et depuis lors jusqu'à sa mort, c'est surtout dans ce couvent de Sainte-Marie que saint François demeura le plus volontiers. Mais sans cesse se répandait, à travers l'ordre et le monde entier, la renommée de sa sainteté et de ses miracles, encore que lui-même, dans sa très profonde humilité, s'efforçât à cacher, tant qu'il pouvait, les dons et les grâces de Dieu, et persistât à s'appeler le plus grand des pécheurs. De quoi, un jour, le frère Léon ne put s'empêcher d'être étonné; et il se dit sottement à soi-même : « Hé! voici que celui-là se proclame, en public, le plus grand pécheur, et sa renommée dans l'ordre ne cesse point de grandir, ni l'honneur qu'il reçoit de Dieu ; et cependant, jamais il ne se confesse secrètement du péché charnel ! Est-ce que son corps serait vraiment pur de toute tache ? » Et, là-dessus, le frère Léon commença à éprouver un très grand désir de savoir la vérité, mais sans oser questionner saint François ; si bien qu'enfin il eut recours à Dieu, et lui demanda instamment de le renseigner sur ce qu'il désirait savoir ; et, grâce à ses abondantes prières et aux mérites de saint François, il fut enfin exaucé, et une vision que je vais raconter lui attesta que saint François était vraiment vierge de corps. En effet, il vit, dans cette apparition, saint François se tenir debout sur un lieu très haut et escarpé, où personne ne pouvait accéder ni le rejoindre ; et il fut dit en esprit au frère Léon que ce lieu très haut signifiait, chez saint François, l'altitude de la chasteté virginale, qui d'ailleurs convenait naturellement à une chair que devaient orner les saints stigmates du Christ.

Cependant saint François, voyant peu à peu, en raison des stigmates, les forces de son corps diminuer, et ne se sentant plus capable de l'effort qu'exigeait l'administration de l'ordre, convoqua le chapitre général. Et lorsque celui-ci fut tout rassemblé, le saint s'excusa humblement devant ses frères de l'impuissance qui ne lui permettait plus de s'occuper des intérêts de l'ordre, ni de remplir les devoirs du généralat, encore que, d'autre part, il ne lui fût point possible de renoncer au titre de général, puisque ce titre lui avait été donné par le pape, et que, par suite, il ne pouvait point abandonner son office, ni se substituer un successeur sans la permission expresse du souverain pontife. Mais, du moins, il nomma comme son vicaire le frère Pierre Cattani, en lui recommandant, à lui et aux ministres provinciaux, le bien de son ordre aussi chaudement que possible. Et puis, cela fait, saint François se sentit réconforté en esprit. Levant les yeux et les mains au ciel, il s'écria alors :

« A toi, Seigneur mon Dieu, je recommande cette famille qui t'appartient, et que tu m'avais confiée jusqu'ici, mais dont, désormais, en raison de l'infirmité que tu sais, mon très doux Seigneur, je ne puis plus prendre soin ! Et je la recommande également aux ministres provinciaux : et chacun d'eux sera tenu d'en rendre compte au jour du jugement, s'il se trouve qu'un seul petit frère périsse par le fait de leur négligence, ou de leur mauvais exemple, ou d'une correction trop sévère qui lui vienne d'eux ! » Et dans ces paroles, suivant qu'il plut à Dieu, tous les frères du chapitre comprirent qu'il parlait des stigmates, au moment où il s'excusait en alléguant sa maladie ; et aucun d'eux, dans leur piété, ne put s'empêcher de pleurer. Et depuis lors saint François abandonna tout le soin et toute la direction de l'ordre entre les mains de son vicaire et des ministres provinciaux, en disant : « Dorénavant, depuis que ma maladie m'a forcé à abandonner le soin de mon ordre, je ne suis plus tenu qu'à prier Dieu pour les frères et à leur donner le bon exemple. Et en effet il est bien vrai que, si la maladie me le permettait, l'aide la plus efficace que je pourrais donner à l'ordre serait de prier continuellement Dieu pour lui, afin qu'Il le gouvernât, le défendît, et le conservât ! »

Or, comme il est dit ci-dessus, il arriva que saint François s'ingénia le plus qu'il put à cacher les saints stigmates. Depuis le moment où il les eut reçus, toujours il allait les mains bandées et les pieds chaussés. Mais pourtant il ne put empêcher qu'un grand nombre de frères, par des moyens divers, vissent et touchassent ses saintes plaies, et en particulier celle du flanc, qu'il cherchait à cacher plus soigneusement encore que les autres. C'est ainsi qu'un certain frère, qui le servait, le décida un jour, par une ruse pieuse, à ôter sa tunique pour en secouer la poussière ; et comme le saint l'ôtait en sa présence, ledit frère vit clairement la plaie du côté, et, lui mettant la main sur le flanc très agilement, il toucha cette plaie avec trois doigts, et put en mesurer la qualité et les dimensions ; et pareillement encore, vers le même temps, cette plaie fut vue du vicaire de saint François. Mais plus clairement encore l'existence de cette plaie fut garantie au frère Rufin, qui était homme d'un très grand pouvoir de contemplation, et de qui saint François disait parfois qu'il n'y avait pas au monde homme plus saint que lui, comme aussi, en raison de sa sainteté, il l'aimait très intimement, et lui complaisait dans tout ce qu'il voulait. Or, ce frère Rufin s'assura par trois moyens, soi-même et les autres, de la réalité des stigmates, et en particulier de celui du flanc. Le premier moyen fut que, comme l'on devait laver les chausses de saint François, que celui-ci portait assez grandes pour que leur partie supérieure recouvrît la plaie de son côté droit, ledit frère Rufin les regarda et examina soigneusement, et, chaque fois, les trouva ensanglantées sur le côté droit : par où il comprit avec certitude que c'était là du sang qui sortait de ladite plaie ; ce dont saint François le réprimanda, quand il s'aperçut que les frères examinaient son linge, pour voir le sang. Le second moyen fut que ledit frère Rufin, un jour, en frottant les reins de saint François, fit exprès d'allonger la main et de mettre les doigts dans la plaie du côté, à tel point que saint François, sous la vive douleur qu'il ressentit, s'écria fortement : « Que Dieu te pardonne, ô frère Rufin ! Pourquoi as-tu fait cela? » Enfin le troisième moyen fut que, un jour, ledit frère demanda avec grande insistance à saint François, comme une précieuse faveur, qu'il voulût bien lui donner sa robe et prendre la sienne en échange. Et comme le bon père, consentant bon gré mal gré à sa requête, retira sa robe pour la donner au frère Rufin, celui-ci, pendant cette opération, vit clairement ladite plaie.

De la même façon, le frère Léon et maints autres frères purent voir lesdits stigmates de saint François, pendant la vie de celui-ci. Lesquels frères, bien qu'ils fussent hommes dignes de foi, en raison de leur sainteté, et méritant d'être crus sur leur simple parole, cependant, afin d'arracher tout doute des cœurs, ils jurèrent encore sur le saint livre qu'ils avaient vu clairement les stigmates sacrés. Les virent également certains cardinaux qui avaient avec saint François grande familiarité ; et c'est en l'honneur de ses stigmates qu'ils composèrent et firent des hymnes, des antiennes, et des proses, pleines de beauté et de dévotion.

Le souverain pontife Alexandre, prêchant à une foule parmi laquelle se trouvaient tous les cardinaux, et entre ceux-ci le saint frère Bonaventure, qui était lui-même cardinal, a dit et affirmé qu'il avait vu, de ses propres yeux, les très saints stigmates de saint François pendant que celui-ci vivait. Et la dame Jacqueline de Settesoli de Rome, qui était la plus grande dame romaine de ce temps, et avait une très fervente dévotion pour saint François, aussi bien avant la mort de ce saint qu'après cette mort, elle aussi put souvent voir et baiser lesdits stigmates avec une extrême révérence, au moment où elle vint de Rome à Assise, pour assister à la mort de saint François, voyage qu'elle fit par révélation divine, et de la façon que voici :

Saint François, quelques jours avant sa mort, se trouvait, tout malade, à Assise dans le palais de l'évêque, avec un certain nombre de ses compagnons ; et malgré toute ses souffrances, sans cesse il chantait certaines *laudes* en l'honneur du Christ. Or, un jour, l'un de ses compagnons lui dit : « Mon père, tu sais que les habitants de cette ville te considèrent comme un saint homme ; et, par suite, afin qu'ils puissent continuer à penser que tu es bien celui qu'ils croient, tu devrais, pendant cette maladie qui t'accable, songer à la mort, et plutôt gémir que chanter, attendu que tu te trouves si gravement atteint ! Fais bien attention que ton chant, et les airs que tu composes sont entendus de bien des gens, à la fois dans le palais et au dehors : attendu que ce palais est gardé, pour toi, par nombre des gens d'armes, qui eux-mêmes risquent d'avoir mauvais exemple de toi. Et ainsi je crois, ajouta ce frère, que tu ferais bien de t'en aller d'ici, et que nous devrions nous en retourner tous à Sainte-Marie-des-Anges, attendu que nous ne sommes pas bien ici, parmi des séculiers ! » A quoi saint François répondit : « Mon très cher frère, tu sais que, il y a deux ans de cela, pendant que nous étions à Foligno, Dieu t'a révélé le terme de ta vie, et pareillement il me l'a révélé à moi-même il y a peu de jours, en me faisant savoir que le terme susdit s'achèverait dans cette maladie que j'ai maintenant ; et par la même révélation Dieu m'a assuré de la rémission de tous mes péchés, et de la béatitude du paradis. Or, jusqu'au jour de cette révélation, j'ai gémi sur la mort et sur mes péchés ; mais depuis que j'ai eu cette révélation, je me suis trouvé si rempli d'allégresse qu'il ne m'a plus été possible de m'affliger ; et voilà pourquoi je chante et continuerai de chanter vers Dieu, qui m'a donné le bien de sa grâce, et a daigné m'assurer des biens de la gloire de son paradis. Mais quant à ce qui est de notre départ d'ici, j'y consens très volontiers. Seulement il faudra que vous trouviez un moyen de m'emporter, attendu que moi, en raison de ma faiblesse, je ne puis plus marcher ! » Alors les frères le prirent dans leurs bras, et l'emportèrent ainsi, accompagnés d'un grand nombre d'habitants de la ville. Et comme ils étaient parvenus jusqu'à un certain hôpital qui se trouvait sur le chemin, saint François dit à ceux qui le portaient : « Déposez-moi à terre, et tournez-moi vers la ville ! » Puis, lorsqu'il fut déposé avec le visage tourné vers Assise, il bénit la ville de maintes bénédictions, en disant : « Bénie sois-tu de Dieu, cité sainte, attendu que par toi maints hommes seront sauvés, et qu'en toi habiteront maints serviteurs de Dieu, et que parmi tes habitants beaucoup seront élus pour le royaume de la vie éternelle ! » Puis, après avoir dit ces paroles, il se fit porter plus loin, jusqu'à Sainte-Marie-des-Anges. Et lorsqu'on fut arrivé à Sainte-Marie, on conduisit le saint à l'infirmerie, et là on le déposa pour se reposer. Alors saint François appela à soi l'un de ses compagnons, et lui dit : « Mon très cher frère, Dieu m'a révélé que, sous l'effet de cette maladie, avant très peu de jours je passerai de cette vie. Or, tu sais que dame Jacqueline de Settesoli, cette très chère dévote de notre ordre, si elle apprenait ma mort et qu'elle n'y eût point assisté, cela lui causerait trop de peine. Et, donc, fais-lui signe que, si elle veut me voir vivant, il faut que tout de suite elle arrive ici ! » A quoi le frère répondit : « Cela est trop juste, mon père ! Et vraiment, étant donnée la grande dévotion que te porte cette dame, il serait bien fâcheux qu'elle ne fût point présente à ta mort! — Va donc, lui dit saint François, et apporte-moi mon encrier, une feuille de papier, et la plume, et puis tu lui écriras comme je te dirai! » Puis, après que le frère eût apporté ce qu'il voulait, saint François dicta la lettre suivante : « A Madame Jacqueline, servante de Dieu. Le frère François, petit pauvre du Christ, envoie son salut à sa compagne dans l'Esprit Saint et dans Notre-Seigneur Jésus-Christ. Sache donc, ma très chère amie, que le Christ bienheureux, par le fait de sa grâce, m'a révélé la fin de ma vie, qui sera toute proche! Et donc, si tu veux encore me trouver en vie, aussitôt que tu auras vu cette lettre mets-toi en mouvement, et viens à Sainte-Marie-des-Anges : attendu que, si d'ici très peu de jours tu n'es point venue, tu ne pourras plus me trouver vivant! Et apporte avec toi un linceul dans lequel on puisse envelopper mon corps, ainsi que la cire dont il y aura besoin pour la sépulture! Et puis aussi je te prie de m'apporter de ces choses à manger que tu avais coutume de me donner lorsque j'étais malade à Rome! »

Or, pendant que cette lettre s'écrivait, il fut révélé par Dieu à saint François que dame Jacqueline venait déjà vers lui, et que déjà elle était tout proche du couvent, et qu'elle apportait avec soi toutes les choses qu'il lui demandait dans sa lettre. Sur quoi, ayant eu cette révélation, saint François dit au frère qui avait écrit la lettre qu'il eût à se dispenser de l'envoyer. Et de cela les frères s'étonnèrent grandement, voyant qu'il ne voulait plus qu'on achevât la lettre et qu'on la fît porter. Mais voilà que, un moment après, on frappe fortement à la porte du couvent, et saint François envoie le frère portier pour l'ouvrir ; et, la porte ouverte, voilà que se présente dame Jacqueline, très noble dame romaine, avec ses deux fils qui étaient sénateurs, et avec une grande société d'hommes à cheval ! Le cortège pénètre dans le couvent, et dame Jacqueline s'en va tout droit à l'infirmerie, et s'approche de saint François : et celui-ci éprouva de sa venue et une allégresse et une consolation très grandes, et elle aussi, de son côté, à le voir encore vivant et à pouvoir lui parler. Alors elle lui exposa de quelle façon, à Rome, pendant qu'elle était en prière, Dieu lui avait révélé le terme prochain de la vie de saint François, et lui avait dit comment celui-ci devait l'envoyer chercher, et lui demander certaines choses, toutes choses qu'elle lui dit avoir apportées avec soi. Et elle fit sortir les choses qui étaient à manger, et les donna à saint François. Et puis, lorsque celui-ci en eut mangé, et s'en fut trouvé très réconforté, cette dame Jacqueline s'agenouilla à ses pieds, et, embrassant ces pieds très saints, marqués et ornés des plaies du Christ, très pieusement elle les baisa et les baigna de ses larmes, à tel point que les frères qui se tenaient alentour crurent voir vraiment la Madeleine aux pieds du Christ. Et en aucune façon on ne put la détacher de cet embrassement. Mais enfin, après un grand intervalle, on l'enleva de là, et, l'ayant entraînée à part, on lui demanda comment elle avait pu venir ainsi à l'heure voulue, et toute pourvue des choses qui convenaient pour la nourriture comme pour l'ensevelissement de saint François. A quoi dame Jacqueline répondit que, à Rome, une nuit, pendant qu'elle était en prière, elle avait entendu une voix du ciel qui lui disait : « Si tu veux encore trouver saint François vivant, va tout de suite à Assise, et porte avec toi de ces choses que tu avais coutume de lui donner quand il était malade, comme aussi les choses dont il y aura besoin pour l'ensevelir ! » Ce qu'elle s'était empressée de faire.

Ladite dame Jacqueline resta donc auprès de saint François jusqu'au moment où celui-ci passa de cette vie, et fut enseveli ; et c'est elle encore qui honora grandement sa sépulture, avec toute sa compagnie, et qui fit toutes les dépenses nécessaires. Et puis, s'en étant retournée à Rome, peu de temps après cette noble dame y mourut saintement ; et, par dévotion envers saint

François, elle voulut être rapportée et ensevelie à Sainte-Marie-des-Anges ; et ainsi fut fait.

A la louange du Christ. *Amen.*

Comment messire Jérôme a touché et vu les sacro-saints stigmates de saint François, auxquels jusque-là il n'avait point cru.

A la mort de saint François, ladite dame Jacqueline et ses fils, ainsi que toute sa suite, ne furent pas les seuls à voir et à baiser les glorieux stigmates du saint: mais la même faveur fut encore accordée à maints citoyens d'Assise. Il y avait notamment, parmi ceux-ci, un certain chevalier de grand renom et de grande importance, appelé messire Jérôme, qui doutait beaucoup des stigmates de saint François et en était incrédule, comme autrefois l'apôtre saint Thomas de ceux du Christ; si bien que, pour pouvoir s'en assurer ainsi que les autres, il se mit hardiment, en présence des frères et des séculiers, à remuer les clous des mains et des pieds, et à tâter la plaie du côté. Mais aussi ce messire Jérôme devint-il, par la suite, un témoin constant de la réalité des stigmates, toujours prêt à jurer sur les Saints Livres qu'il en était ainsi, et que c'était bien ainsi qu'il avait vu et touché. Et pareillement ces glorieux stigmates de saint François furent encore vus et baisés par sainte Claire et les sœurs de son couvent, au moment où le corps du saint fut enseveli.

Du jour et de l'année de la mort de saint François.

Le glorieux confesseur du Christ, saint François, passa de cette vie le jour du 4 octobre, qui était un samedi, et fut enseveli le lendemain dimanche. C'était dans la vingtième année de sa conversion, c'est-à-dire du moment où il avait commencé à faire pénitence ; et c'était aussi la seconde année après la réception des stigmates, et le saint était alors dans la quarante-cinquième année de sa vie.

De la canonisation de saint François.

Enfin c'est en l'an mil deux cent vingt-huit que saint François fut canonisé par le pape Grégoire IX, qui vint en personne à Assise pour le canoniser. Et ce qu'on vient de lire suffira pour la quatrième Considération.

V

DE LA CINQUIÈME ET DERNIÈRE CONSIDÉRATION DES TRÈS SAINTS STIGMATES.

La cinquième et dernière Considération traitera de certaines apparitions, ou révélations, ou de certains miracles que Dieu a faits et montrés après la mort de saint François, en confirmation des stigmates de ce saint ou bien encore afin de notifier le jour et l'heure où le Christ les lui a accordés. Et quant à ce qui est de ce dernier point, il faut savoir que, en l'an du Seigneur 1282, un certain jour du mois d'octobre, le frère Philippe, ministre de Toscane, sur le commandement du frère Jean Buonagrazia, ministre général de l'ordre, demanda, de par la sainte obéissance, au frère Matteo de Castiglione d'Arezzo, homme de dévotion et sainteté grandes, qu'il lui dît tout ce qu'il savait au sujet du jour et de l'heure où les saints stigmates avaient été gravés dans le corps de saint François, et cela parce que ledit frère savait que ce frère Matteo avait eu une révélation sur ce point. Et ce frère Matteo, contraint par la sainte obéissance, lui répondit ainsi :

« L'année passée, au mois de mai, comme je demeurais au couvent de l'Alverne[1], il m'arriva certain jour de me plonger en oraison dans la cellule élevée sur l'endroit où l'on pense qu'a eu lieu l'apparition séraphique. Et, dans mon oraison, je priais Dieu très dévotement qu'il lui plût de révéler à quelqu'un le jour et l'heure et le lieu véritables où les très saints stigmates ont été imprimés sur le corps de saint François. Et pendant que je persévérais en oraison, et comme déjà je m'étais attardé, dans cette prière, au delà de l'heure du premier sommeil, voici que saint François m'apparut avec une très grande lumière, et me dit : « Mon petit enfant, qu'est-ce donc que tu demandes à Dieu ? » Puis, lorsque je lui eus répondu, il me dit : « Je suis ton père François. Me reconnais-tu bien ? — Oh ! oui, mon père ! » dis-je. Sur quoi il me montra les stigmates de ses mains, de ses pieds, et de son côté, en me disant : « Le temps est venu où Dieu veut que se manifeste, à sa gloire, cette chose que jamais encore, jusqu'ici, les frères ne se sont souciés de connaître ! Sache donc que celui qui m'est apparu n'est pas un ange, mais bien Jésus-Christ sous la forme d'un séraphin ; et c'est lui qui, de ses mains, a imprimé dans mon corps ses cinq plaies, tout à

[1] Littéralement : « Comme j'étais de famille à l'Alverne. » C'est là, encore, une bien touchante locution franciscaine.

fait comme il les avait reçues dans son propre corps, sur la croix. Et voici comment la chose s'est passée : La veille de la fête de l'Exaltation de la Sainte-Croix, un ange est venu à moi et m'a dit, de la part de Dieu, que j'eusse à me préparer à souffrir, et à recevoir patiemment ce qu'il plairait à Dieu de m'envoyer. Et moi, j'ai répondu que j'étais prêt à toute chose qui fût agréable à Dieu. Puis, le matin suivant, c'est-à-dire le matin de la Sainte-Croix, qui tombait un vendredi cette année-là, dès l'aurore je sortis de ma cellule avec une très grande ferveur spirituelle, et m'en allai me mettre en prière dans ce même lieu où tu es à présent, et qui était d'ailleurs un lieu où je priais souvent. Et voici que, pendant que je priais, je vis descendre très rapidement du ciel, dans les airs, un jeune homme crucifié sous la forme d'un séraphin avec six ailes. Devant cette vue merveilleuse je me suis agenouillé humblement, et ai commencé à contempler pieusement l'amour infini de Jésus-Christ crucifié, ainsi que la douleur infinie de sa Passion ; et sa vue a engendré en moi une telle pitié que j'avais proprement l'impression de sentir ses souffrances dans mon corps ; et, pendant ce temps, toute cette montagne resplendissait de sa présence, comme un soleil. Et le séraphin, descendant ainsi, est arrivé près de moi, s'est arrêté devant moi, et m'a dit certaines paroles secrètes, que je n'ai encore révélées à personne : mais le temps est désormais prochain où elles seront révélées. Puis, après un certain intervalle, le Christ est reparti, et s'en est retourné au ciel ; et moi, je me suis trouvé ainsi marqué de ces plaies. Et donc, mon fils, m'a dit enfin saint François, va maintenant et répète fidèlement ces choses à ton ministre : attendu que cette opération vient de Dieu et non pas de l'homme ! » Puis, ayant ainsi parlé, saint François m'a béni et est remonté au ciel, entouré d'une grande multitude de jeunes gens resplendissants de lumière. »

Toutes ces choses, le susdit frère Matteo a affirmé qu'il les avait vues et entendues, non pas en dormant, mais en pleine veille. Et, c'est aussi ce qu'il a juré corporellement audit ministre, dans sa cellule de Florence, lorsque celui-ci le lui a demandé de par l'obéissance.

Comment un saint frère, en lisant la légende de saint François, au chapitre des très saints Stigmates, et en y découvrant la mention des paroles secrètes que le Séraphin a dites à saint François lorsqu'il lui est apparu, a prié Dieu avec tant de ferveur que saint François lui a enfin révélé ce qu'avaient été ces paroles.

Une autre fois, un frère pieux et saint, pendant qu'il lisait la légende de saint François au chapitre des Stigmates, commença à réfléchir, avec une grande anxiété d'esprit, sur ce que pouvaient bien avoir été ces paroles si secrètes, dont saint François avait dit qu'il ne les révélerait à personne, de son vivant, telles qu'il les avait entendues du Séraphin lorsque celui-ci lui était apparu. Et ce frère se disait à soi-même : « Ces paroles, saint François n'a voulu les dire à personne pendant sa vie : mais aujourd'hui, après sa mort corporelle, peut-être ne refuserait-il point de les dire si on l'en priait dévotement ? » Si bien que, depuis lors, le pieux frère commença à implorer de Dieu et de saint François qu'il leur plût de révéler ces paroles ; et comme il avait persévéré pendant huit années dans cette prière, voici que, la huitième année, il mérita enfin d'être exaucé, et de la manière que l'on va voir :

Un jour, après le repas, ledit frère, ayant rendu grâces dans l'église, était demeuré en prière dans un recoin de cette église, et s'était mis à prier Dieu et saint François, sur le sujet que j'ai dit, encore plus dévotement qu'à son ordinaire, et parmi d'abondantes larmes. Or, voici qu'un autre frère est venu l'appeler, et lui a commandé, de la part du gardien, d'avoir aussitôt à l'accompagner jusqu'au village voisin, pour le service du couvent. Sur quoi le frère, ne doutant point que l'obéissance fût plus méritoire encore que l'oraison, dès l'instant où il a entendu l'ordre de son supérieur a laissé son oraison et s'en est allé humblement avec ce frère qui l'avait appelé. Et, selon qu'il a plu à Dieu, voilà que ce frère, dans cet acte de prompte obéissance, s'est rendu digne de ce que par une longue oraison il ne s'était point mérité ! Car les deux frères, à peine sortis de la porte du couvent, rencontrèrent deux frères étrangers qui paraissaient venir de pays lointains, et dont l'un semblait jeune, et l'autre vieux et maigre, avec cela tous les deux trempés et couverts de boue, à cause du mauvais temps. Sur quoi notre frère obéissant, ayant grande compassion d'eux, dit au compagnon avec qui il allait : « O mon très cher frère, si la chose pour laquelle nous nous en allons peut subir un petit délai, et comme ces frères étrangers ont grand besoin d'être accueillis charitablement, je te prierai de me laisser d'abord leur laver les pieds, et tout spécialement à ce vieux frère qui en a le plus besoin, tandis que vous-même pourrez les laver au plus jeune ; et puis nous nous remettrons en route pour le service du couvent ! »

Alors, l'autre frère ayant consenti à cette proposition charitable de son compagnon, tous les deux revinrent sur leurs pas, et accueillirent les frères étrangers très affectueusement, et les emmenèrent dans la cuisine, pour se réchauffer auprès du feu ; et auprès de ce feu se réchauffaient, en ce moment, huit autres frères du couvent. Et après que ces frères étrangers furent un peu restés devant le feu, nos deux frères les attirèrent à part pour leur laver les pieds, ainsi qu'ils en étaient convenus ensemble. Et pendant que le frère obéissant et pieux s'occupait à laver les pieds du plus vieux des deux hôtes, et à en enlever la boue dont ils étaient tout couverts, voici qu'en regardant ces pieds il les vit marqués des stigmates ! Et aussitôt, embrassant ces pieds bénis dans l'élan de sa surprise et de sa joie, voici notre bon frère qui se met à crier : « Ou tu es le Christ, ou alors tu es saint François ! »

Ce qu'entendant les frères qui se tenaient assis auprès du feu se relèvent, et accourent pour contempler, avec grand émoi et grande révérence, ces glorieux stigmates. Et alors ce vieux frère, sur leur prière, permet qu'ils les voient clairement et les touchent et les baisent. Et comme lesdits frères s'émerveillaient plus encore, sous l'effet de leur allégresse, l'étranger leur dit : « Ne doutez pas et n'ayez pas peur, mes frères et fils bien-aimés ! Je suis, en vérité, votre père, le frère François, qui, suivant la volonté de Dieu, ai fondé trois ordres. Et comme il y a huit ans déjà que ce frère qui me lave les pieds n'a point cessé de me prier, et chaque jour avec plus de ferveur que la veille, pour que je lui révèle les paroles secrètes que m'a dites le

Séraphin lorsqu'il m'a donné les stigmates, lesquelles paroles je n'ai jamais voulu révéler durant ma vie, sachez donc qu'aujourd'hui, sur le commandement de Dieu, et grâce à la persévérance dudit frère et à sa prompte obéissance, qui lui a fait abandonner tout de suite la douceur qu'il trouvait dans la contemplation, j'ai été envoyé de Dieu pour révéler devant vous ce qu'il m'a demandé ! »

Et alors saint François, s'étant tourné vers ce frère, lui dit : « Sache, mon très cher frère, que, me trouvant sur le mont de l'Alverne, tout absorbé dans le souvenir de la Passion du Christ, je fus ainsi stigmatisé dans mon corps par le Christ, apparu sous la forme d'un Séraphin ! Et, en même temps, le Christ m'a dit : « Sais-tu ce que « je t'ai fait ? Je t'ai donné les signes de ma « Passion afin que tu deviennes mon porte-« drapeau ! Et de même que moi, le jour de ma « mort je suis descendu aux limbes, et là, en « vertu de mes stigmates, ai emmené toutes les « âmes qui s'y trouvaient, et les ai transportées « au paradis, tout de même je t'accorde dès « maintenant, — afin que tu sois pareil à moi « dans la mort comme tu l'as été dans la vie, — « que, tous les ans, le jour anniversaire de ta « mort, après que tu seras passé de cette vie, tu « puisses descendre au purgatoire, et en faire « sortir toutes les âmes des membres de tes

« trois ordres qui s'y trouveront, frères mineurs, « sœurs, ou tertiaires, comme aussi toutes les « autres âmes de personnes ayant de la dévotion « pour toi et que tu y rencontreras, en vertu des « stigmates que je t'ai donnés, et puis que tu les « emmènes avec toi au paradis. » Et sache aussi, mon frère, que ce sont là ces paroles que je n'ai jamais voulu redire aussi longtemps que j'ai vécu sur la terre ! »

Aussitôt ces paroles dites, saint François et son compagnon disparurent. Mais nombreux sont les frères qui, par la suite, ont entendu ces paroles répétées de la bouche des huit frères qui avaient assisté à cette vision, et avaient entendu le discours de saint François. A la louange du Christ. *Amen.*

Comment saint François, après sa mort, apparut au frère Jean de l'Alverne pendant que celui-ci se tenait en prière.

Sur le mont Alverne, saint François apparut un jour au frère Jean de l'Alverne, homme de grande sainteté, pendant que ledit frère se tenait en prière; et il demeura et s'entretint avec lui durant un long espace de temps; et enfin, étant sur le point de s'en aller, il lui dit : « Demande-moi tout ce que tu désires ! » Alors le frère Jean répondit : « Mon père, je vous prie de me dire une chose que j'ai depuis longtemps désiré savoir, c'est-à-dire ce que vous faisiez, et en quel endroit vous étiez, lorsque vous est apparu le Séraphin ! » A quoi saint François répondit : « Je me trouvais en prière dans l'endroit où s'élève aujourd'hui la chapelle du comte Simon de Battifolle, et je demandais deux grâces à mon Seigneur Jésus-Christ. La première était qu'il me fût accordé, dès mon vivant, de ressentir autant que possible, dans mon âme et dans mon corps, la douleur que Jésus-Christ lui-même avait ressentie en soi au moment de sa très cruelle passion. Et la seconde grâce que je demandais était que, pareillement, je pusse ressentir dans mon cœur cet amour extrême dont Notre-Seigneur Jésus s'était embrasé afin de pouvoir subir une telle Passion pour nous, misérables pécheurs. Et alors Dieu m'a mis au cœur qu'il me serait accordé de ressentir l'une et l'autre de ces deux choses, autant du moins que ce serait possible à une simple créature; et, en effet, cette promesse se trouva pleinement accomplie envers moi dans l'impression des stigmates. »

Alors le frère Jean lui demanda si les paroles secrètes que lui avait dites le Séraphin avaient vraiment été celles qu'avait répétées le saint frère dont j'ai parlé plus haut, lequel affirmait les avoir entendues de saint François en présence de huit frères. Saint François répondit que la chose était vraiment comme l'avait dite ce frère. Et alors le frère Jean s'enhardit à demander plus encore, se fiant à la libéralité du donneur; et il lui dit : « O mon père, je vous supplie instamment de me laisser voir et baiser vos glorieux stigmates, non point parce que je doute aucunement de leur réalité, mais seulement pour ma consolation, parce que j'ai toujours désiré cette grâce! » Et comme saint François, généreusement, les lui montrait et les étendait vers lui, le frère Jean put les voir clairement et les toucher et les couvrir de baisers.

Et enfin il demanda : « Mon père, dites-moi encore quelle consolation a eue votre âme en voyant le Christ béni venir à vous pour vous accorder les signes de sa très sainte Passion ? Oh ! si Dieu pouvait vouloir que, moi-même, je fusse admis à éprouver un peu de cette douceur ! » Alors saint François répondit : « Vois-tu ces clous ? » Et le frère Jean : « Oui, mon père ! — Eh bien ! dit saint François, touche encore une fois ce clou qui est dans ma main ! » Alors le frère Jean, avec grande révérence et crainte, toucha ce clou ; et aussitôt, dans ce contact, il en sortit un parfum, comme une colonne de fumée, à la manière de celle qui s'élève de l'encens ; et ce parfum, en pénétrant dans les narines du frère Jean, lui remplit l'âme et le corps d'une telle douceur que, sur-le-champ, le frère fut ravi en extase et devint insensible ; et ainsi ravi il demeura depuis cette heure, qui était la troisième, jusqu'à la tombée du soir. Et cette vision et cet entretien familier avec saint François, le frère Jean n'en dit jamais rien à personne qu'à son confesseur, jusqu'au jour où il se sentit mourir : mais, étant déjà tout près de la mort, il les révéla à plusieurs frères. A la louange du Christ. *Amen.*

D'un saint frère qui vit une vision merveilleuse de l'un de ses compagnons qui était mort.

Dans la province de Rome, un frère très pieux et très saint eut une merveilleuse vision que je vais dire :

Un frère de ses compagnons, qui lui était très cher, mourut dans la nuit, et, le lendemain matin, fut enterré devant l'entrée du chapitre. Or, le même jour, ce frère alla se recueillir dans un coin du chapitre, après le dîner, afin de prier dévotement Dieu et saint François pour l'âme de ce frère mort, son compagnon. Et comme il persévérait dans son oraison avec des prières et des larmes, à l'heure de midi, lorsque tous les autres frères étaient allés faire leur sieste, voici qu'il entendit un grand remue-ménage dans le cloître ! Sur quoi, soudain, très effrayé, il tourna les yeux vers le tombeau de son compagnon, et vit saint François debout à l'entrée du chapitre, et derrière lui une grande multitude de frères entourant ledit tombeau. Puis, regardant plus au fond, il vit, au milieu du cloître, s'élever un très grand feu, et au milieu de la flamme il aperçut l'âme de son compagnon mort. Parcourant de ses yeux le pourtour du cloître, il vit ensuite Jésus-Christ s'avancer dans ce pourtour, avec une grande compagnie d'anges et de saints. Considérant toutes ces choses avec une extrême surprise, il vit ensuite que, au moment où le Christ passait devant l'entrée du chapitre, saint François et tous les autres frères se mettaient à genoux; et il entendit saint François s'écrier : « Mon très saint Père et Seigneur, au nom de la charité infinie que tu as montrée à notre race humaine par ton incarnation, je te prie d'avoir miséricorde de l'âme de ce mien frère qui est en train de brûler dans ce feu! » Mais le Christ sans rien répondre, passa outre. Et lorsqu'il revint la seconde fois, et vint à passer devant le chapitre, saint François de nouveau s'agenouilla avec ses frères, comme auparavant, et l'invoqua en ces termes : « Très saint Père et Seigneur plein de pitié, au nom de la charité sans mesure que tu as montrée à notre race humaine en daignant mourir sur le bois de la Croix, je te prie d'avoir miséricorde de l'âme de ce mien frère ! » Mais le Christ, semblablement, passa son chemin sans l'exaucer. Et puis, ayant fait le tour du cloître, pour la troisième fois il revint et passa devant le chapitre ; et alors saint François, s'agenouillant comme auparavant, lui montra ses mains et ses pieds et sa poitrine, et lui parla ainsi : « Très compatissant Père et Seigneur, au nom de la grande douleur et de la grande consolation que j'ai subies lorsque tu as imposé ces stigmates dans ma chair, je te prie d'avoir miséricorde de l'âme de ce mien frère qui est à présent dans ce feu du purgatoire ! » Chose merveilleuse, cette troisième fois le Christ, ayant été prié par saint François au nom de ses stigmates, sur-le-champ s'arrêta de marcher regarda lesdits stigmates, et exauça la prière en disant : « A toi, frère François, j'accorde l'âme de ton frère ! » Et en cela, très sûrement, Notre-Seigneur a voulu, tout ensemble, honorer et confirmer les glorieux stigmates de saint François, et proclamer hautement que les âmes des frères du saint qui vont au purgatoire se trouvent délivrées des peines et emmenées à la gloire du paradis, simplement et surtout de par la vertu desdits stigmates, suivant les paroles que le Christ lui-même a dites à saint François en les imprimant dans sa chair.

Si bien que tout de suite, dès que ces paroles furent prononcées, le feu qui brûlait dans le cloître s'éteignit, et le frère mort s'en vint vers saint François, et puis, de compagnie avec lui et avec le Christ et avec toute cette bienheureuse et glorieuse troupe, s'en alla au ciel. Et de cela ledit frère, son compagnon, qui avait prié pour lui, et qui le voyait maintenant délivré de ses peines et emmené au paradis, éprouva une très grande joie; et c'est lui-même qui, plus tard, raconta aux frères tous les détails de sa vision, et puis avec eux loua et remercia Dieu. A la louange, etc. *Amen*.

Comment un noble chevalier, qui avait une grande dévotion pour saint François, reçut confirmation de la mort et des stigmates du saint.

Un noble chevalier de Massa di San Pietro, qui avait nom messire Landolfe, et qui, ayant une grande dévotion pour saint François, avait fini par recevoir de ses mains l'habit du tiers-ordre, obtint confirmation de la mort du saint et de ses glorieux stigmates dans les conditions que voici :

Au moment où saint François était sur le point de mourir, le diable s'empara d'une femme de ladite ville de Massa, et se mit à la tourmenter cruellement ; et, avec cela, ce diable la faisait parler en des termes si savants et si subtils qu'elle vainquait tous les plus savants hommes et lettrés qui venaient à disculer avec elle. Et il arriva que le diable, se retirant d'elle, la laissa libre pendant deux jours ; et puis, le troisième jour, rentrant en elle, il se mit à l'affliger bien plus cruellement encore qu'auparavant. Ce qu'ayant appris, messire Landolfe s'en va vers cette femme, et demande au démon qui habite en elle pourquoi il s'est retiré d'elle pendant deux jours et puis est revenu la tourmenter de nouveau. A quoi le diable répond : « Quand j'ai abandonné cette femme, moi et tous mes compagnons qui sommes dans ces régions, nous nous sommes rassemblés et sommes allés, en grande force, pour assister à la mort du mendiant François, afin de lui disputer et de lui arracher son âme ; mais comme cette âme se trouvait entourée et défendue par une troupe d'anges d'un nombre supérieur au nôtre, et que nous l'avons vue emportée par eux tout droit au ciel, force nous a été de nous en repartir tout honteux ; et voilà comment je suis revenu, pour faire payer à cette misérable femme ces deux jours de liberté que je lui avais laissés ! »

Et alors messire Landolfe le conjure, au nom de Dieu, de lui dire ce qui est la vérité au sujet de la sainteté de saint François dont il affirme qu'il est mort, ainsi que de sainte Claire, qui est restée en vie. Et le diable répond : « Oui, que je le veuille ou non, il faut que je te dise ce qui est vrai ! Eh bien ! sache donc que Dieu le Père était si indigné contre les péchés du monde qu'il paraissait devoir bientôt prononcer la sentence définitive contre les hommes et les femmes, et les exterminer du monde s'ils refusaient de se corriger. Mais là-dessus le Christ, priant pour les pécheurs, a promis de renouveler sa vie et sa Passion dans la personne d'un homme, à savoir dans celle de ce François tout pauvre et mendiant, en y ajoutant que, par la vie et l'enseignement de cet homme, il ramènerait une bonne partie du monde dans les voies de la vérité et de la pénitence. Et maintenant, pour montrer au monde que c'est bien là ce qu'il avait fait dans saint François, il a voulu que les stigmates de sa Passion, qu'il avait imprimés dans son corps durant sa vie, fussent vus de beaucoup et touchés, après sa mort. Et pareillement la Mère du Christ a promis de renouveler sa pureté virginale et son humilité dans la personne d'une femme, à savoir dans celle de sainte Claire, de telle façon que celle-ci, par son exemple, arracherait d'entre nos mains plusieurs milliers de femmes. Et ainsi, devant ces promesses, Dieu le Père, radouci, a de nouveau ajourné la sentence définitive ! » Alors messire Landolfe, voulant s'assurer si le démon, qui est le père du mensonge, disait la vérité en ces choses, et notamment dans ce qu'il affirmait de la mort de saint François, envoya l'un de ses fidèles pages à Sainte-Marie-des-Anges, auprès d'Assise, pour savoir si saint François était vivant ou mort. Lequel page, en arrivant à Assise, constata que le diable avait dit vrai, et, s'en retournant, il rapporta à son maître que saint François avait passé de cette vie exactement au jour et à l'heure que le démon avait dits. A la louange du Christ, etc. *Amen.*

Comment le pape Grégoire IX fut délivré de son doute sur les stigmates de saint François.

Omettant tous les miracles des stigmates de saint François qui se lisent dans sa légende, il faut savoir encore, comme conclusion de cette cinquième considération, que le pape Grégoire IX, suivant ce qu'il a avoué lui-même plus tard, doutait un peu de la plaie que saint François avait au flanc. Or, une nuit, saint François lui apparut, et, soulevant un peu le bras droit, il découvrit la plaie de son côté, et demanda au pape une écuelle que Grégoire fit apporter; et saint François se la fit poser sous cette plaie du côté; et il parut vraiment au pape que l'écuelle s'emplissait, jusqu'aux bords, d'un mélange de sang et d'eau qui jaillissait de ladite plaie. Et alors ledit pape fut délivré de tout doute.

Après cela, avec le conseil de tous les cardinaux, il confirma les stigmates de saint François; et de cela il donna aux frères un privilège spécial au moyen d'une bulle; et il fit cela à Viterbe, la onzième année de son pontificat; et puis, la douzième année, il accorda aux frères un autre privilège encore plus copieux.

A leur tour, le pape Nicolas III et le pape Alexandre accordèrent sur ce point de copieux privilèges, en vertu desquels quiconque viendrait à nier les très saints stigmates de saint François, faculté était donnée de procéder contre lui comme contre un hérétique. Et cela suffit pour ce qui est de la cinquième et dernière considération des glorieux stigmates de notre père saint François, dont veuille Dieu nous donner la grâce d'imiter la vie en ce monde, afin que, par la vertu de ses glorieux stigmates, nous méritions d'être sauvés avec lui dans le Paradis!

A la louange de Jésus-Christ. *Amen.*

TABLE DES GRAVURES[1]

1. Ce n'est point par une coïncidence fortuite que les quatre images choisies pour l'illustration de ce volume se trouvent être des œuvres de l'école siennoise. Il m'a semblé que nulle autre école ne pouvait aussi parfaitement que celle-là, — tout imprégnée de pieuse poésie, — nous offrir un fidèle reflet de l'exquise lumière poétique des *Fioretti*. — T. W.

TABLE DES MATIÈRES

LES PETITES FLEURS DE SAINT FRANÇOIS D'ASSISE

ÉVREUX, IMPRIMERIE CH. HÉRISSEY, PAUL HÉRISSEY, SUCC[r]